神奈川大学人文学研究叢書――39

破壊のあとの都市空間

ポスト・カタストロフィーの記憶

革命と内戦、蜂起と襲撃、国家間の戦争と自然の荒ぶる力にのぞんで、
加害と被害、騒乱と破壊、壊滅と再生の現場としての都市空間は、
「あの日のあと」=ポスト・カタストロフィーに何を残したのかを、
10人の論考とアーティストたちへのインタビューを通して描き出す。
災害がたえず起こり、分断が世界中に亀裂を走らせるいま、
破壊の「あと」を具体的な都市表象から考察し、
「都市を生きること」を問う新しい都市論。

神奈川大学人文学研究所[編]
熊谷謙介[編著]

青弓社

破壊のあとの都市空間——ポスト・カタストロフィーの記憶

目次

第5章　パリは燃えているか？
――パリ・コミューンの廃墟をめぐって

熊谷謙介　174

装丁――岩橋香月［デザインフォリオ］

はじめに

熊谷謙介

ギラギラノ破片ヤ
灰白色ノ燃エガラガ
ヒロビロトシタ　パノラマノヨウニ
アカクヤケタダレタ　ニンゲンノ死体ノキミョウナリズム
スベテアッタコトカ　アリエタコトナノカ
パット剝ギトッテシマッタ　アトノセカイ
（原民喜『夏の花』）

カタストロフィーとは何か？

「カタストロフィー」という言葉は、日本でもすっかり耳になじんでしまったようだ。ギリシャ語で「大変動」を意味し、キリスト教で「世界の終わり」を意味する「アポカリプス（啓示）」と連関しながら、「カタストロフィー」は長らく西洋の文化の基層に存在し続けた幻想だった。しかし、二十一世紀に入って私たちが目撃したのは、九・一一（アメリカ同時多発テロ事件、二〇〇一年）をはじめとするグローバル化した集団的恐怖を引き起こす事件、さらにはスマトラ沖地震（二〇〇四年）やハリケーン・カトリーナ（二〇〇五年）、そして三・一一（東日本大震災、二〇一一年）といった巨大な自然災害だった。まさしく今世紀は「カタストロフィーの時代」の様相を呈している。「カタストロフィー」は、自然の暴力としての「天災」だけでなく、人間によってもたらされた「人災」をも含み込む概念なのである。

天災と人災を同じものととらえてしまうこと――こうした考え方がはらむ問題は、これまでもしばしば取り上げられてきた。『核の脅威――原子力時代についての徹底的考察』などで知られるギュンター・アンダースは、広島の原爆を生き延びた人々が、そのカタストロフィーを地震や隕石の落下といった天災のように語ることを指摘している。戦争を不可避の災厄として捉えようとする傾向、その逆に、自然災害を人間による災害、つまり天罰として解釈する傾向は、黙示録的思考や関東大震災後の天譴論などを代表例として、古くから二十一世紀に至るまで確認できるものである。さらに現代では、ジャン＝ピエール・デュピュイが提示するように、「自然のカタストロフィー」と「道徳的カタストロフィー」に加えて、両者のどちらにも当てはまらない、原子力発電所事故に代表される「システム的なカタストロフィー」が見られるが、これらの関係については、別に考察する必要があるだろう。[1]

本書は、この曖昧な「カタストロフィー」という語を軸にして、何らかのカタストロフィーに直面した都市、そしてそこに生きる人々の姿をたどる試みである。フランス革命や南北戦争などの内戦、パリ・コミューンの蜂起やテロリズム、国家間の戦争や大地震という自然の荒ぶる力……。従来同じ地平で論じられることがなかった、さまざまな「災厄」をあえて区分せずに語ることで、政治的イデオロギーに還元されない、カタストロフィーの力学が浮かび上がるはずである。そこには、加害と被害という立場の対立だけでなく、廃墟を美的に鑑賞するといった立場も垣間見られるし、再生へと向かう動きの陰には、空虚をそのままにしておきたいという願望や、さらなる破壊願望が潜んでいる場合もある。この点で、自然災害もまた、人々のさまざまな想像が塗り重ねられる出来事となるのだ。

日本では三・一一を契機として、カタストロフィーに関する研究が急速に増えている。[2] 本書の独自性をあげるならば、第一に「カタストロフィー」の多義性を、地域・時代を超えて示す試みだということである。地域的にはヨーロッパ・アメリカから中国、日本へと展開し、時代としては平安時代の京都から始めて、フランス革命を経て、二つの大戦、そして三・一一やパリ銃撃事件に至るまで、歴史順に追っていく構成をとっている。このような視点をとることで、日本特有のものと思われてきた「無常」や「戦後復興」といった概念、またきわめて現代的な現象と見られているPTSD（心的外傷後ストレス障害：Post-Traumatic Stress Disorder）や「絆＝連帯」というスローガンを、相対化する機会になればと考えている。「未曾有」と思われる経験についても、歴史をたずね、他の地域と突き合わせることで、そこに隠された連関を見いだす可能性があるのだ。

本書の第二の特徴は、カタストロフィーを都市という現場に結び付け、実際のモニュメントや具体的な都市表象を軸にして、破壊と再生の物語をたどることである。カタストロフィーに関する思弁的な問題を背景としながらも、ここに描かれるのは、消えた世界貿易センタービルの下にある大きな空洞や、ロスアンジェルスのワッツ・タワーというような実際の建築物であり、そこに身を置いた人々が感じる経験である。その意味で、本書はカタストロフィー論ではなく、あくまでカタストロフィーの表象分析となっている。さらにいえば、都市はカタストロフィーにとってだけ存在しているわけではない。「フクシマ」も「チェルノブイリ」も原発事故の問題だけで論じられる場ではなく、そこに暮らす人々によって歴史が、生活が、文化が積み上げられてきた空間なのだ。アクチュアルな状況に目を向けながらも、各執筆者がメインフィールドとしてきた地域文化研究を基盤として一つひとつの都市を論じていくのが、本書である。

ポスト・カタストロフィーを考える

カタストロフィーの多様性と具体性に連なる、本書の最大の特徴は、カタストロフィーの予感を漂わせる危機の時代を取り上げるだけではなく、カタストロフィーの「あと《ポスト》」を考える試みになっていることである。従来の人文学では、「危機」の言説の分析が主流となってきた。ある秩序が崩壊しかけている黄昏の時代こそが文化の爛熟期であるという考えは魅力的であり、否定しがたい力を持っている。十九世紀末からベル・エポック期のヨーロッパ各都市における芸術運動の高まり、第一次世界大戦前夜、ストラヴィンスキー『春の祭典』が初演を迎え、プルーストの『失われた時を求めて』の出版が開始された一九一三年、第二次世界大戦前夜、ファシズムとコミュニズムとの緊張関係のなか輝いた三〇年代のさまざまな文化運動……。それに比べると、戦後というポスト・カタストロフィーの時代では、破壊よりも修復、革新よりも保守、闘争よりも融和、革命よりも復権というベクトルが際立つ。端的にいえば、ポスト・カタストロフィーの時代は文化史上「面白くない」時代なのかもしれない。

しかし現実には、こうした和解のプロセスや、記憶だけでなく忘却もまた必要とされるような過去との向かい合い方こそ、人々の真の姿を映し出すものであり、「カタストロフィーのあと」を生きるための知恵なのではないだろうか。物質的にも理念的にも亀裂がいたるところに走っている現実を直視しながらも、そうした分断を超えたヴィジョンを、記念碑や芸術作品によって提示しようとする試みがいたるところに見られるのである。それが妥協によるものだったり、反動的なものであっても、その行く末を見定めることは、これまでの文化研究で見過ごされがちだった。

この意味で参考になったのは、福嶋亮大『復興文化論』である。福嶋は「林屋辰三郎が自然災害――毎年恒例の台風から、忘れた頃にやってくる地震まで――や戦災からの復興が日本人の「生きがい」だったと述べたとおり、日本の復興期は瑞々しい生気が満ち溢れる時代でもある」[3]というように、柿本人麻呂から村上春樹や宮崎駿に至るまで、日本文化の軸を復興文化として捉えている。「無常」や「生成」を特権化して「制作」を軽視する日本論に対する批判としてだけでなく、自然災害も戦争も一緒くたに捉える「日本的」心性の分析としても有効であると思われる。しかし、本書が考えたいのは、このような「復興文化」がはたして日本特有のものなのかということである。すでに示唆したように、異なる国、異なる地域の研究によって日本的特質とされてきたものを相対化し、より広い視野で考察することが、本書の意義である。

都市が破壊された後に、再生はどのようにしてもたらされるのか。そもそも再生は可能なのか。戦争や災害、争乱の後に都市の構造に、都市に住む人の心性に、何が起こったのかを都市表象の観点から論じる――、これが本書の目的である。そこには追悼のメモリアルもあれば、復興のモニュメントも見られるだろう。そこには死者や遺族のため過去に向かうベクトルと、生者のため未来に向かうベクトルがある。また、記憶のモニュメントもあれば、語義矛盾にも聞こえる「忘却のモニュメント」もあるだろう。さらには、都市空間を身体に例えるなら、自然治癒にゆだねる手段もあれば、外科手術に訴えるという手段もありえる。カタストロフィーの「あと」とは「後」であると同時に、「跡」であり「痕」でもあるのだ。都市改造や「ショック・ドクトリン」（ナオミ・クライン）とも呼ばれる、外科手術的な側面は無視してはならないだろう。

都市空間へのアプローチ

本書の執筆者の多くは、狭義の都市研究者・建築学者ではない。それぞれがメインフィールドとする文学研究や美学研究、歴史研究から出発して、都市とカタストロフィーの関係について考察を試みている。そのため、本書でも多様なアプローチが見られるが、ここではそれぞれの枠組みを簡単に紹介したい。

美学的アプローチ

カタストロフィーを最もよく示すものといえば、廃墟だろう。西洋ではバビロン、トロイ、ポンペイ、コリント、カルタゴ、ソドムとゴモラなど、神話や『聖書』のなかで、あるいは歴史上存在した「廃墟としての都市」

の伝統が脈々と続いている。それらは視覚芸術だけでなく、淫蕩の都バビロンとしてのパリなど文学的形象としてもたびたび登場する。本書で詳述されるような、「廃墟の美学」ともいうべき審美的態度が十八世紀に確立する一方で、廃墟は何かしらの宗教的・政治的意味を呼び寄せてしまう舞台装置であり続けている。

　一方、多くが石で造られた西洋の都市の廃墟に対して、木造建築が中心だった日本に廃墟と呼べるものが存在するのか、という問題を設定することもできる。都市研究者の鈴木博之が「ヨーロッパの建築や都市は、生まれたときからそのなかに廃墟や遺跡の芽を含んでいるのではないだろうか（略）。廃墟は、永遠という概念を物理的に保証する存在である。ヨーロッパ精神には、永遠を実体として表現し、物理的にとどめるのだという意志がある。ヨーロッパの精神は移ろわないのだ[4]」と述べるように、物質的条件が都市文化を規定し、さらには災厄に対する態度に影響することも考えなければならない。実際、戦争直後さらには自然災害後、日本の都市に残されたのは「廃墟」というよりも「瓦礫」だった。更地という真の意味での「白紙（タブラ・ラサ）」のうえに、真新しい構築物が建てられてはまた消えていく。その意味ではたえず「普請中」（森鷗外）の文化なのである。こうした現象の考察は、三・一一後の震災遺構の保存の是非や、かさ上げ工事や高台移転に見られるような、再建の土台ともいうべき土地までも奪われる経験について考える際にも重要だろう。

　一方で、カタストロフィーについてはそのイメージ、すなわち絵画や写真、そして映画も見逃せない。メディア的側面への注目である。写真についていえば、戦場写真の始まりは一八五〇・六〇年代のクリミア戦争、南北戦争であり、創生期で写真はすでにカタストロフィーと関係づけられていた。映画についていえば、ジャンルとしての「カタストロフィー映画」が、今日に至るまでなぜこれほど量産されてきたか、破壊される街やパニックに陥る市民たちから、なぜ私たちは目を離せないのか、という受容の問題も提示できる。飛行機がビルに突っ込む九・一一の映像は、映画を観ているかのような既視感を私たちに与えるものだったが、二〇一〇年代に続発する事件は、ＳＮＳによって一瞬のうちにイメージとなって増殖する。現実のカタストロフィーとの媒介は限りなく小さくなる一方で（即時性・モバイル性）、それでも残るイメージの出来事に対する事後性《ポスト》という問題も浮き彫りになってくるだろう。

社会学的アプローチ

天災はすべての人に平等に降りかかるものとされている。それゆえ、階級や民族などによる分断で引き裂かれた人々にとって、カタストロフィーは「世直し」的な意味を帯びる。例えば江戸末期に民衆が鯰絵《なまずえ》を描いた背景には、地震によってもたらされるカタストロフィー＝「世直し」という考えもあった。現代でも、レベッカ・ソルニットが『災害ユートピア』で象徴的に示したように、各人が利己的な行動に走っていた集団が、災害後にむしろ――パニック映画とは異なり――利他的な行動を示すようになり、見知らぬ者同士のコミュニティーが立ち上がるという現象が見られるのである。[5]

一方で、カタストロフィーをきっかけにして、都市の分断が加速化するケースも見られる。ただしそれは、都市を管理する行政や企業が推進するものであり、その点ではソルニットの見解と矛盾するものではない。阪神・淡路大震災後の神戸では、「創造的復興」のかけ声のもとに都市開発が進み、その陰で生活再建から取り残された人々が少なくない。[6] ハリケーン・カトリーナに襲われたニューオリンズも、救助活動や情報伝達のずさんさによって、社会的弱者たちに被害を集中させた「災害アパルトヘイト」（ナオミ・クライン）の舞台になったのだ。[7]

ポスト・カタストロフィーの時代は、ユートピアかディストピア（反ユートピア）か。それを見定めるためには、小説家・多和田葉子の『献灯使』（二〇一四年）のように、鎖国する日本の近未来を幻視するという方向もあれば、例えば「復興」という言葉の来歴を関東大震災後の「復興院」に探るような、歴史的経験を探る姿勢も求められるだろう。三・一一後のアクチュアルな課題を、十九世紀ヨーロッパでの都市改造の問題につなげたり、かつては重工業と製造業によって繁栄したものの企業が次々と撤退し「ラストベルト」と呼ばれるようになった、デトロイトの「廃墟＝都市」の経験と連動させたりするような視点を、本書が提供できればと考えている。

心理学的アプローチ

カタストロフィーによって都市とその住民がこうむるダメージは、物質的な瓦解だけでなく、かけがえのない人々の死という経験でもあり、それに伴う精神的な「いたみ（痛み・悼み）」でもある。ポスト・カタストロフィーというテーマは、喪や追悼、ＰＴＳＤからの治癒というテーマと直結する。日本では一九九〇年代以来、とりわけ阪神・淡路大震災と地下鉄サリン事件が起こった九五年以降に「癒し」という言葉が流行するが、これは、ヴェトナム帰還兵メモリアルを設立しようとした団体によるスローガン「祖国を癒すために」（To Heal A Nation）から始まったとされている。

フロイトは「喪とメランコリー」（一九一七年）で、身近な人の死に対する態度を「喪の作業」と「メランコリー」とに分類している。前者は対象喪失の結果起こる精神のプロセスである。この「喪の作業」を通じて、愛着する対象から徐々に離れていくことに成功するとされる（「あの人は本当にいなくなったんだ」）。一方、後者の「メランコリー」は、失われた対象に同一化、言い換えれば死者に取り憑かれていると考える状態である（「あの人は私のなかで生きている」）。喪とメランコリーはそれぞれ、「徹底操作」（working through：言葉にならない過去を、言語化された記憶に変換し、解釈していくこと）と「行動化」（acting out：自らが囚われているトラウマを言語化せず、過去をそのままに生き直すような形で行動によって表すこと）と関連づけられる。個人の症例の分析として作られたこのような概念は、カタストロフィーを生き延びた人々の集団心理を説明するうえでも、そして災厄後の文学・芸術作品を論じるうえでも有効なものである。特に後者については、これまではメランコリー的な側面のほうが強調され、より美的なものとして評価される傾向があったように思われる。しかし文化研究においても、人間の営みのうちに備わる、傷を癒そうとするプロセスを過小評価することはできないだろう。

実際、最近の心理学では、自発的治癒力を意味する「レジリエンス」や「心的外傷後成長（Post Traumatic Growth）」という概念も提示されている。ホロコーストの生存者には、亡霊のように絶えず立ち返ってくる記憶に苛まれる人もいれば、大切な人を失ったという試練を乗り越えることでかえって自分の役割を見いだすような人もいた。後者に見られる現象は「心的外傷後成長」と捉えられ、そのような人が持つ「折れない」能力については「レジリエンス」という語で定義されている。フランスでレジリエンスを提唱したボリス・シリュルニクは、強制収容所への移送を間一髪で逃れ、家族を失ったトラウマを克服していった人物だった。[8] また、レジリエンスについては狭義の心理学的な用語を離れて、システム管理や企業運営、さらには都市設計といった分野でも、大きな変化や災害に対応するための能力として注目され、盛んに論じられているのが現状である。

もっとも、レジリエンスはポジティブ心理学で「社会的成功をもたらす鍵」としてもてはやされており、そこでは個人的な成功例を普遍化しているきらいがあるようにも思われる。真実の記憶よりも、記憶違いや忘却、物語化に可能性を見いだす姿勢は、一歩間違えれば歴史の歪曲にもつながる行為となる。またレジリエンスによって苦しみを克服したように見えても、実際には苦しみを単に抑圧しただけなのかもしれないという反論もあるだろう。

それでも本書であえてレジリエンスなどの概念を提示したのは、繰り返しになるが、破壊や危機、廃墟やメランコリーといった主題が文化研究の中心を占めてきた現状に対するアンチテーゼとして、である。破壊の後の修復、対立の後の和解、心の空虚を埋める作業は、従来の文化研究の盲点であった。カタストロフィーの時代における文化研究では、その功罪を見定める必要がある。

本書の構成

本書は時系列順に構成されているが、序章「ポスト・カタストロフィーの都市とは何か――パリ、ニューヨーク、ヒロシマ、ナガサキ」（熊谷謙介）では、二〇一五年の一連の事件後のパリ、九・一一後のニューヨーク、そして原爆の後を生きた広島と長崎について、主として都市空間でのモニュメントの観点から論じる。このまえがきで示した複数のアプローチを、アクチュアルな観点から選んだ四都市に対して適用した試みである。

第1章「禁域の効能――欲望喚起装置としての「内裏」と、古代都市平安京の消長」（深沢徹）では、古代都市平安京の消長を、ポスト・カタストロフィーの観点から跡づける。三・一一以降読み直された『方丈記』（一二一二年）は、打ち続く災害（火災、辻風、飢饉、疫病）や政治的動乱（福原遷都、源平の争乱）など、都を襲った災厄の記述で名高いが、ここでは政治権力の中心というべき「内裏」という空間について、『平家物語』や『方丈記』などの作品に描かれた都市生活記述の分析から検討する。内裏は当初、都市空間の中心に位置して、誰もがそこへの参入を願ってやまない欲望喚起装置として存在していた。だが、たび重なるカタストロフィーによって、内裏は中心としての地位を喪失する。その代償となる空間は、私秘的なユートピアとして登場するのである。とはいえ、ロラン・バルトの日本論や映画『シン・ゴジラ』の参照によって浮かび上がってくるのは、この空虚な中心がそれでもなお「禁域」として機能し続ける事態なのだ。

第2章「瞬間と持続、暴力と審美化の間で――リスボン大震災からフランス革命に至る時期の廃墟イメージ」（小澤京子）では、廃墟の美学が成立した十八世紀の中盤、一七五五年に起きたリスボン大震災が引き起こした物質的・思想史的衝撃をまず論じている。黙示録的カタストロフィーの後で、廃墟を美的対象として捉える詩学が「瞬間的な廃墟」によって崩壊していく過程が、ユベール・ロベールなどの廃墟画の読み直しを通して明らかにされる。さらに、フランス革命というもう一つのカタストロフィーの勃発後には、廃墟のビジョンに未来展望というもう一つの時間的な要素が与えられる。近代ヨーロッパが経験した二つの大変動の「あと」を、思想史にとどまらず、「イメージの身体」といえるものの詳細な分析から解明していく論考である。

第3章「「古きパリ」の誕生――フランス革命後のもう一つの都市再生」（泉美知子）では、まさにこのフランス革命によって引き起こされた破壊行為――ロベールによって予期されたかのような廃墟――の行方を追跡することから始めて、パリ論であまり触れられることがない、十九世紀前半の都市再生の動きを提示する。そこには廃墟の美学に関わりが深い「ピクチャレスク」が、「ピトレスク」となって復活を遂げる物語が見られる。革命によるヴァンダリスム（文化財破壊）の波が静まった後に現れるのは、豪華ガイドブックともいうべき『ロマンティックな旅』による景観評価、そしてユゴー『ノートル＝ダム・ド・パリ』（一八三一年）に代表される文化財保護の動きだった。やがて迎える十九世紀中盤のパリ大改造の前に、このようなもう一つの復興運動があったことを示した点で意義深い論考であり、永遠の都市改造がおこなわれているといってもいい現代の都市との関連からも、注目されるべき時代の分析となっている。

第4章「カタストロフィーを生き抜く――『風と共に去りぬ』スカーレットとアトランタ」（山口ヨシ子）では、南北戦争（一八六一―六五年）後の時代を生き延びた、「同い年」としてのスカーレットとアトランタのドラマが描かれる。アトランタは、市民をも攻撃の対象とした北軍の侵攻で廃墟となるが、戦後、急速な発展を遂げる。「フェニックス・シティ」アトランタと、現実主義者スカーレットはまさに同じ道筋をたどるのだが、そこには「人種の亀裂」という問題が秘められている。ＫＫＫ（Ku Klux Klan）をフィルムに収めた『国民の創生』のグリフィスまでも望見するこの論考を読むとき、二〇一六年末に決着がついたアメリカ大統領選挙を振り返って、「内戦」（Civil War）の傷が癒えるとはどのような事態を意味するのか、考えずにはいられない。

第5章「パリは燃えているか？――パリ・コミューンの廃墟をめぐって」（熊谷謙介）では、普仏戦争と一八七一年のパリ・コミューンによる火災を、まずは「イコノクラスム（偶像破壊）」の観点から考察する。フランス革命のヴァンダリスムとの差異が、ここでは焦点になってくる。さらに廃墟のイメージは写真というメディア環境を中心に考察されるが、ここにもまた審美的な視線との葛藤が見られるとともに、現代の「廃墟巡礼」にも通じるような、イメージの遍在性というテーマが隠されている。このような記憶の隠蔽を示す聖地として、いまなおパリを見下ろす一大観光スポットが最後に挙げられているのは象徴的だろう。

第6章「グロテスク・フォトモンタージュ・ニュービジョン——第一次世界大戦後ベルリンの視覚文化に見る都市と身体」(小松原由理)から、舞台は二十世紀に移る。十九世紀を助走とした、メディア・ネットワークの加速度的な発展を第一次世界大戦の報道まで追った後で、こうしたメディア環境が生み出した視覚文化上の出来事として示されるのは「グロテスク」という手法である。ジョージ・グロスとオットー・ディックスの作品に共通するのは、戦争によって不能となった者の損なわれた身体の痕跡である。とりわけ後者の「表象の穴」と称される空洞の顔のイメージは、美容整形手術という行為にまで私たちの考察を導くことになるだろう。さらに、毀損した顔のイメージは、都市ベルリンと連動しながら、フォトモンタージュやニュービジョンという手法によって再構成されていくが、そこで生まれる人間と都市の「身体」がどのような運命をたどるのかは、読者によって見届けられるべきものである。

第7章「〈関東大震災〉の記号学——秋田雨雀「骸骨の舞跳」をめぐって」(日高昭二)では、関東大震災という天災後に起こった朝鮮人・社会主義者虐殺へと向かう災厄を、秋田雨雀の戯曲「骸骨の舞跳」の分析によって浮かび上がらせたものである。近年増加する震災の視覚文化論を参照しながらも、ここでは視覚資料ではなく声の文学である戯曲が取り上げられたことが特徴的であり、流言蜚語や尋問の声そのものを俎上に載せる。三・一一の際にも起こった流言を考えるうえでも、カタストロフィーの後で言説がどのようにして伝播するか、メディア論や文学場の分析としても考える意義は大きい。さらに本論の後半では「骸骨」という、西洋では「死の舞踏」を連想させる記号が、日本でどのように継承され、読み替えられていったかが、文化史的な背景を詳しく探りながら分析されていく。

第8章「二十世紀ローマの二つのカタストロフィー(?)——モラヴィアが見たファシズムの崩壊とアントニオーニが見た「奇跡の経済成長」」(鳥越輝昭)では、第二次世界大戦の名目的戦勝国でありながら実質的敗戦国であったイタリアの戦中・戦後が論じられる。ここで光が当てられるのは、反ファシズムの英雄ではなく「体制順応主義者」であり、「無防備都市」の廃墟ではなく開発が進む都市の姿である。しかしその論旨は意外にも、こうした姿こそがカタストロフィーであるというものである。前者については映画版の『暗殺の森』では見えなくなっているもの――「正常さ」――を摘出する試みであり、後者についてはアントニオーニの『情事』を、宗教施設の転用といった都市論の観点から読み解いていく。カトリックという宗教的・精神的基盤と戦争責任の曖昧さという、イタリア固有の文脈も含みながら、本論で描かれるアンチ・ドラマは、日本の戦後だけでなく、さまざまな時代・地域で起こりうる普遍的な現象と思わざるをえない。

第9章「〈廃品《ジャンク》〉からの創造――S・ロディアのワッツ・タワーとブラック・ロスアンジェルス」（土屋和代）では、一部ではアウトサイダー・アートとして評価されたが、知る人ぞ知る存在だったワッツ・タワーが、一九六五年のワッツ暴動の後に果たした役割について考察する。「人種暴動の街」というレッテルに対し、タワーは地域復興の拠点となり、アート教育だけでなく、社会問題と向き合う場へと変容していく。廃品《ジャンク》は作品の材料になるばかりでなく、「見捨てられた」ワッツそのものを示す存在となっている。昨今、日本でもブームになっている地域アート、さらにはソーシャリー・エンゲイジド・アートの試みを検討するうえでも貴重なケーススタディであるとともに、現在も関連事件が続く黒人差別問題について、コミュニティーの再生という観点から応答は可能であるかを鋭く問う論考となっている。

第10章「カタストロフィーを超えて立つ武術家の表象――天安門事件後の徐克《ツイ・ハーク》と映画『ワンス・アポン・ア・タイム・イン・チャイナ』シリーズ」（村井寛志）は、天安門事件（一九八九年）に衝撃を受けた香港住民が、中国への返還（一九九七年）を前にして想像した「来るべきカタストロフィー」を、歴史的遡行によって表象した映画作品の分析である。『ワンス・アポン・ア・タイム・イン・チャイナ』という中国の過去を次々に舞台としていくシリーズでは、現代の香港の状況を類推させるものとして中国近代史が召還されると同時に、黄飛鴻という実在した武術家を主人公とすることで、娯楽映画のなかに政治性を寓意として織り込んでいく手法が見られる。ここには香港の「ローカルな」主題を超えて、中国文化と西洋文化の間を揺れ動くアジア固有の問題や、ポストコロニアル期のアイデンティティーの所在というグローバルな問題も浮き彫りにされていて、さらには西欧の政治的表現の理念を相対化する役割も確認することができるだろう。

最後に、「三・一一後の記録・物語」と題して、「波のした、土のうえ」「遠い火――山の終戦」など、震災以降、記憶／記録の問題を中心にした作品を共同で発表し続けている、小森はるかさんと瀬尾夏美さんへのインタビューを掲載している。アフター三・一一を記録することについて、都市と地方の関係や物語の観点から聞いたものだが、コミュニティー内の言葉に耳をすませながらも距離をとって作品に向かおうとする、彼女たちの経験から紡ぎ出される言葉を伝えることができていればと願う。

本書は、二〇一三―一五年度の神奈川大学共同研究奨励助成金を受けたプロジェクト「都市表象・身体表象の生成とその変容――メディア・ジェンダーから見る近・現代」の研究成果である。本書刊行にあたり、神奈川大学人文学研究所叢書刊行助成金を受けた。

都市表象と身体表象という、近年人文学で注目されている主題について、地域・時代を超えて論じ合う機会を得て、外部の研究者も招きながら、三年間で研究会を総計二十二回開催できた。これは、大学からの支援なくしては成立しえないことであった。異分野を専門とする研究者同士が議論する形で進んでいく、本当の意味での「共同研究」が成立しにくい昨今の状況に鑑みれば、大変貴重な機会であったように思う。そして都市表象と身体表象が交差するところとして、「都市という身体が破壊された後に、再生（治癒）はどのようにしてもたらされるのか？」という問題設定のもと、多くの研究者、とりわけ学外の専門家にも執筆していただいた。また、三・一一後の現場に向き合うアーティスト・ユニット、小森はるかさん・瀬尾夏美さんへのインタビューもおこない、従来の大学の叢書を超える試みも果たすことができたように思う。
そして、この試みを形にしてくださった青弓社の矢野恵二さんの情熱あふれる編集に感謝したい。成果の是非については読者諸賢のご批判を請いたいとは思うが、ここでは関係者の方々に心からお礼を申し上げたい。

注

(1) デュピュイのカタストロフィー論、とりわけ二〇一一年六月に東京大学でおこなわれた講演「悪意なき殺人者と憎悪なき被害者——ヒロシマ、チェルノブイリ、フクシマ」を参照(http://utcp.c.u-tokyo.ac.jp/blog/Dupuy_japanese_2011.pdf)[アクセス二〇一六年九月三十日]。
(2) 共同研究に限れば、以下のものが代表的なものとして挙げられる。西山雄二編『カタストロフィと人文学』勁草書房、二〇一四年、京都大学「災害対応の地域研究」プロジェクト(叢書シリーズ「災害対応の地域研究」全五巻、京都大学学術出版会、二〇一四—一六年)、筑波大学創造的復興プロジェクト(「カタストロフィーと芸術」など)
(3) 福嶋亮大『復興文化論——日本的創造の系譜』青土社、二〇一三年、三六〇ページ
(4) 鈴木博之『都市へ』(中公文庫、シリーズ日本の近代)、中央公論新社、二〇一二年、一三—一四ページ
(5) レベッカ・ソルニット『災害ユートピア——なぜそのとき特別な共同体が立ち上がるのか』高月園子訳、亜紀書房、二〇一〇年
(6) 塩崎賢明『復興〈災害〉——阪神・淡路大震災と東日本大震災』(岩波新書)、岩波書店、二〇一四年
(7) ナオミ・クライン『ショック・ドクトリン——惨事便乗型資本主義の正体を暴く』上・下、幾島幸子/村上由見子訳、岩波書店、二〇一一年
(8) ボリス・シリュルニク『憎むのでもなく、許すのでもなく——ユダヤ人一斉検挙の夜』林昌宏訳、吉田書店、二〇一四年

序章　ポスト・カタストロフィーの都市とは何か
――パリ、ニューヨーク、ヒロシマ、ナガサキ

熊谷謙介

1　意味が重層する場――パリ、共和国広場

モニュメント、スローガン、エンブレム、セレモニー

二〇一五年、パリでは一月の風刺週刊紙「シャルリ・エブド」襲撃事件とユダヤ人経営スーパー襲撃事件に続き、十一月十三日には同時多発的に銃撃事件が起き、後者は死者百三十人、負傷者三百人以上を出す惨事となった。自由（表現・思想の自由、街に出て自由に行動すること、など）や多様性（宗教／無宗教の人々の共存、性的マイノリティーも含んだ男女の共存、など）という「西洋的」「民主主義的」価値観を揺るがす事件とされた一方、ムスリムに対する根強い差別がある状況で、表現の自由をことさらに強調することは正当なのかという意見も出された。しかし、ここでは事件後、つまりポスト・カタストロフィー的状況で起こった現象に注目してみよう。

本書のカバー写真は二〇一六年二月に撮影された共和国広場の様子だが、広場の中心にあるマリアンヌ（共和

図1　「こわくなんかない」（Même pas peur）、「汝殺すなかれ」（Tu ne tueras pas）
（撮影：熊谷詩子）

国の女神）像が、亡くなった人々にオマージュを捧げる「モニュメント」になっている。市民は犠牲者をしのんで花をささげ、ろうそくを置き、メッセージを記していく。国家による既存のモニュメントは、このような民衆の「自発的な」行為によって、そのイデオロギーを強化され、あるいは新たな意味を与えられたといえるだろう。

女神像の下部を見ると（図1）、国旗（トリコロールだけでなく別の国旗もある）に交じって、「こわくなんかない」（Même pas peur）という言葉が、舌を出すエッフェル塔のエンブレムとともに描かれた横断幕に見られ、「テロリズム」に対抗する姿勢が示されている。またその下、メッセージボードが並べられた台座には「汝殺すなかれ」（Tu ne tueras pas）という、『聖書』から取られた銘句がペンキで記されていて、宗教的立場から、宗教原理主義に対して宗教的教義の基本を問いただすという姿勢が読み取れる。また「私はシャルリ」だけでなく、

「私はテラスにいる」（「テロ」を怖れず表に出る）など、さまざまな「スローガン」が挙げられ、ソーシャルメディアが後押しすることで生成・流通していった。「モニュメント」「スローガン」「エンブレム」に加えて、一月十一日に政府の呼びかけでおこなわれた全フランス三百万人のデモといった「セレモニー」も、ポスト・カタストロフィー的状況での政治表象として重要だろう[1]。

記憶の「場」

こうした要素のなかで本書が中心として扱うのは「モニュメント」であり、それを包む「場」、ここでいえばパリの共和国広場である。大きな災害や事件が起きたとき、その現場だけでなく、カタストロフィーによって共同体に刻まれた傷を残す場、さらにはそれを想起し理解可能なものにして傷を癒していく場――、こうした「場」について考察していきたい。戦後文学をはじめとした言説や戦争画、ディストピア（反ユートピア）といったイメージ、追悼式典のような儀式など、カタストロフィー後の状況については、多様な側面から分析することが可能だろう。しかし、そうした既存の学問領域も含みつつ、モニュメントや建築、空間といった具体的な都市表象に焦点を当てていくことが本書の狙いである。

しかしなぜ「場」にこだわるのか。カタストロフィーの「記憶」の問題は、第二次世界大戦の記憶が薄れ、体験者の数が少なくなるにつれて、二十世紀後半では歴史学を中心に重要な課題となってきた。その代表的なプロジェクト「記憶の場」の主導者であるピエール・ノラは、現代では自然な記憶は危機に瀕し、いくつかの「場」にだけ残存しているとしている。「記憶は、具体的なもの、すなわち空間、動作、図像、事物などの中に根づく」[2]のである。ここでいわれる「場」はしたがって広義のものであり、ある場所に位置する具体的な事物（パンテオン、エッフェル塔など）から象徴的な標語・図像（「自由・平等・博愛」、三色旗など）まで含み込んでいる。こうしたものも場として捉えているのは、表現を場（トポス）として捉える修辞学の伝統――それ自体は場所と記憶を関連づける記憶術の伝統にも関わるものだが[3]——からであり、さらにいえば、「ある場所に行くと、あることを思い出す」といった日常的な認識からだろう。悲劇を体験した人々は、その現場に立ち戻るとトラウマ的反応を呼び起こしてしまうことがあるが、それが記憶と立ち向かう契機ともなる。そして、こうした人々が属している共同体、その集団生活を構成する都市というフレームを考察することは不可欠である。

「表象不可能性」から「意味が更新される場」へ

「記憶」の問題は芸術研究の分野でも重要性を増してきた。カタストロフィーという文脈では、ホロコーストについての作品、とりわけクロード・ランズマン監督の映画『ショアー』（一九八五年。日本での上映は一九九五年）がメルクマールとなった。ドキュメント映像も役者によるフィクション映像も使わない、生存者の証言だけで構成されたこのドキュメンタリーは、ユダヤ人大虐殺を表象しうるかどうかを強く問いかけるものだった。それを受けて「アウシュヴィッツの表象不可能性」というテーゼが流通し、その論争はいまなお続いている。

本書の視点からとらえ直すと、モダニズムと親和性が高い「表象不可能性」という主張は、『ショアー』を構成する美学の一部でしかないように思われる。『ショアー』は、四十万人が抹殺されたヘルムノ収容所の二人の生存者のうちの一人であるシモン・スレブニクが、その収容所の跡地に来て証言をする場面から始まる。そこで告げられるのは「あれ、あれはね、言葉にするわけにいきませんよ[4]」という証言の不可能性である。しかし、全く証言のできなかった状態から、長い期間を経て現場に戻ることで、当時の体験が言葉としてつむがれていく。少年だった彼は、ナチスの将校たちにその歌声が気に入られたことで生き延びたのであり、その頃歌った歌を歌うとき、本人に過去の記憶が押し寄せる様子を、私たちはまざまざと目撃する。こうした場面を形作るのが「場」であることはいうまでもないだろう。

確かに「表象不可能性」はカタストロフィーを考えるうえで避けては通れない一つの考え方ではあるが、本書ではそれを暗黙の前提とはしない。むしろ場によって規定される記憶のベクトルを見定め、さらにはこうした場がさまざまな契機によって意味づけ直されるものと考えることで、「地霊（ゲニウス・ロキ）」を神話化することも避けながら、都市という場とカタストロフィーの記憶の関係について考察していくことを目指している。

アップデートされ続ける共和国広場

ここでは、二〇一五年の一連の事件に対するモニュメントの場となった共和国広場が、どのように意味を変容させてきたのか、簡潔に触れるにとどめたい。

もともとこの場所は貯水塔広場といわれ、十八世紀後半から十九世紀前半にかけては、パリの中心から離れた、芝居小屋が集まる民衆的な界隈であった。映画『天井桟敷の人々』などの舞台となる「犯罪大通り」として名高く、上層階級の人々も刺激を求めて民衆に交じって通りを闊歩するような、階級が混在した地域だった。十九世紀中盤のオスマンによる都市改造を経て、そうした芝居小屋が集まる区域には幅広の道路が通され区画整理が進むが、第二帝政後の第三共和政の下で社会が安定するのに伴って共和国広場と命名され、その中心に巨大な漆黒のマリアンヌ像が建てられた。

しかし、この武骨な印象がある女神像は市民に親しまれてきたとはいえず、車が交錯する巨大なロータリーのような意味しか与えられていなかった。共和国（レピュブリック）広場は国民（ナシオン）広場とともに、デモ行進の集合地として使われることはあったが、民衆が集うシンボルとしては革命の記憶を備えるバスチーユ広場のほうが一般的で、大統領選勝利の夜に新大統領が演説する場所として使われることが多かった。しかし、二〇一三年に共和国広場の改修工事が完了して女神像を中心に大きな空間が確保され、移動遊園地やイベントが開催されるようになり、パリ市民の散策の場所として機能するようになった。

そして二〇一五年、二つの事件がどちらもこの広場から近い場所で起こったこともあり、共和国広場は追悼と示威行動をする広場として、象徴的な意味を新たに与えられた。一月十一日の集会では百六十万人の人々が集まったとされている。一六年春からは「立ち上がる夜」（Nuit debout）と名付けられた、労働問題を中心とした議論をする運動がおこなわれており、アメリカのオキュパイ・ウォール・ストリート運動とも比較できるだろう。一五年をきっかけとして、共和国広場は対話の場という面を持つことになったのである。

＊

以下では、カタストロフィーとの関係から、場の意味づけを考察するためのいくつかのモデルを提示したい。まずはパリの事件に先立つものとして、「カタストロフィーの時代」の幕開けを告げることになった九・一一の舞台であるニューヨーク、そして日本の二つの被爆地となった広島と長崎を取り上げて、土地の重層的な記憶と意味づけの歴史を探っていく。

2 「不在の反映」——ニューヨーク、グラウンド・ゼロ

「真珠湾」か、「アポカリプス」か

二〇〇一年九月十一日、四機の飛行機がハイジャックされ、そのうち二機がニューヨークの世界貿易センターに突入し、総計三千人近い犠牲者を出した。ワシントンの国防総省ペンタゴンに突入した飛行機や、ペンシルベニア州に墜落した飛行機もあったのにもかかわらず、このいわゆる「同時多発テロ事件」はニューヨークのカタストロフィーとして語られてきた。それは、アメリカの繁栄の象徴ともいうべき摩天楼への襲撃と、それが破壊される映像の衝撃が強烈だったという理由が大きいように思われる。

二十一世紀の西欧諸都市での「テロ」――ニューヨーク、マドリード（二〇〇三年三月十一日）、ロンドン（二〇〇五年七月七日）、そしてパリのシャルリ・エブド事件――について比較研究をおこなったジェローム・トリュクは、『衝撃の連鎖――テロの社会学』[5]（未邦訳）において次のように指摘している。九・一一について、アメリカ政府とメディアは「真珠湾奇襲攻撃」になぞらえて、当時のフランクリン・ルーズベルト大統領の言葉を引用して「新しい恥辱の日」〔A New Day of Infamy〕と伝えた。一方、ヨーロッパのメディアでは九・一一は「アポカリプス」（Apocalypse）に例えられた。九・一一「アポカリプス」は『聖書』の黙示録を指すが、それは同時に、アメリカがおこなったベトナム戦争（フランシス・フォード・コッポラ監督の『地獄の黙示録』〔一九七九年〕の原題は *Apocalypse now*）も暗示していて、無辜の市民の殺害も辞さないアメリカへの批判がそこに込められている、という指摘である。これに加えて同書では、ビルの崩壊現場が「グラウンド・ゼロ」と称され、事件後に流れる時間が「デイ・アフター（あの後の日）」と語られることについて、「アポカリプス」はまた「ヒロシマ」と並行関係を持つのではないか、という仮説も提起している。

「グラウンド・ゼロ」の政治性

ここでいうヨーロッパと同じ視点から、九・一一後のアメリカの歴史認識の問題を実証的に分析したのが、ジョン・ダワーの『さまざまな戦争文化（*Cultures of war*）』（未邦訳）である。ダワーもまた、九・一一を見るアメリカのコードとして、「真珠湾」と「ヒロシマ」があったと論じる。前者については、アメリカ政府は九・一一を「真珠湾奇襲攻撃」と重ねることで、この事件を犯罪行為としてではなく「戦争」と断言し、復讐としての戦争を正当化していく。

一方で「ヒロシマ」というコードは秘められたものだったが、「グラウンド・ゼロ」という語に暗示されているという。[6]もともと「グラウンド・ゼロ」とは、ネバダ州でおこなわれた最初の原爆実験――皮肉にもそれを推し進めた計画は「マンハッタン計画」と呼ばれた――での照準、すなわち「爆心地」を指し、原爆が実際に投下された広島、長崎の爆心地を示す言葉だった。九・一一後、アメリカでは「グラウンド・ゼロ」は邪悪な軍隊による大量殺戮の犠牲者を示す言葉となったが、そこではアメリカが半世紀前におこなった、原爆投下による市民の大量殺戮という歴史が忘却されている、というのがダワーの論旨である。

九・一一後にさらけ出された、アメリカの政治におけるダブル・スタンダードの姿勢を追及した鋭い分析であり、加害の記憶の喪失と、そのうえでの自らが受けた傷からの回復というストーリーは、ポスト・カタストロフィーの政治性を考えるうえでも無視できない。しかしここでは、「グラウンド・ゼロ」という言葉が、意識するにせよしないにせよ、なぜ二〇〇一年に再来したのかを、ビルの崩壊によって引き起こされた経験から考える。さらにこの巨大な空虚をどのように人々が見つめたのかを、世界貿易センター再建をめぐる問題から考えていきたい。

記憶の場としてのグラウンド・ゼロ

世界貿易センターのツインタワーが崩壊したとき、大量の瓦礫と粉塵がロウアー・マンハッタンに滝のように降り注いだという。マリタ・スターケン(7)によれば、それが雲のようになり、ストリートにいる人々に向かって押し寄せてくる光景から、キノコ雲の下にあるグラウンド・ゼロのイメージが生まれたという。メディアでは当日の夕方に、ＡＰ通信の記者であるラリー・マクシェーンが書いたのが最初とされるが、数日もしないうちに「グラウンド・ゼロ」という言葉は定着していった。また「ゼロ」にはスタート地点、白紙（タブラ・ラサ）という意味も暗に含まれていて、九・一一によってアメリカの純粋さは失われたが、この時点から歴史は変わり、アメリカは復活するというストーリーも暗示していると、スターケンは分析する。ビルは崩れ、地表ゼロメートルに戻ったが、天にも届く高みまで再び文明を築き上げていこう、というわけである。

確かに、ビルの崩壊による廃墟を「グラウンド・ゼロ」と表現することは、政治的には近視眼的な見方であるといわざるをえない。しかし、その場に居合わせた人々の感覚から生まれ、また「ドイツ零年」などと同じように、それを歴史の起点として再出発するという「スローガン」としては、有効だったといえるだろう。

マリタ・スターケンは『アメリカという記憶』（原著一九九六年）[8]などで、文化記憶とナショナル・アイデンティティーの関係を探ってきた。九・一一後に書かれた『歴史のツーリスト――オクラホマ・シティからグラウンド・ゼロに至る記憶、キッチュ、消費主義』（二〇〇七年）（未邦訳）では、グラウンド・ゼロの分析をさらに深化させている。グラウンド・ゼロはのちに示すように、世界貿易センタービル再建用地としてさまざまな思惑が交錯する場所となる。同時に、ジャーナリズムだけでなく写真や絵葉書、ウェブといったメディアによってイメージとして複製され、イメージが世界中に伝播するモニュメントともなった。またそこでの追悼のあり方は、モニュメントに多数おかれたテディベアに象徴されるようなキッチュな方向に向かっていると彼女は指摘する。

そこから生まれた認識、「グラウンド・ゼロとは、記憶と喪という実践が、表象行為や美学についての論争と、強い緊張関係にある場である」「メディア・テクノロジーによって定義され、メディア・テクノロジーを通じて経験される空間である」「写真であふれていて、それ自体がたえず撮影される空間である」[9]という定義は、二〇一五年以降のパリでも見られるような、二十一世紀のポスト・カタストロフィー的状況のひな型を提示しているように思われる。また、グラウンド・ゼロの「ゼロ」こそ、レヴィ＝ストロースが構造人類学で分析したゼロ記号のような役割、すなわちすべての札を代行するトランプのジョーカーのように、各人がそれぞれの意味づけをする「余地」としての機能を果たしているともいえるだろう。

ワールドトレードセンタービル群へ

しかし、グラウンド・ゼロは「ゼロ」のままに放置されることはなかった。世界貿易センタービル跡地の再開発計画は、事件後すぐに話題となった。世界貿易センタービルを再建すべきか、追悼のメモリアルをつくるべきか、あるいは両者の両立は可能かなど、さまざまな立場の人から意見が出された。結局公募によって決められることになり、二〇〇三年、ダニエル・リベスキンドによる「フリーダム・タワー」を中心とした再建案のプロジェクトが採用されることで決着がついた。

その後、商業施設としての活用を目指す権利者の声や、設計段階からの実際上の変更などによって、紆余曲折をへながら計画は変更を余儀なくされるが、二〇一六年九月時点では、フリーダム・タワーから改称されたワールドトレードセンターを含む三つの高層ビルが完成しており、九・一一を記念した博物館とメモリアルも二〇一一年に公開されている(10)。

リベスキンドの「フリーダム・タワー」というプロジェクトは、千七百七十六フィート(約五百四十一メートル)という当時世界最高の高さを誇り、さらにはアメリカ独立宣言が発布された「一七七六年」を想起させることから、その名称と相まって、アメリカのナショナルな記憶や夢を反映させたものと解釈されることも多い。しかし、ここではそれだけでなく、メディアで流通しやすい情報に還元されない、リベスキンドの建築案の全体像とその来歴をたどってみよう。

リベスキンドとヴォイドの建築

ダニエル・リベスキンドはユダヤ系ポーランド人の家庭に生まれ、十三歳のときに移民として船で渡米してきた過去を持っている。グラウンド・ゼロのプロジェクトのプレゼンテーションの際には、ニューヨーク港に入ってきたときに自由の女神を見上げた記憶を語り、女神が持つ松明《たいまつ》の炎と同じように螺旋を描いた、千七百七十六フィート(約五百四十一メートル)のフリーダム・タワーという案を発表した。彼の代表的な建築には、ベルリンのユダヤ博物館がある。敷地内をジグザグに走り、ヴォイド(空白)がところどころに見られるこの建物は、その空隙によって歴史から抹消されたユダヤ人の痕跡を、ネガの形で示したものとされる。彼自身の言葉を借りれば、「ヴォイドとは、共同体が地上から一掃されてしまうとき、あるいは個人の自由が踏みにじられるときに生み出される圧倒的な空虚の現前」なのである。実際、この博物館の実現を含めて、彼が目指すのは「世界規模の破局の後の歴史理解というものを反映する建築[11]」であり、ポスト・カタストロフィーという問いを身をもって受け止めている現在最も重要な芸術家の一人といえるだろう。

リベスキンドはニューヨークのコンペ参加者として、敷地の見学をおこなったときに、グラウンド・ゼロに空いていた「バスタブ」と呼ばれる深く大きな穴に降りた経験を、次のように語っている。

下に降りてみて、消失した建物を載せていた基盤の巨大さに唖然とさせられた。まるで大洋の底めがけてダイブしているような感じだった。下に降りると大気圧の変化を感じ取ることができた。七階建ての高さの基礎とインフラストラクチャーが消え失せたのである。建物がそこにあったとき、誰がその下にあるもののことなど考えただろうか。私たちがいつも考えるのはニューヨークの摩天楼のことだが、下に降りて初めてこの都市の深さに気がつく。どの建物もこうした基礎の上に載っている。しかし、その岩盤に触ったことがある者はいるだろうか[12]。

岩盤のなかでも、スラリー防護壁という、ハドソン河の水が染み出てこないように地下につくられた壁が彼の目を引いたが、それはニューヨークの地下鉄が洪水になるのを防ぎ、市全体が水没するのを防ぐためのものであり、彼の目には生を支える人間精神の力を示すものとして映った。

摩天楼という栄光に隠された底なしの虚無、そしてそこにつくられた力強い壁――、リベスキンドはこの空間を「ローマのカタコンベ」に例えて、「この場所から都市全体を感じ取っていた。死者たちの灰と、生き延びた人々の希望を」[13]と告げる。そして、このイメージを具現化する建物をデザインすることを自らの使命としたのだった。

実際、リベスキンドのプロジェクト名は「記憶の基礎（メモリー・ファウンデーション）」と名付けられ、世界貿易センターの基礎部分は露出したままにし、スラリー防護壁も歩いて見られるように構想されたのである。

「不在の反映」

こうした構想は先述したようにさまざまな形で変容し、現在に至っているが、そのなかでリベスキンドがイメージするヴォイドの形象としては、マイケル・アラッドとピーター・ウォーカーによる九・一一追悼メモリアル「不在の反映」（Reflecting Absence）が挙げられる。二つのビルの跡地にそれぞれ開けられた正方形の巨大な穴に水が吸い込まれていく。穴を縁取る銅板には犠牲者の名前が彫られていて、人々は深淵へと落ちていく水を眺めて、一人ひとりの不在を想起するというものである。[14]

このように、ニューヨークの「グラウンド・ゼロ」に支配的な「不在の美学」（マリタ・スターケン）については、亡くなった人々の追悼よりもむしろ失われた建築に対する憧憬なのではないかと、その美学的立場に疑問が付されたこともあった。また、明示的な意味を提示せず多様な解釈を許す反面、そうした「弱い」メッセージでは記憶の風化に耐えられないのではないかという不安が語られ、リベスキンドが独立宣言というアメリカの創生神話に完全に依拠していることに見られるように、特定のイデオロギーに容易に染まる危険性も無視はできない。

とはいえ、「残された人々は廃墟をどのように見つめ、心の空虚にどのように立ち向かうのか」という、ポスト・カタストロフィーの都市を分析する際にしばしば突き当たることになる問題に対する、一つの強力な答えがヴォイドであることも確かである。少なくともリベスキンドにとっては、空虚を露出させるという選択は理念的なものというよりも、グラウンド・ゼロに穿たれた大きな穴に降りた経験に由来するものだった。またグラウンド・ゼロの変容はいまもなお進んでいて、建築やメモリアルの意味も、メディアや商業主義、社会情勢などさまざまな要因によって変化し続けている。このような、空白がさまざまに塗り重ねられる成り行きを追っていくのも、都市空間を考察するわたしたちの課題だろう。

3　モニュメント、メモリアル、遺構、墓——ヒロシマ、平和記念公園

オバマ大統領の広島訪問と交差する記憶

「七十一年前の明るく晴れわたった朝、空から死が降ってきて世界は一変しました」。これは二〇一六年五月二十八日に広島平和記念公園を訪問したバラク・オバマ大統領の演説の冒頭である（駐日アメリカ大使館による翻訳）。この表現については、「死が降ってきた」という、主体を不明確にし天災であるかのように語ることの問題が指摘されたが、半面、現職のアメリカ大統領が現場、すなわちキノコ雲の上ではなく下に身を置いて演説したことの意義も否定できないだろう。

メディアでは、オバマ大統領が被爆者代表の森重昭を抱擁するイメージが強調されていた。森重昭は、八月六日当時広島にいて被爆死したアメリカ兵捕虜の調査をライフワークとした人物である。長らくアメリカ政府は連合軍の捕虜の被爆を否定していたが、彼は会社勤めのかたわら約四十年間の聞き込み調査を経て、捕虜の存在を明らかにし、さらにはアメリカの遺族たちを探し出して調査記録を伝えたのだった。[15]このような仕事をした人がいるということを知ったアメリカ政権関係者が、彼にコンタクトを取ったことでアメリカ大統領との会見が実現したのであった。[16]ここで重要なのは、被爆の体験を日本に固有のものとせず、アメリカ人にも（さらにいえば広島からアメリカに移民して帰国した人たちにも）犠牲者がいることを指摘することで、日本にもアメリカにも加害

と被害の両方の立場があることを知り、加害責任をより深く考えるようになったことだろう。

もう一つ、今回の訪問を象徴するイメージは、オバマ大統領が自ら折った折り鶴であったように思われる。これは白血病で若くして亡くなった佐々木禎子さんの折り鶴という、アメリカでも絵本や児童文学で有名になったエピソードをふまえたものだろう。とはいえ、彼女が折った鶴が原爆資料館だけでなく、アメリカの九・一一トリビュート・センターやパールハーバー・ビジターセンターにも所蔵されていることを知る人は多くない。今回の広島訪問後に、日本の首相もまたパールハーバーを訪問するという「献花外交」が実現したが、ビジターセンターで日本側が発見したのは、禎子の折り鶴であった。

被害体験だけでなく平和への想いもまた国を超えるべきであり、これら二つのイメージは、国対国の対立構造を離れ、国籍を超えて記憶を交差させる役割があった。その意味で、禎子の折り鶴もまた小さなメモリアルであるといえるだろう。

遺構／メモリアル／モニュメント

ここではオバマが訪問した平和記念公園を中心とした記念碑群の区分と配置から、ポスト・カタストロフィー的状況の現在について考えたい。

現在、平和記念公園を訪れる人々は原爆ドームから原爆死没者慰霊碑、そして原爆資料館へとたどることが多いように思われる。実際、公園計画を策定した丹下健三によって、この三つの施設は一直線に並ぶように構想されたのであり、原爆資料館からは、家形埴輪の形をした慰霊碑の先に、原爆ドームを望むことができる（図2）。爆心地の上に建てられた平和記念公園は、原爆ドームが世界遺産に指定されたこともあり、いまではきわめて整然とした空間のように見える。

しかし、その経緯をたどってみると、それが必ずしも最初からの計画どおりに成立したものではないことがわかる。原爆ドームは広島県産業奨励館の廃墟にすぎず、一九六〇年代初頭に取り壊しが議論されるなかで、保存運動の声が高まったために残されたものである。その間、公園の建設に伴い、原爆ドーム周辺のバラック群が立ち退きを迫られたこともある。また公的には広島平和記念資料館と呼ばれている原爆資料館を中心にして、原子力平和利用博覧会（一九五六年）や広島復興大博覧会（一九五八年）が開催された。原爆の悲惨さを直視することを避け、「平和」や「復興」の名のもとに、未来だけに目を向けようとしてきた時代も経験したのである。

このような状況を分析した福間良明が『「戦跡」の戦後史』で提起している、「遺構」と「モニュメント」の区別を紹介したい。遺構とは「戦災やそれに伴う人の死があった建造物などの「現物」を通して、戦争の痕跡を具体的に可視化させるもの」を指し、原爆ドームが代表的な例として挙げられる。一方、モニュメントは、「戦後新たに作られた記念碑等で、過去の記憶を抽象的でシンボリックに指し示すもの」であり、平和記念公園、とりわけ慰霊碑がそれに当たる。福間は戦後の広島についての言説を分析し、「遺構は負のアウラを帯びたものとして忌避され、モニュメントは過去のおぞましさを直視せずにすむがゆえに好意的に受け止められた[17]」ことを指摘している。

図2　平和記念公園の原爆死没者慰霊碑
（出典：奥田博子『原爆の記憶——ヒロシマ／ナガサキの思想』慶応義塾大学出版会、2010年、110ページ）

過去の遺物そのものとしての「遺構」と、現在の視点で過去の記憶を形象化した「モニュメント」という区分に、「メモリアル」という第三項を導入することもできる。美術研究者として有名なアーサー・ダントがベトナム戦争記念碑を論じる際に提起した概念で、「モニュメント（金字塔）」とはオベリスクなど、死者を通じて新たな始まりの神話を作り出すものであるのに対し、「メモリアル（追悼碑）」は死者を哀悼する、服喪の空間である。モニュメントが現在から未来へ、公的な決意や共同体の顕彰へと向かうのに対し、メモリアルは現在から過去へ、あくまで私的な慰霊、個々人への祈りへと向かうものだといえる[18]。

とはいえ、具体的な記念碑が、この三つのカテゴリーのいずれかに当てはまるというよりも、これらを記念碑というものが持つ三つの機能として考えるほうが有効だろう。原爆死没者慰霊碑を例にして考えてみよう。そこに刻まれた句「安らかに眠ってください。過ちは繰り返しませぬから」について、「過ち」を犯した主体、「繰り返さない」主体は誰かという問題がしばしば議論されてきた。「すべての人々」を指すと説明文にあるように、「人類」が主体であるというのが公的な見解とされ、それについても責任や誓いの主体を曖昧にしているという批判があるが、ここでは碑文の前半に注目したい。「安らかに眠ってください」は死没者への呼びかけというメモリアル的な機能を示している。それに対し、「過ちは繰り返しませぬから」は未来に向かっての宣誓であり、モニュメント的な性格を帯びているといえる。この碑文は主体の曖昧さによって、都市のカタストロフィーを語ることを、人類のカタストロフィーを語ることに融通無碍につなげている。そして慰霊と顕彰を折衷させることで、広島の過去を現在に、現在を未来に橋渡しする役割をも果たしているのである[19]。

墓というカテゴリー

モニュメントとメモリアル（原爆慰霊碑）、そして遺構（原爆ドーム）――、この三つのカテゴリーに最後に付け加えられるのが「墓」である。平和記念公園の北西部には原爆供養塔、そして引き取り手が現れない七万人の死没者の遺骨を納める塚があることはあまり注目されていない。この「土饅頭」と呼ばれた施設の墓守をし、遺族を探す努力をしてきた佐伯敏子を取材した堀川恵子のノンフィクション『原爆供養塔』には、かつて追悼式典の中心にあった供養塔と塚が、平和記念公園が確立していくなかで、その役目を原爆慰霊碑へ譲っていった過程が克明に描かれている。墓は平和記念公園にはふさわしくないとして、慰霊碑には遺骨の代わりに原爆犠牲者の名簿（過去帳）が納められた。「安置所」という文字が白いペンキで塗りつぶされた際には、「平和公園は祈りの場じゃから、本当は墓なんか置いたらいけんのよ。遺骨とか安置所とかいうのは、あんまり目立たんほうがええんよ」と役所の人間に言われたという。[20]「墓は公園には置けない」という公園に関連する法律が前提にありながらも、祈りと墓は両立しないという認識が役所の人間の言葉に、はしなくも表れている。

公園の中心に屹立し、多くの人が訪れる慰霊碑に対して、公園の端に追いやられ大地に眠っている「土饅頭」という、隠された対立も平和記念公園には存在するのである。遺構が建築の墓であるならば、塚は文字どおり人間たちの墓である。九・一一メモリアルの「不在の反映」であれベトナム戦争記念碑であれ、メモリアルが犠牲者の氏名が刻まれる場であるならば、原爆供養塔と塚は、その氏名もいまだ確認できない死者たちが眠る場所となっている。モニュメント、メモリアル、遺構、そして墓――、これら四つの位相はポスト・カタストロフィーの都市の「記憶の場」を論じるうえで、有効な視点を提供してくれるだろう。

4　現在進行形の廃墟――ナガサキ、旧浦上天主堂

旧浦上天主堂の解体の謎

「怒りのヒロシマと祈りのナガサキ」という言葉に象徴的に示されているように、長崎は常に広島と対比されて、しかも被爆地としては広島の陰に隠れるような位置を与えられてきた。原爆は長崎ではなく浦上に落とされたという認識、キリシタン弾圧に始まる長い苦難に耐えてきた浦上への負い目と、その裏面としての差別意識、そして永井隆に代表される、原爆投下を「神の摂理」として受け入れることで苦難を耐えようとする考えがキリスト

教的風土で広がったことが、こうしたイメージを形作ってきたように思われる。

「記憶の場」について考えてみれば、広島と同様に長崎にも爆心地に平和公園が作られていて、記念碑（平和祈念像、平和の泉）、死没者名簿を所蔵する追悼平和祈念館、原爆資料館、そして墓となる無縁死没者追悼祈念堂も存在する。広島にあって長崎に存在しないもの、それは遺構、すなわち原爆ドームに当たるものである。

ほぼ爆心に位置していたのは浦上天主堂だった。廃墟と化していた天主堂が、跡地に新しい天主堂を再建するために解体されたのは一九五八年だったが、当初保存する方向で議論していた当時の長崎市長、田川務が、突然解体の方針を打ち出すようになった経緯については、高瀬毅『ナガサキ 消えたもう一つの「原爆ドーム」』[21]が解明を試みている。高瀬はアメリカ側の当事者の証言や文書を分析するなかから、田川がセントポール市からの招待で姉妹都市提携のために渡米している間に、文化外交組織による懐柔策があったのではないかと推論している。そこには、キリスト教世界にとって廃墟となった教会のイメージは衝撃的であり、原爆投下の責任問題に及ぶ可能性があるので、傷跡を消してしまいたいという意図が見え隠れするが、それについて高瀬は直接には言及していない。どちらにしても、今日では旧浦上天主堂を保存すべきだったという意見が大勢を占めている。

「解体」と「保存」の間で

浦上天主堂の解体をめぐっては、広島の原爆ドームを保存する声が出てきたのも一九六〇年代に入ってからであって、保存すべきだったという意見が出るにはタイムラグがあったという論もある。「撤去されたことによって、旧浦上天主堂は被爆体験のアウラを帯びるようになった[22]」のであり、失われたからこそ追い求めるという、空虚の美学にも通じる考えをここに見ることもできるだろう。

また横手一彦は、在りし日の天主堂の写真集『長崎　旧浦上天主堂1945-58』に付した解説で、客観的論証の限界を指摘し、当時の人々が天主堂について何を思っていたかについて、虚構作品による想像によって補うことを提案し、井上光晴の『地の群れ』を取り上げている。熱線によって顔を黒く焼かれたマリア像をめぐって、「廃墟は憎悪をかきたてるだけだから取り壊したほうがいい」と言う司教、「生きた人間はケロイドをさらしてどこまでも生きていかねばなりません。マリヤ様にも、そういうふうに生きてもらいたいのです」と反論する被爆女性、「自分たちの土地に、自分たちの積み立てた力で新しい教会堂を建てるのに、横から一銭の協力もせず、さあ廃墟を残せ、平和のシンボルだと叫んでも筋が通らぬ」と喚く信者[23]……。あのとき、あの場所に生きた人々が語らずに飲み込んでしまったかもしれない言葉を想像することで、さまざまな立場を重層的に示すことは、過去を探っていくうえで不可欠であり、言説には還元されない文学作品の存在意義といえるだろう。

現在進行形の死

ポスト・カタストロフィーの都市の分析に際しては、客観的事実の調査と同時に、都市がどのような形で表象されてきたのかを見ることが必要である。それは、都市に生きる人々の心性がどのようなものだったのか、そこに隠されたものを含めて考察するためである。ここではその一例として、写真家・東松照明（一九三〇―二〇一二）による廃墟写真に焦点を当てたい。

東松照明は、土門拳との合作『Hiroshima-Nagasaki document 1961』以来、とりつかれるように長崎に撮影に出向き、被爆者や戦争遺物の印象的な姿だけでなく、長崎の風景や人々のさまざまな生活の場面にも目を向ける作品をライフワークとして生み出してきた。また伊勢湾台風の爪痕や海軍の工廠跡を皮切りに、足尾銅山、四日市など公害の現場としての「廃墟」をテーマに編集された『廃園』（ＰＡＲＣＯ出版局、一九八七年）も刊行している。

彼にとって廃墟はいわゆる「原光景」であり、戦争そのものではなく戦争の影、敗戦の記憶や飢餓感を引きずって生きているという。廃墟は戦後の日常の光景だったが、その究極が「原子野」であり、「究極兵器と呼ばれている原爆によって破壊された都市や人間の変質した姿」「核時代を生きるものの誰もが怖れている世界の終焉を先取りした光景」[24]なのである。近い過去でありながら、未来を映し出した廃墟である原子野に対するオブセッションが彼を長崎に導き、そこで出会ったのが、ひっそりと死を迎える被爆者たちである。

私が長崎で見たものは、戦争の痕跡だけではなく、終わらない戦後であった。また、廃墟は町の変質した姿、とばかり思い込んでいた私は、人間のなかに廃墟があることを教えられた。[25]

廃墟とは、建物が長い歳月によって朽ち果てたり、災害や戦乱によって破壊されたりして生み出された過去の痕跡であり、伝統的には、世間の雑事にとらわれることなく、ただ物思うという「甘美な憂鬱」と呼べる体験ができる場所だと考えられてきた。しかし東松にとっての廃墟は単なる過去の痕跡ではなく、復興の時代のなかでも解体が現在進行形で進む存在である。それを端的に示すのが被爆者たちの生であり、とりわけ肌だった。「人間のなかに廃墟がある」というのはヒューマニズム的なものというより文字どおりの意味であり、詩人・福田須磨子の紅斑症の肌やケロイドを見据えることで、彼は被爆者の苦悩が終わっていないことを示すのである。こうした写真が収められた『〈11時02分〉NAGASAKI』（一九六六年）は、爆心地付近から掘り出された時計の写真から始まる。彼の言葉を借りれば、そこには「〈十一時〇二分〉で停止したときと、一九四五年八月九日十一時〇二分を基点とする現在進行形の時間がある。この二つのときを、ぼくたちは、決して忘れてはならぬ」のである。

二重のカタストロフィー

この写真集については、主として、組み写真というストーリー形成の手法ではなく、群としての写真を感覚や形態の類似・対比によってモンタージュしていく手法（ケロイド状の肌と氷をかけられた魚市場の魚、筋の走った焼けた肌の首筋と踏み絵に使われてつるつるになったキリスト像、など）に注目することで、盛んに論じられてきた。[26]ここでは、旧浦上天主堂に関連した写真に限定して見てみよう。

　東松照明が撮影したのは天主堂の廃墟というよりは、その断片ともいうべき聖像である。翼をつけた天使像が何体も柱とともに打ち捨てられている草原を撮った「〇・六キロメートル地点　爆風により崩壊した浦上天主堂の天使像」（図3）、首の欠けた聖像の上半身を、これもまた上から撮った「浦上天主堂のキリスト像」（図4）、そして天使のえぐり取られた顔の部分をクローズアップした「浦上天主堂の天使像」である。

図3 「〇・六キロメートル地点　爆風により崩壊した浦上天主堂の天使像」
（出典：東松照明「序」『長崎〈11時02分〉一九四五年八月九日』新潮社、1995年、ページ記載なし）

　これらの写真が撮影されたのは一九六一年であり、天主堂の解体からはすでに三年がたっていた。しかしその当時でも、東松自身が語るように「浦上天主堂の庭の草むらに、爆風で吹きちぎられた聖像の首が、いくつもころがっていた」のである。天主堂の解体は現在から見れば大きな事件のように見えるけれども、当時は解体が終わっても、聖像など天主堂の断片は放置されたままだったのである。[27]

　彼にとって、これらの聖像は二重に損なわれている存在、すなわち原爆の熱線や火災に

図4　「浦上天主堂のキリスト像」
（出典：同書）

やられ、戦後にはひっそりと捨て置かれているという存在なのである。これは同時に被爆者の置かれた状況を投影するものでもある。聖像は屹立するモニュメントではなく、損傷を受けて黒く汚れ、死を迎えようとするものとして横たわっている。それを東松照明のカメラに特徴的な上からの俯瞰で、それも正面から撮影することで、聖像にギリシャ正教のイコンのような聖性が与えられている。

　失われた遺構という長崎の事例は、現在議論になっている震災遺構の保存の問題を考える際にも想起すべきものだろう。例えば、それを議論する「当事者」とは誰を指すのか。遺族なのか、その町の人間なのか、県民なのか。また時間軸についても考える必要がある。現在生活している人々なのか、それとも未来に生きる人々なのか、そして過去に生きた人々も含めるのか……。簡単に答えが見つからないのであれば、放置という手段も含めて考えるべきだろう。

　また廃墟を保存するにせよ解体するにせよ、そこでは過去をどう捉えるかだけでなく、現在の問題として考えなければいけないことを、東松照明の廃墟写真は示している。復興やレジリエンスのかけ声に隠された、被爆やＰＴＳＤ（心的外傷後ストレス障害）といった現在進行形の苦しみの声をどのように聞き取っていくかが、ポスト・カタストロフィーの時代に問われていることである。

＊

以上、パリ、ニューヨーク、ヒロシマ、ナガサキの四都市のポスト・カタストロフィー的状況を概観してきた。以下に始まるのは、平安末期の京都から三・一一に至るまで、災害や戦乱に見舞われた都市が、記憶と再生の間で葛藤する物語である。

注

（1）こうした象徴的政治の諸要素については、次の分析を参照。Pascal Ory, *Ce que dit Charlie*, Gallimard, pp.121-122.

（2）ピエール・ノラ編『記憶の場――フランス国民意識の文化＝社会史1　対立』谷川稔監訳、岩波書店、二〇〇二年、三二ページ

（3）同書一六ページ

（4）クロード・ランズマン『ショアー』高橋武智訳、作品社、一九九五年、三五ページ

（5）Gérôme Truc, *Sidérations. Une sociologie des attentats*, PUF, 2016, pp.38-44.

（6）他にも、オサマ・ビン・ラディンがアメリカに対して「ヒロシマ」を実現させようと計画していたと証言していたり、アメリカ政府側がイラクの「大量破壊兵器」問題をめぐって、「銃の煙」が「キノコ雲」になるのを待たずに軍事介入すべきだという発言をして、核の脅威の被害者という面を強調していたことを、ダワーは指摘している。

（7）Marita Sturken, "The Aesthetics of Absence: Rebuilding Ground Zero", *American Ethnologist*, 31, no.3, 2004, p.311.

（8）マリタ・スターケン『アメリカという記憶――ベトナム戦争、エイズ、記念碑的表象』岩崎稔ほか訳、未来社、二〇〇四年

（9）Sturken, *Tourists of History: Memory, Kitsch, and Consumerism from Oklahoma City to Ground Zero*, Duke University Press, 2007, p.168.

（10）このプロセスを含む九・一一のメモリアルの分析については次を参照。矢口祐人『奇妙なアメリカ――神と正義の

ミュージアム』(新潮選書)、新潮社、二〇一四年、一五七―一七九ページ

(11) ダニエル・リベスキンド『ブレイキング・グラウンド――人生と建築の冒険』鈴木圭介訳、筑摩書房、二〇〇六年、一七ページ

(12) 同書二〇ページ

(13) 同書二〇ページ

(14) 詳細は以下を参照。前掲『奇妙なアメリカ』一六六―一七九ページ

(15) 詳細は森重昭『原爆で死んだ米兵秘史』(光人社、二〇〇八年)とドキュメンタリー『ペーパー・ランタン(灯籠流し)』(監督:バリー・フレシェット、二〇一六年)を参照。

(16) 金崎由美「オバマ米大統領の広島訪問 被爆地の新聞記者が見た「責任と謝罪」そして課題」「Journalism」二〇一六年八月号、朝日新聞社ジャーナリスト学校。「ヒロシマ平和メディアセンター」のウェブサイトに掲載されたものを参照した(http://www.hiroshimapeacemedia.jp/?p=63761)[アクセス二〇一六年九月三十日]。

(17) 福間良明『「戦跡」の戦後史――せめぎあう遺構とモニュメント』(岩波現代全書)、岩波書店、二〇一五年、一〇、一一ページ

(18) Arthur Danto, "The Vietnam Veterans Memorial." *The Nation*, August 31, 1985, pp. 152-155. 前掲『アメリカという記憶』九〇―九一ページ、西村明『戦後日本と戦争死者慰霊――シズメとフルイのダイナミズム』(有志社、二〇〇六年)一五五―一五九ページも参照した。

(19) 実際、原爆死没者慰霊碑の正式名称は「広島平和都市記念碑」であり、英語名は Memorial Monument for Hiroshima, City of Peace と定められている。

(20) 堀川恵子『原爆供養塔――忘れられた遺骨の70年』文藝春秋、二〇一五年

(21) 高瀬毅『ナガサキ 消えたもう一つの「原爆ドーム」』(文春文庫)、文藝春秋、二〇一三年

(22) 福間良明『焦土の記憶――沖縄・広島・長崎に映る戦後』新曜社、二〇一一年、三一四ページ

(23) 高原至写真、横手一彦文、ブライアン・バーグガフニ英訳『長崎 旧浦上天主堂1945-58――失われた被爆遺産』岩

波書店、二〇一〇年、八四—八八ページ

（24）東松照明「原子野」（一九八七年）、東松照明監修『長崎曼荼羅——東松照明の眼1961〜』（長崎新聞新書）所収、長崎新聞社、二〇〇五年、一四七ページ

（25）同書

（26）詳細な分析としては以下を参照。林田新「長崎の皮膚」「総特集 東松照明——戦後日本マンダラ」「現代思想」二〇一三年五月臨時増刊号、青土社、一二〇—一三一ページ。Cyril Thomas, "Shōmei Tōmatsu : la mémoire des ruines," *Protée*, vol. 35, n° 2, 2007, pp.45-54. http://id.erudit.org/iderudit/017466ar

（27）後年、天主堂の解体について、東松は以下のように語っている。「広島には原爆ドームが一種の歴史の記録となっているが、長崎には被爆した天主堂を「残す」という考えが通らなかった。浦上地区はカトリックの信者が多いところで、ぜひ残すということだった。だが市長が米国に呼ばれて帰国したら取り壊すことになってしまった。ボクは米国の圧力があったと思う。米国にはキリスト教徒が多いので、残すことは「米国のイメージが悪い」と判断したのだろう。これは沖縄国際大学にヘリが墜落、現場に残った黒い壁を撤去したことと同じ」（新藤健一「時代を記録する写真・東松照明の眼」「写真工業」二〇〇七年九月号、写真工業出版社〔前掲『ナガサキ 消えたもう一つの「原爆ドーム」』二四六ページからの引用〕）。

第1章　禁域の効能

――欲望喚起装置としての「内裏」と、古代都市平安京の消長

深沢　徹

これからしばらく、「住まうこと《ヴォーネン》」と「建てること《バウエン》」について考えてみよう。建てることにかかわるこの思索は、おこがましくも何らかの建築思想を見いだそうとするものではない。ましてや、建てるための規範を与えるようなものではない。

（マルティン・ハイデッガー「建てる・住まう・考える」[1]）

はじめに――不可視のランドマーク

見知らぬ街を、予備知識もなしに、無防備のまま訪れた旅人は、茫漠たる都市の広がりのなかで、自らの立ち位置をつかめず、不安に駆り立てられる。高度経済成長期にさしかかった一九六六年から六八年にかけて、日本を何度か訪れたロラン・バルトも例外ではなかった。何か特定の目印《ランドマーク》が、どうしてもいるのだ。自らの立ち位置を計測する座標軸となるような目印が。

その目印を、バルトは「皇居」の森に見いだす。世界有数の巨大都市東京のど真ん中に、そこだけぽっかりと穴があいたように、ただ無意味に森が広がっている。その森が持つ、隠れた「意味」を解き明かすことで、「表《シー》徴《ニュ》（＝記号《サイン》）」ひしめく日本の文化的特質を明らかにしていくことが初めて可能となった。「中心―都市　空虚の中心」と題されたささやかな一文は、その意味で、『表徴の帝国』（一九七〇年）の各章のうちにあって、まさに「目印《サイン》」の役割を果たしている。

わたしの語ろうとしている都市（東京）は、次のような貴重な逆説、《いかにもこの都市は中心をもっている。だが、その中心は空虚である》という逆説を示してくれる。禁域であって、しかも同時にどうでもいい場所、緑に蔽われ、お濠によって防禦されていて、文字通り誰からも見られることのない皇帝の住む御所、そのまわりをこの都市の全体がめぐっている。毎日毎日、鉄砲玉のように急速に精力的ですばやい運転で、タクシーはこの円環を迂回している。この円の低い頂点、不可視性の可視的な形、これは神聖なる《無》をかくしている。[2]（傍点は引用者）

この異邦人の眼に、日本は、意味されるもの《シニフィエ》を欠いて、意味するもの《シニフィアン》だけが網の目のように張り巡らされ、ひしめき合う世界に映った。意味されるもの《シニフィエ》（＝中心）を欠いた、まさしく「表徴の帝国」ともいうべき日本という〈鏡〉に映すとき、「いっさいの中心は真理の場であるとする西欧の形而上学の歩み[3]」が、相対化される。

わたしたちの都市の中心はつねに《充実》している。文明の価値のもろもろ、つまり精神性（教会が代表）、権力性（官庁が代表）、金銭性（銀行が代表）、商業性（デパートが代表）、言語性（カッフェと遊歩道をもつ広場が代表）、これらが集合し凝縮しているのは、まさにこの特別な場所においてである。中心へゆくこと、それは社会の《真理》に出会うことである。それは、《現実》のみごとな充実に参加することである。[4]

これはいうまでもなく逆説である。《真理》を中心に据え、もろもろの意味《シニフィエ》されるものであふれかえらんばかりに《充実》しているとされる西欧の《現実》を、肯定的に捉えようとしたものでは決してない。見知らぬ東洋の国の空虚な中心と同じに、西欧の中心もまた、その内実は「空虚」であり、《無》をかくしている。にもかかわらず、「中産階級の、さらにそれの細分化と再集合によってマス（巨大群集）として肥大化した小市民階級の、イデオロギー」[5]に惑わされて、人々はそのことを意識しない。目的《シニフィエ》と手段《シニフィアン》とを取り違え、表徴するものをさらに表徴してみせる累層化の「神話作用」を通して、意味《シニフィアン》するものとしての表徴を意味《シニフィエ》されるものと誤認し、実体として捉えてしまうからである。

批判の矛先は日本ではなく、西欧に向けられていた。だがバルトがいう「神話作用」は、当然のことながら日本でも機能している。バルトの指摘で重要なのは、日本ではそこが「禁域」として囲い込まれ、「神聖」なる場所として捉えられている点である。都市の内部に設けられた森や空き地の広がりは、通常は災害時の広域避難場所として、都市計画のうちにあらかじめ組み込まれている。都会生活に潤いを与える公園が価値をもつのも、それが非常時の避難所として期待されているためである。にもかかわらず、その場所に限っては、現世的で功利的な空間利用は考えられていない。高度土地利用によって莫大な資産価値を生み出す経済効果とも、まったく無縁である。

一般の立ち入りを禁じた、もしくは制限した、なんの有用性も経済的効果も期待できない無意味な空間を設けることで、その空虚な中心としての性格はいっそう際立つ。意味の不在が、それとの対比で意味の充溢を際立たせ、有用性の不在が、かえって周囲の有用性を補完し、浮かび上がらせる。この逆説のうちに、バルトがいう「神話作用」は機能する。もし、その中心の輪郭がぼやけ、明確な像を結ばなくなってしまったならどうなってしまうのか。そのとき都市は、「四角形の、網状の都市（たとえばロスアンジェルス）」[6]がそうであるように、とりとめもなくどこまでも広がる、のっぺらぼうの空間へと変容し、そこに住まう人々の心を限りなく不安に陥れる。ならば失われた中心を補塡し代替する、何か別のものが求められなければならない。

平安時代の中頃から鎌倉時代のはじめにかけ、同じような事態が生じていた。たび重なる災害や動乱によって中心が喪失するという危機的な状況に対処すべく、いくつものテキストが書かれていった。禁域とされた空虚な中心（＝内裏）に似せて、擬似的な中心をつくりだし、敷衍してみせること。そうすることで、これまでとは異なるもう一つの選択肢を示さんがために。そうしたオルタナティブな模索のありようを、『平家物語』を皮切りにして、時代順に、慶滋保胤《よししげのやすたね》の『池亭記《ちていき》』（九八二年頃）、藤原明衡《ふじわらのあきひら》の『新猿楽記』（一〇五二年頃）、そして鴨長明の『方丈記』（一二一二年）を通してみていきたい。[7]

1　はじまりとしての遷都——『平家物語』の場合

「皇居」の森はかつて、江戸城の西の護りとして、親藩、譜代大名や将軍直属の旗本屋敷が所狭しとひしめく区域だった（図1参照）。一六五七年（明暦三年）一月に起きた明暦の大火（別名、振袖火事）の際、折からの北西の風にあおられて立ち並ぶ屋敷が次々と延焼し、火は江戸城本丸にまで及んだ。これに懲りて、以後、本丸西側に位置する地域一帯は、何もない広大な火除地《ひよけち》となった。明治になって、その一隅へひょっこり帝《みかど》が引っ越してきて以降、その他の場所は長らく放置されたまま自然の森となった。つまりは偶然の産物なのである。ちなみに京都の町の中心にも、同じような森の広がりがある。だがその敷地には、幕末まで広狭とりまぜた公家の邸宅が密集し、思いのほか人口稠密な場所だった。歴史的に見れば、中心は必ずしも空虚であったわけではない。むしろ

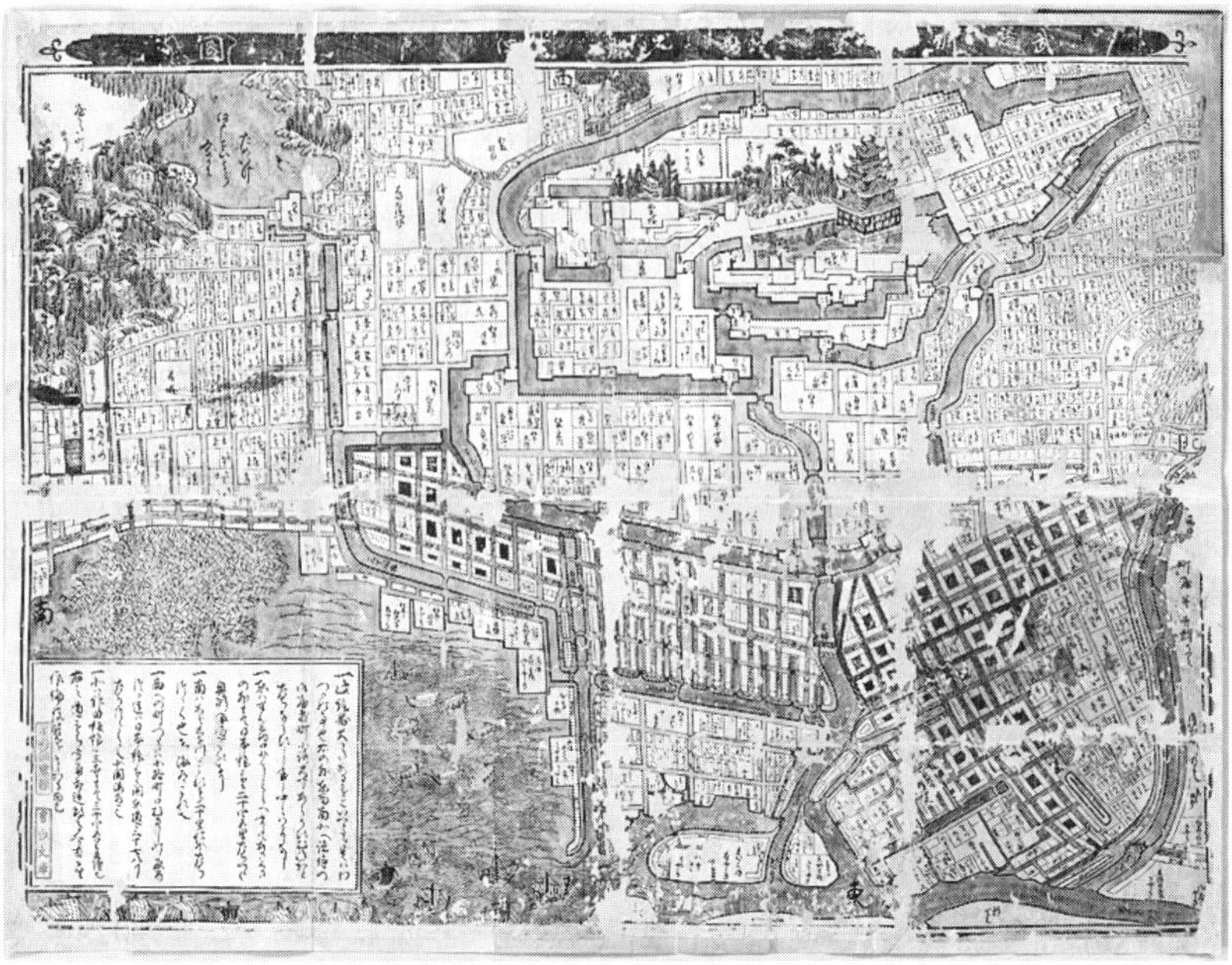

図1　「武州豊島郡江戸庄図」1639年（寛永9年）　国会図書館蔵
現在の吹上御苑の場所には大名や旗本の屋敷がびっしりと立ち並んでいる

問われるべきなのは、人々の立ち入りを禁じ、制限した特定の空間を人為的に作り出し、囲い込むことの経世論的な意味である。

古代都市平安京の「皇居（＝内裏）」もまた、創建当初は数多くの殿舎が並び立ち、常時多くの人々が行き交う稠密な空間であった。だが人々の自由な立ち入りを禁ずることで、バルトがいう空虚な中心としての性格をすでに有していた。そこは、「禁裏」とか「禁中」と呼ばれ、「禁門」によって出入りが厳しく制限されていたのだ。「禁廷」「禁城」「禁衛」「禁軍」「禁兵」「禁野」「禁苑」「禁色」など、類似した言葉はおびただしくあり、そこへの出入りを許された者は「殿上人《てんじょうびと》」もしくは「雲上人」として格別の待遇を受けた。一方で出入りをいまだ許されず、「地下《じげ》」とか「雑人《ぞうにん》」と呼ばれ見下された人々にとっては、「内裏」はあこがれと羨望の的になって、そこへの参入を是が非でも果たしたい欲望喚起装置として機能した。『平家物語』の主題も、実はここにあった[8]。

「祇園精舎の鐘の声、諸行無常の響きあり」で始まるあの有名な「序文」の一節はさておき、冒頭でまず語られるのは、平清盛の父忠盛の、「内裏」への昇殿にまつわるエピソードであり、そこでの平家一門への不当な扱いと、彼らの窮状が切々と綴られていく。本来、平家の一族は、古代都市平安京を創始した桓武天皇の末裔であるにもかかわらず、「此《この》人々は、かけまくもかたじけなく、柏原天皇（＝桓武）の御末とは申しながら、中比《ごろ》は都のすまゐもうとうとしく、地下《ぢげ》にのみ振舞《ふるまひ》なつて」と、その「内裏」への昇殿を許されずにきた。禁域としての「内裏」の最も正統な後継者の地位にあっておかしくないはずなのに、「国香《くにか》より正盛《まさもり》にいたる迄《まで》六代は、諸国の受領《ずりやう》たりしかども、殿上《てんじやう》の仙籍《せんせき》をばいまだゆるされず」という状況に捨て置かれてきた。その不当をなじるかのように、長い流浪の旅を経て、平家はいまようやく、その本来の居場所（＝内裏）へと立ち返ろうとしているとでも言いたげな口ぶりなのである。『平家物語』の冒頭は、まさにそのような形で書き始められている。

「内裏」への参入を果たして、はじめて事は動きだす。すなわち固有名を与えられ、「人」として遇されてはじめて、歴史にその名を残すことが可能となる。でなければ匿名性のうちに埋もれて、十把一絡げの扱いに甘んじるしかない。唯一の例外はといえば、「近く本朝をうかがふに、承平《せうへい》の将門《まさかど》、天慶《てんきやう》の純友《すみとも》、康和《かうわ》の義親《ぎしん》、平治《へいぢ》の信頼《のぶより》、此等《これら》は奢《おご》れる心もたけき事も、皆とりどりにこそありしかども」とあるように、謀反人《むほんにん》としてその名をとどめることである。ただしその場合でも、単なる内紛ではなく、謀反の矛先は「内裏」に向けられていなければならない。「まぢかくは六波羅の入道前《さきの》太政大臣平朝臣《たひらあつそん》清盛公と申《もうし》し人のありさま、伝《つたへ》うけ給るこそ、心も詞《ことば》も及ばれね」とあるように、その謀反人の末席に、平家もやがて名を連ねることとなるだろう。ならば、「此《この》一門にあらざらむ人は、皆人非人《にんぴにん》なるべし」と放言した清盛の義弟、平《へい》大納言時忠《ときただ》の言葉は、いかにも両義的に響く。「人」であるか「人」でないか、その見えない分断線を可視化して示す表徴《シーニュ》として「内裏」が存在し、そのはたらきゆえに、人々の羨望の的となって古代都市平安京の中心へと自らを不断に押し上げていく。

鳥羽上皇の覚えめでたく、忠盛の代になって、ようやく平家は昇殿を許される。諸国の受領を務めることで蓄財し、その莫大な財力と武力でもって鳥羽上皇の私兵として立ち働き、上皇による放恣な造寺造仏をまかなったからである。だが、限られた人々にしか立ち入りが許されない禁域へ、新たに参入を果たそうとする者に対しては、周囲からのやっかみといやがらせは避けられない。この難局を、忠盛はさまざまに「はかりこと」を巡らして切り抜けていく。

ここで確認しておきたいのは、禁域としての「内裏」の位置づけを、そのはじまりにまでさかのぼって説き起こすことで、歴史を超越しようとする『平家物語』の姿勢である。以下に始まる平家のめざましい台頭と、その後のあまりに急激な凋落は、確かに中世の幕開けを告げる出来事ではあった。だがそれは、桓武天皇による「平安遷都」のはじまりへと一旦は立ち返ることで、それに代わって現れた平家により、もう一度「白紙（タブラ・ラサ）」の状態に戻すという激動の時代の訪れを暗示している。それは清盛によって敢行された「福原遷都」に象徴されるような、中世都市京都の新たな創出へ向けた果敢な挑戦でもあったのだ。

2　移動する都市の中心軸――『池亭記』の場合

桓武天皇によって創建された平安「内裏」が初めて焼失したのは、村上天皇の九六〇年（天徳四年）秋九月のことだった。創建以来、百六十年もの間、火災にあわずにきた「内裏」が、このとき初めて燃え上がる（図2参照）。村上天皇自身の記すところによれば、この火災で宣陽殿の累代の宝物、温明《うんめい》殿の神鏡、太刀、安福殿や春興殿の什具、内記《ないき》所の文書、仁寿《じじゅう》殿の太一式盤《たいつしきばん》などが灰燼に帰した。(9) その不吉を祓うべく、翌年には「応和」と改元される。漢学者慶滋保胤の作になる『池亭《ちてい》記』は、この「応和」への改元にからめて内裏焼亡に間接的な形で触れ、次のようにいう。

応和《おうわ》より以来《このかた》、世人《せじん》好みて豊屋峻宇《ほうおくしゅんう》を起《た》て、殆節《ほとほとにますがた》を山にし、梲《うだつ》に藻《ゑが》くに至る。その費《つひえ》は巨千万《きよせんばん》に且《なんなん》とし、その住むこと纔《わず》かに二、三年なり。[10]（原漢文、以下同）

内裏焼亡について直接の言及はない。しかし、「住むこと纔《わず》かに二、三年」の言葉そのままに、再建された内裏も円融天皇の九七六年（貞元元年）には再度焼けてしまう。以後はわずか数年おきに、造っては焼け、造っては焼けということを繰り返す。源平の争乱のただなかを生きた天台座主の慈円は歴史評論書『愚管抄』のなかでそれを逐一数え上げ、実に十九回に及ぶと慨嘆している。かくして後堀河天皇の一二二七年（安貞元年）四月、再建途上の内裏が焼けてしまうとその場所は完全に放棄され、何もない原野へと返ってしまった。

図2　直幹申文絵巻　13世紀末成立　出光美術館蔵
燃え盛る内裏の殿舎から、琴や厨子、女房装束などをあわてて運び出す様子が描かれている

平安「内裏」がこれほどまでに火災に見舞われたのにはわけがある。「予《われ》二十余年以来《このかた》、東西二京《とうせいじけい》を歴見《れきけん》するに、西京《せいけい》は人家漸《ようや》く稀《まれ》にして、殆《ほとほと》幽墟に幾《ちか》し」と『池亭記』冒頭に記されたように、低湿地ということもあって西京（右京とも長安城ともいう）は早期に空閑地となり、結果、内裏の立地が大きく北西に偏ってしまい、周縁部に位置する辺鄙な郊外地に位置することになる。そのため貞元元年の再度の焼失の際には、殷賑を極めた左京（洛陽城ともいう）の中心部に立地する関白藤原兼通の私邸堀河院が、一時期「里《さと》内裏」として用いられた。これを契機として、以後、一条院、東三条《とうさんじょう》院、枇杷殿、京極殿、二条殿、高陽《かや》院、閑《かん》院などが里内裏に充てられる。そして摂関体制が確立

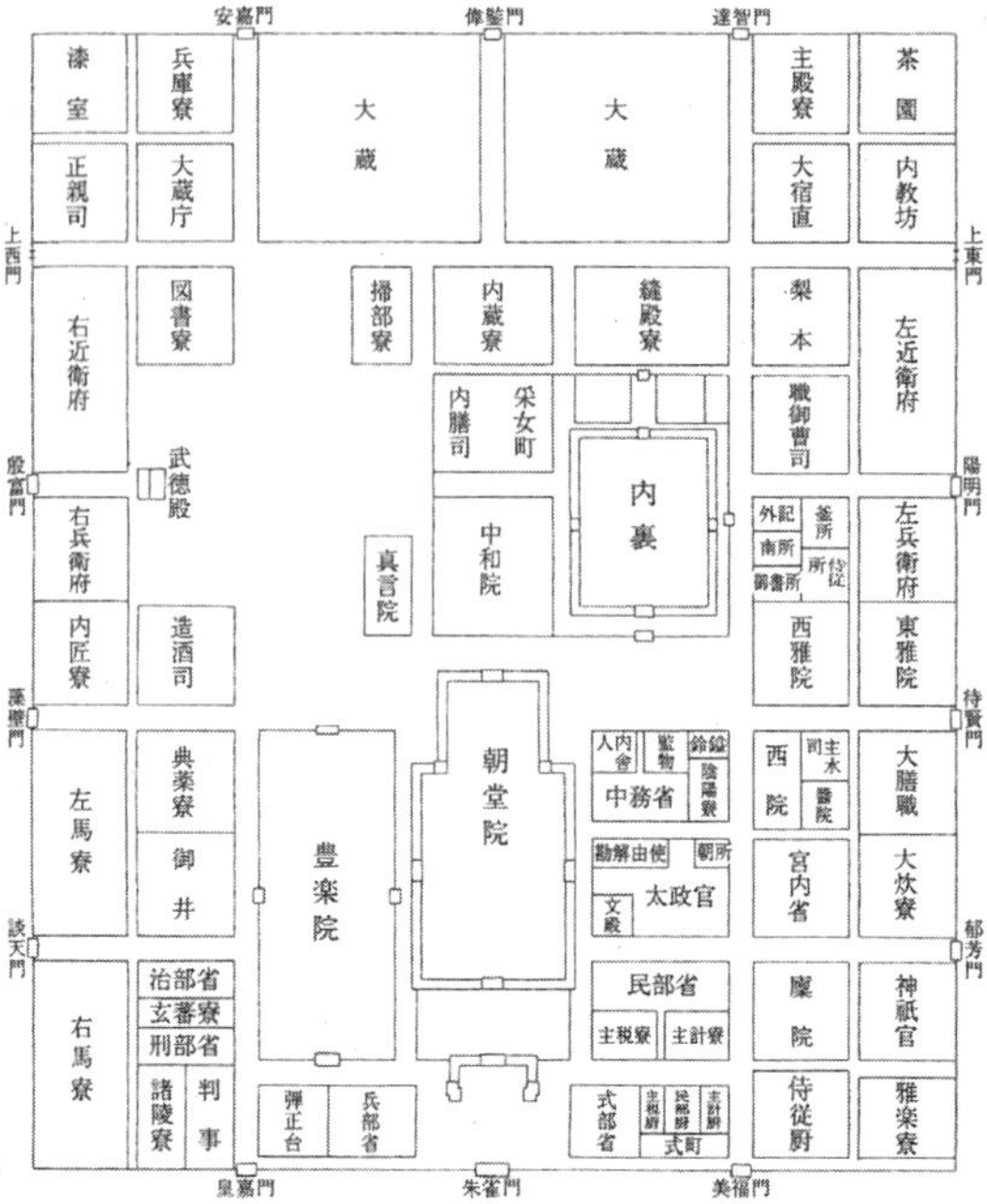

図3　大内裏の諸官庁配置図
（出典：古代学協会／古代学研究所編、角田文衛総監修『平安京提要』角川学芸出版、2011年、166ページ）

して以降の十一世紀中頃には再建事業も滞り、またたとえ再建がなったとしても空き家同然に放置されたまま、即位式などの儀礼の場として、あるいは方違えの際の仮の宿りとして臨時に用いられるだけで、恒常的な使用は里内裏のほうへと移ってしまった。

こうして平安「内裏」とその周囲に広がる「大内裏」の官庁街は、平安末期には「内野」と呼ばれる広漠とした空閑地となってしまうのである（図3参照）。しかし禁域としての性格は、その後もかろうじて保たれ、例えば鎌倉初期の後鳥羽天皇の即位式は、「安元の大火」をまぬがれて焼け残った太政官の庁舎を利用しておこなわれた。その慣行は鎌倉末期の後土御門天皇の即位式まで続く。太政官庁での即位式が慣例となった理由は、失われた大極殿に代えて、この場所で初めて即位式をおこなった後三条天皇の先例が、当時の人々によって即位の吉例、嘉例として強く意識されていたからである。廃墟化した「内野」の地でおこなわれた後三条天皇の即位から院政期と呼ばれる新たな時代が始まった[11]。

中国式の即位の大礼と並んで重要なのが、古来から伝わる和式の大嘗会《だいじょうえ》である。八省院の建てられていた跡地に、悠紀《ゆき》殿、主基《すき》殿を仮設して大嘗会はおこなわれた。新たに即位した天皇は、仮設の建物のなかで、来臨し

てくる皇祖神と向き合い、悠紀、主基両国から献納された神饌（初穂）に箸をつける。そののち寝具にくるまって祖霊と合体し、皇孫として再生する所作をおこなった。たとえ広漠とした原野となっていても、むしろ何もないからこそかえってその地は、諸官庁が並び立つ大内裏の壮観を幻視させてやまない空虚な中心として、鎌倉時代末まで天皇の権威のよりどころであり続けたのである。

話を『池亭記』に戻そう。繰り返し罹災して空洞化著しい平安「内裏」に代え、それを補塡する理想の邸宅として、一方で筆者保胤は「池亭」を構想する。先行テキストとして前中書王《さきのちゅうしょおう》兼明《かねあきら》親王の『池亭記』があり、「池亭」の名はそれに由来する。「予《われ》六条以北に初めて荒地を卜《ぼく》し、四つの垣を築きて一つの門を開く」と書き記されたその邸宅のしつらいは、白楽天の『地上篇幷序』をまねたもので、「地方都盧《すべて》十有余畝《ぼう》」とあるように敷地一千坪を超え、平安京の区割りでいえば四分の一町にあたる広大なものだった。おそらくは、保胤が家庭教師を務めていた後中書王具平《のちのちゅうしょおうともひら》親王の六条千種殿を念頭に置いて構想されたものと思われるが、そのなかに「一つの門を開く」という記述のあることが気になる。邸宅の外へと唯一うがたれたその門は、いったいどの方角に向けて設けられたものだったのか。

当時、古代都市平安京のうちに宅地を割り当てられた場合、東か西の小路に面してしか門を設けることができなかった。「天子南面す」の言葉そのままに、大路に面して南に門を構えることが許されるのは天皇だけであり、その他の者は、たとえ摂政関白であっても、南に門を開くことは許されなかったのである。ところが保胤が構想する「池亭」は、その記述内容からして、どうやら典型的な寝殿造りの様相を呈している。最近の研究によれば、寝殿造りは貴族の邸宅として必ずしも一般的なものではなく、そこが里内裏として利用されたことで、左右相称のシンメトリカルな内裏の建物配置に近づけて改築・改造がなされ、その結果生じた形態だとされている（図4参照）。

『池亭記』が書かれた九八二年（天元五年）十月は、筆者保胤にとってどのような年だったのか。その二年前の

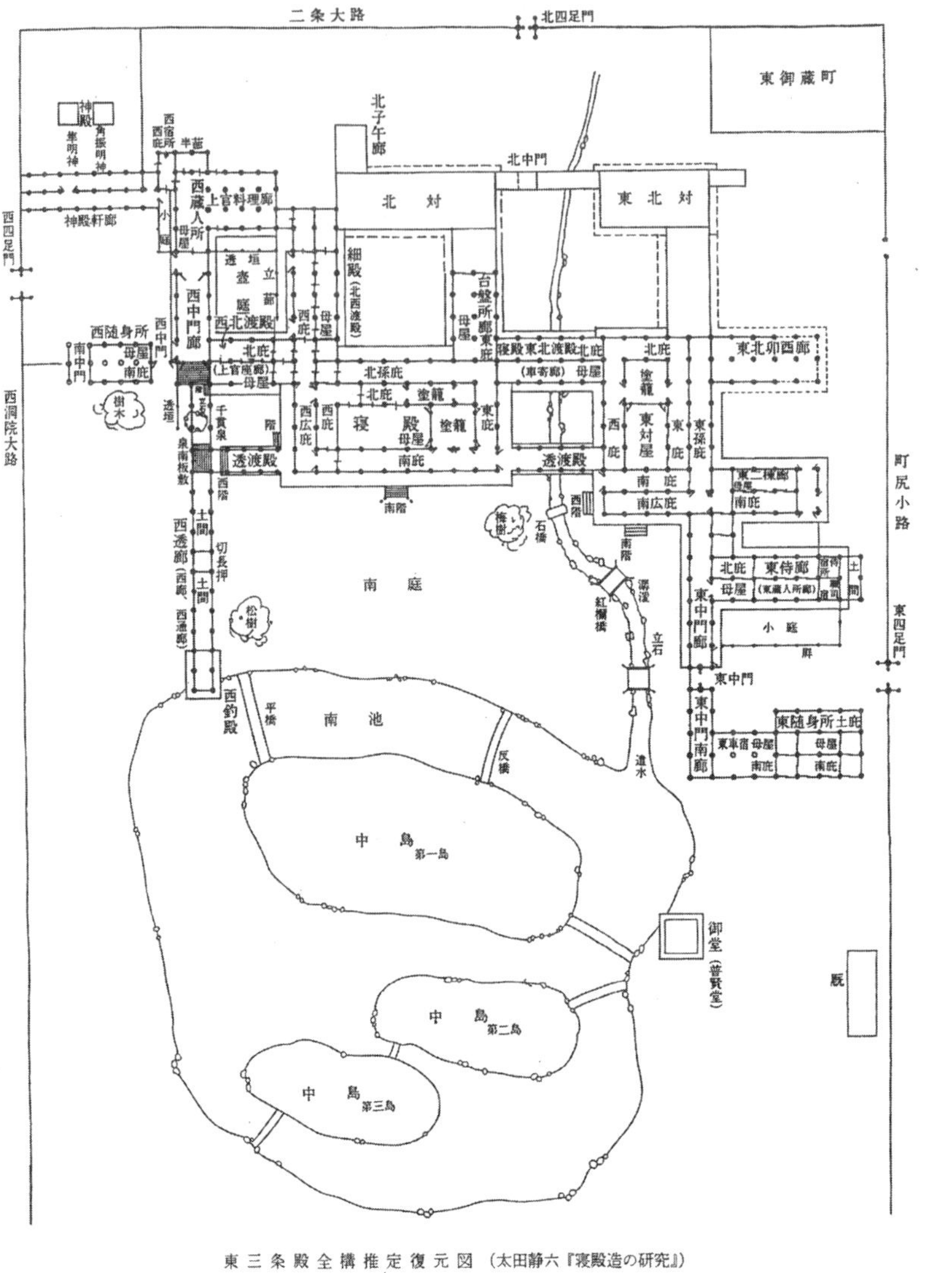

東三条殿全構推定復元図（太田静六『寝殿造の研究』）

図4　摂関家本邸として用いられた東三条院の指図
建物配置は左右相称となっておらず出入り口として西門と東門が設けられている様子がわかる
（出典：古代学協会／古代学研究所編『平安時代史事典』資料・索引編、角川学芸出版、2012年、1970ページ）

九八〇年（天元三年）十一月には三度目の内裏火災があり、円融天皇はようやくまつりごとに飽きて、代替わりが目前に迫っていた。わずか二年の短命に終わったとはいえ、そのようにして始まる花山朝の下で、宮廷内の文書を起草・管理する「内記《ないき》」の職にあった保胤にも、それなりの活躍の場が期待された。[12]ならば失われた「内裏」に代えて、大路に面した南に門を構える邸宅を構想し、代替わりによる新たな政治を自ら代替しようとの夢想にふけったとしてもおかしくない。

夢想はさらにエスカレートする。『池亭記』の最後で筆者保胤は、現実の都市空間のうちに住まいを求めることのむなしさを述べ、それに代えて内省的な心のうちに自らの居場所を求めていく。「仁義を以て棟梁《とうりやう》と為し、礼法を以て柱礎《ちゆうそ》と為し、道徳を以て門戸《もんこ》と為し、慈愛を以て垣墻《ゑんしやう》と為し、好倹《かうけん》を以て家事《かし》と為し、積善《せきせん》を以て家《か》資《し》と為す」とあるように、次々と儒教の徳目を並べ立て、そうすれば「その中に居る者は、火も焼くこと能《あた》はず、風も倒すこと能《あた》はず、妖《えう》も呈《あらは》ることを得ず、災《わざはひ》も来《きた》ることを得ず、鬼神《きしん》も窺《うかが》ふべからず、盗賊も犯すべからず」というわけなのだ。

理念ばかりが先走った、頭でっかちの夢想家と彼を批判するのはたやすい。だがここでは、禁域としての「内裏」に代わる、新たな禁域としての「私秘空間」の成立に注目することが肝要だ。保胤が最終的に得たこの帰結を受けて、やがて鴨長明の『方丈記』が書かれることになる。儒教イデオロギーとしての「池亭」から、仏教イデオロギーとしての「方丈」へと、その入れ物としての空間形式は入れ替わったにしても、空洞化する古代都市平安京のうつろな広がり、なかんずく空疎な中心と化した内裏に代えて、内省的な「私秘空間」のうちにあるべき理想の住まいを求め、修復・補塡しようとする両者の姿勢は共通している。

3　空洞化する平安内裏――『新猿楽記』の場合

「内裏」や、それを取り囲む「大内裏」の官庁街を、創建当初の規模に再建しようとする努力がなされなかったわけではない。藤原摂関家から政治の実権を奪い返し、院政期と呼ばれる新たな時代を切り開いた後三条天皇は、その短い治世の間に老朽化した内裏を修復し、長らく失われていた大極殿までも再興する。さらにその後を受けて、保元の乱に勝利した藤原信西《しんぜい》は、後白河天皇の下でさらに「大内裏」の復興を推し進め、算木《さんぎ》をさらさらと押し揉んで手ずから費用を算出し、工事の段取りを逐一手はずして、諸国に対し「すくなすくな」(『愚管抄』)に経費の負担を割り当て、困難なその事業を成し遂げた。だが最近の研究によれば、その復興事業は、見てくれだけを重視した典型的な手抜き工法だった。外からは見えない応天門などには手をつけず、視線のマジックを巧みに利用し、演出することが目的で、周囲の大垣、特に朱雀門に連なる南面大垣の整備が最優先された。つまりは「芝居の書割」よろしく、どの建物も中身のない張りぼてで、大極殿の大屋根の両端に輝く鴟尾《しび》を外から垣根越しに望み見ることで、その威容のほどを見せつけることに主眼が置かれていた[13]。

その後の「安元の大火」で、これらの建物はその大半が焼け落ち、跡には再び広大な空き地が残された。ただし二条大路から北を「大内」として仕切るための「目印《サイン》」として、朱雀門とそれに連なる南面の大垣だけはその後も修復が続けられ、鎌倉時代の終わり頃まで存続したらしい。先にも見たように、これは、敷地内の八省院の跡地が大嘗会の祭場に用いられたことと関連して講じられた措置であり、朱雀門の門前はいつしか、都市住民の多くを巻き込んでおこなわれる祝祭の場としても機能するようになっていた。大嘗会がおこなわれる前日には、新穀を献じる悠紀、主基両国の関係者が多数集まって「標《ひょう》の山《やま》」の巡行があり、それぞれに悠紀と主基を表す風流を凝らした六メートル余もある標木《ひょうぼく》の飾り物を引き回し、これを見物するため諸人こぞって押しかけたという。こうした祝祭としての性格は、即位の大礼でも見て取れ、鎌倉初期の一一九八年（建久九年）三月、幼い土御門天皇が即位の礼に臨むため太政官庁に到着した際には、会場の内外に見物の人々が群れをなして押しかけ、時の摂政基通は、これを「払い却《しりぞ》けるべし」と検非違使に命じなければならないほどだった。[14]

　物見高い都の諸人を喜ばせたのは、禁域としての「内裏」ばかりではなかった。空洞化著しい平安「内裏」に対し、賀茂の河原（もしくは東の市）でおこなわれた「猿楽」の興行が人々の喝采を集めていた。どちらも古代都市平安京の周縁部に位置する空閑地でありながら、西の郊外と東の郊外とで鋭く対峙していたのである。いや対峙していたのは「内裏」と「猿楽」ではなく、保胤の『池亭記』と藤原明衡の『新猿楽記』との、二つのテキストであったというべきかもしれない。

「予《われ》、二十余年より以還《このかた》、東西二京を歴観《へみ》るに、今夜猿楽見物許《ばかり》の見事《みごと》は、古今に於《お》いていまだ有らず」と書き始められていることからも明らかなように、『新猿楽記』は、先に見た『池亭記』の冒頭を多分に意識し、それをもどき、ちゃかす、戯文の体裁をとっている。[15]そのため、当時の猿楽興行の実際を伝えた歴史資料としてこれを扱ってしまっては、間違いを犯すことになりかねない。それでも確実にいえることとしては、その夜に一家こぞって猿楽見物にやってきた「妻三人、娘十六人、男九人」の、それぞれに身分や職種が違う右衛門尉《うえもんのじょう》一家の記述内容から、この『新猿楽記』というテキストが、古代都市平安京に暮らす当時の人々の言語生活のありようを、すなわち言葉による表象化の営みがどのようなものであったかをうかがい知ることのできる、格好の言語資料となっているということだ。そこに示されているのは個々人の発言の単なる記録ではなく、さまざまな領域に分かれた業界用語《ジャーゴン》のあれこれであり、まさにバルトがいう表徴《シーニュ》ひしめく都市のありようなのだ。

　禁域としての「内裏」が人々を大きく二分し、そこへの参入の思いを掻き立ててやまない欲望喚起装置として一方の中心を作り出すとするなら、さまざまな身分や職種の業界用語《ジャーゴン》が、右衛門尉一家に仮託されて一堂に会する『新猿楽記』の世界は、それら業界用語《ジャーゴン》のあれこれをまねて、もどき、演戯してみせる猿楽の芸能を介して、善悪の隔ても美醜の隔てもなく、ましてや貧富の格差も上下の隔ても取り払われた、すべてが横並びの、「内裏」と対峙するもう一つ空虚な中心として捉えられるだろう。「老女」と「中年」、さらには性的魅力に長けた「若妻」と続く、右衛門尉の妻三人の記述は、あたかも当時の「女の一生」をなぞるかのようで、意味《シニフィアン》するものと意味《シニフィエ》されるものとの関係から意味《シニフィアン》するものだけを抜き取ってきて次から次へと列挙してみせる、ジェンダー化された関連語彙のオンパレードとなっている。意味《シニフィエ》されるものとしての実体を欠きながら、意味《シニフィアン》するものとしての表徴ひしめく世界がそこに描き出されている。それに続く娘十六人とその婿たち、そして息子たち九人の記述も、それぞれに職種は違っていながら、どれも実体を欠いた意味《シニフィアン》するものの商品カタログ、あるいはサンプル集とでもいうべきものなのである。(16)

さらにいえば、ここに記された猿楽の芸能も、必ずしもその実体を伝えたものではありえない。『古今集仮名序』の、在原業平にはじまり小野小町に終わるあの六歌仙評を思わせる乗りで、「百太《はくた》」「仁南《じんなん》」「定縁《ぢやうえん》」「形能《けいのう》」「県井戸《あがたゐど》の先生《せんじやう》」「世尊寺《せそんじ》の堂達《だうだつ》」「坂上菊正《さかのうへのきくまさ》」「還橋《もどりはし》の徳高《とくたか》」「大原菊武《おほはらのきくたけ》」「小野福丸《をののふくまる》」などの当時高名の芸達者たちの固有名を列挙して、「近代耳目《じもく》を驚かすは、纔《わづ》かに四、五人ならくのみ」といささか手厳しい評価を下しているようにみえて、これは先に見た『池亭記』の、「住むこと纔《わづ》かに二、三年なり」の記述を意識した、そのもどきであり、ちゃかしなのだ。つまりはこの『新猿楽記』自体、言葉による猿楽芸ともいうべき位置づけにあるテキストなのだ。しかもそこで固有名をもち、「人」として扱われているのは、歌の上手ともてはやされた六歌仙でも、禁域への参入を許された「殿上人」や「雲上人」などの特権者でもない、卑賤の輩とさげすまれ、差別された猿楽の芸能者たちなのである。ならば、この見事なまでにさかしまの、反転された世界に込められた痛烈なアイロニーを、存分に味わい尽くしたいものだ。

禁域としての「内裏」へ参入することへの期待が、保胤の場合にはまだかろうじて維持されていた。だが摂関体制の絶頂期を生きた明衡にあっては、その可能性はほとんど断たれていた。できることといえば、禁域としての「内裏」へと参入すべくあくせくする人々の欲望を、猿楽の芸能者よろしく、もどき、ちゃかし、まぜっかえして、あざけり笑うことでしかなかった。その証拠に『新猿楽記』には、元号表記が一切記されていない。作者の署名もない。時代と断絶した、まったくの戯文として、糸が切れた凧のように、その文章はいたずらに浮遊している。意味されるもの《シニフィエ》を欠いて意味するもの《シニフィアン》だけを抜き出してきた、表徴ひしめく猿楽の舞台の上に、もう一つ別の空虚な中心を追い求めるかのようにして。

4　禁域としての私秘空間——『方丈記』の場合

「ユク河ノナガレハ、絶エズシテ、シカモモトノ水ニアラズ」と書き出される、あまりに有名な序章の部分に続く『方丈記』の具体的な記述の最初は、『池亭記』冒頭の表現を多分に意識して、「予《われ》、モノノ心ヲ知レリシヨリ、四十《よそじ》アマリノ春秋ヲ送レルアヒダニ、世ノ不思議ヲ見ル事、ヤヤタビタビニナリヌ」と始まり、高倉天皇の一一七七年（安元三年）四月に起こった「安元の大火」が、まずは最初の「不思議」に位置づけられる。樋口富小《ひぐちとみのこう》路《じ》の小家に発した火は、折からの東南の風にあおられ、王侯貴顕の屋敷が立ち並ぶ中心部を総なめにして大内裏にまで至る。大極殿をはじめ、保元時に藤原信西によって修復再興された建物の大半が、この火災で焼け落ちてしまった（図5参照）。次いで一一八〇年（治承四年）の「辻風」と、平家による福原への「遷都」、養和の「飢饉」と、その後の「疫病」の蔓延、さらに「地震」による被害へと筆は進み、後半は長明自身のままならぬ人生を、その住宅事情の有為転変とからめて述べていく。

　二条天皇の一一六一年（応保元年）、「中宮叙爵」により、長明はわずか七歳で従五位下に叙される。当時としては破格の厚遇で、おそらくは鳥羽天皇の皇女で二条天皇の后であった高松院妹子《よしこ》内親王に女房として仕えた父方の祖母の縁故による優遇措置だったのだろう。長明が従五位下の位を得た「中宮叙爵」とは、高松院に割り当てられた人材登用のための推薦枠で、将来が期待された有為の若者をその近親者のなかから選び出し、宮廷社会への参入のスタートラインに立たせるべく、従五位下の位を与える制度であった。長明の祖母は、高松院に使える女房のなかでかなり優位な立場にあったらしい。おそらく女院の乳母であったかして、自分の孫にあたる長明に、その推薦枠を譲り受けた。

だが、近衛天皇の皇后で美人の誉れ高かった藤原多子《まさるこ》を、二条天皇が後宮に再度迎え入れるといった前代未聞の珍事が起こる。『平家物語』の「二代の后」が伝えるこの事件により、妹子内親王は宮中を退去し、一一六二

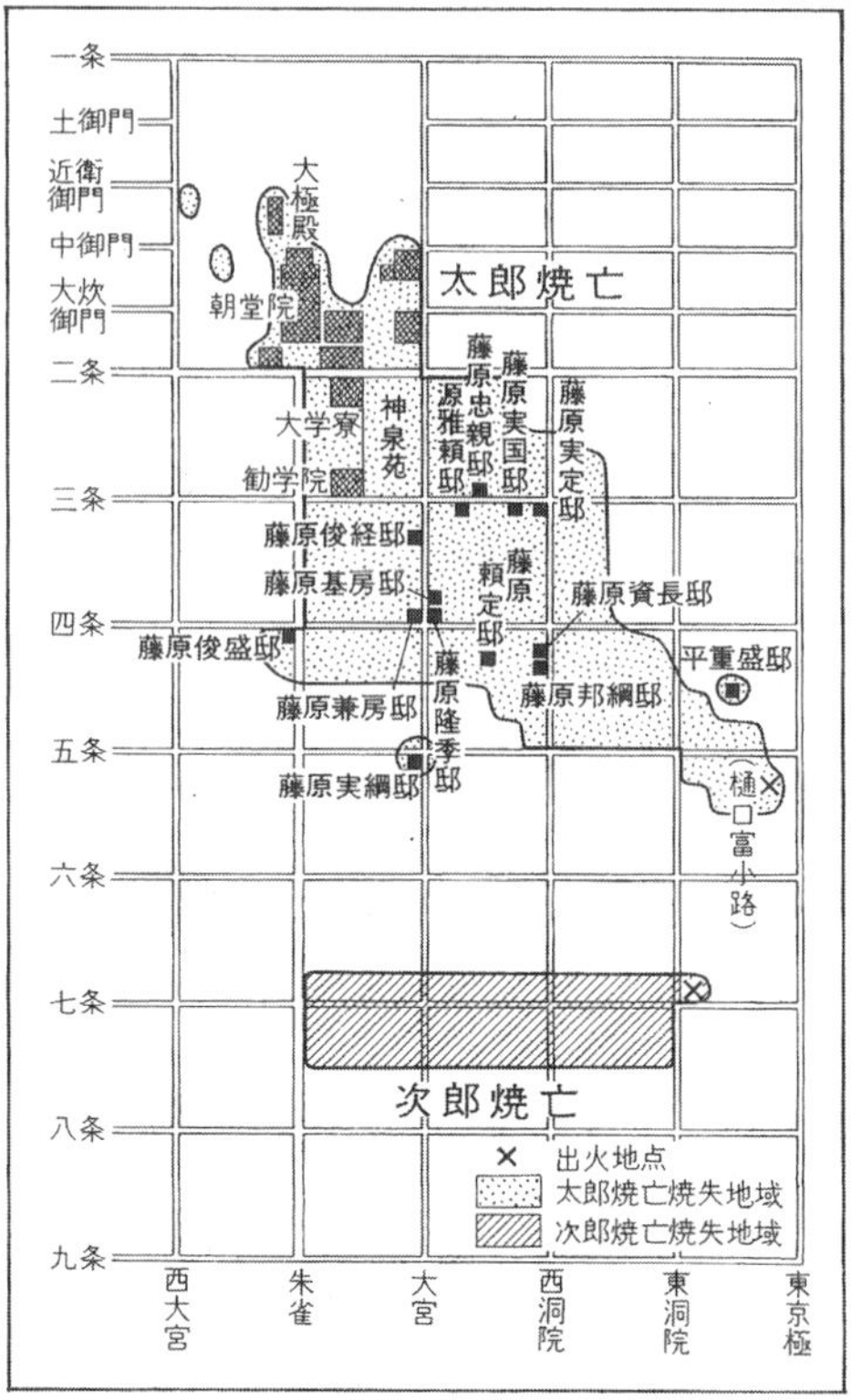

図5　安元の大火での焼失範囲　京都市史編纂所作成
（出典：井上光貞／村井康彦編『年表日本歴史 2 平安』筑摩書房、1980年、191ページ）

年（応保二年）には中宮の地位を剥奪され、やがて出家してしまう。せっかく従五位下に叙されながら、長明にとってはハシゴをはずされた格好となり、以後はひたすら凋落の一途をたどるしかなかった。その間の事情を『方丈記』は、住居の変化を通して、次のようにさりげなく表現する。

ソノカミ父方ノ祖母《おほば》ノ家ヲ伝《つた》ヘテ、ヒサシク彼ノ所ニ住《す》ム。其後《そののち》、縁欠《か》ケテ身衰《をとろ》ヘ、偲《しの》ブ方々繁《しげ》カリシカド、終《つゐ》ニ屋《や》トドムル事ヲ得《え》ズ。三十余《みそぢあまり》ニシテ、更ニ、ワガ心ト、一《ひとつ》ノ庵《いほり》ヲ結ブ。是ヲアリシ住マヒニ比《なら》ブルニ、十分ガ一也。[17]（原文カタカナ漢字交じり文）

長明が与えられた従五位下の位は、宮廷社会のなかで「人」として遇せられ、固有名で呼ばれる最低限の身分だった。しかし、ミニチュアの「内裏」ともいうべき高松院との縁も切れて孤立無援となってしまった境遇では、「内裏」への参入など、とうていおぼつかない。その後の長明は和歌の道で研鑽を積み、「内裏」へと至る手がかりを得ようと奮闘努力する。そのかいあってか『千載集』にたった一首撰入されただけで大変な喜びようであり、それが周囲の人々を驚かせた。固有名で呼ばれ、「人」として遇されることが、長明にとっていかに大切であったかがうかがい知れる。[18]

その後歌壇での活躍も眼にみえて増え、地下《ぢげ》歌人という不利な立場にありながらも、やがて貴顕との交わりから後鳥羽上皇が主宰する和歌所寄人《わかどころよりうど》に推挙され、『新古今和歌集』の撰進の動きのなかで、次第にその名も知られるようになった。だが、これからというその矢先、再び事件は起きた。賀茂社の神官に空きができ、いったんは長明の名が候補に挙げられたものの、親族の横槍で息子にも等しい年齢の若者に、その地位を奪われてしまったのである。これが原因で長明は、せっかく積み上げた和歌所寄人としてのキャリアを打ち捨て、突如出家してしまう。その間の事情には一切触れず、五十にして出家遁世へと至った経緯を『方丈記』は簡潔な筆遣いで記す。

スベテ、アラレヌ世ヲ念ジ過《す》グシツツ心ヲナヤマセル事、三十余年也。其間《そのあひだ》、折々《をりをり》ノ違《たが》ヒ目《め》、自《をの》ヅカラ短キ運ヲサトリヌ。スナハチ、五十ノ春ヲ迎ヘテ、家ヲ出《いで》テ世ヲ背《そむ》ケリ。

この前後の記述は『池亭記』の内容を模したものとなっている。保胤もまた五十にして「池亭」を構想した。「ココニ、六十《むそぢ》ノ露消エガタニ及ビテ、更《さらに》末葉ノヤドリヲ結ベル事アリ。イハバ、旅人ノ一夜《ひとよ》ノ宿《やどり》ヲツクリ、老タル蚕《かいこ》ノ繭ヲイトナムガゴトシ。是《これ》ヲ中ゴロノ栖《すみか》ニ比《なら》ブレバ、又百分ガ一ニ及バズ」とあるように、祖母の家の「十分ガ一」しかない「中ゴロノ栖《すみか》」から、さらに「百分ガ一」の日野山の庵へと、その空間的な広がりを次第に縮小させていき、ついには物理的空間としての広がりをも否定して、おのれの「心」のうちへと場を移し、内省的な「私秘空間」のうちに希望を託していく点も、『池亭記』と共通する。草庵生活への執着さえ捨て去るべきだとの自問自答の末、最後に、「只《ただ》、カタハラニ舌根《ぜつこん》ヲヤトヒテ、不請《ふしやう》阿弥陀仏、両三遍申《まうし》テ已《や》ミヌ」と結ばれる末尾の解釈については、鎌倉新仏教の思想的展開とからめて、さまざまに分析されていて、「維摩の一黙」にことよせて、筆者もかつて論を立てたことがあった[19]。「維摩の一黙」とは、仏教教典のひとつ『維摩《ゆいま》経』に見える重要なエピソードで、「菩薩が不二の法門にはいる」とはどのようなことかとのマンジュシーリー（文殊菩薩）の問いかけに対し、在家信者としてのヴィマラキールティ（維摩）は「沈黙」をもってこれに答えたというものである。

そのとき、ヴィマラキールティは、口をつぐんで一言も言わなかった。するとマンジュシーリーは、ヴィマラキールティをたたえて言った。「大いに結構です。良家の子よ、これこそが菩薩が不二にはいることであって、そこには文字もなく、ことばもなく、心がはたらくこともない[20]」

徹底的に乾いたインド仏教のこの〈空〉への観想が、『方丈記』のテキストに取り込まれるやいなや、都の惨状を述べる前半のくだりや、中ほどの没落していく過程と対比されて、どうしても情緒的な色合いを帯びてきてしまうのはなんとも致し方ない。すべてを「無常」と観じ、何もない空っぽな空間に、究極的な「癒し」や「救済」の場を求めていく、いかにも日本的な「廃墟の美学」をそこに見て取ることもできよう。しかし、ここで確認しておきたいのは、たとえ内実は空っぽだとしても、なにものも立ち入れず、犯すこともかなわない「私秘空間」として、新たに「個」の意識が選び取られてきている点である。

鎌倉新仏教の特質について仏教思想史の松尾剛次は、信仰形態での「個」の意識の確立を強調する。[21]ただしそれは、近代国民国家の構成員としてその生存権を保障され、西洋起源の人権思想によって幾重にも庇護された「個」ではない。地縁共同体や血縁共同体から放逐され、さまざまの職能集団や御恩と奉公の主従関係からも切り離されてそのよりどころを失い、例えばジョルジョ・アガンベンがいう「ホモ・サケル[22]」や、網野善彦のいう「無縁[23]」の境涯のように、丸裸で世界に放り出され、剥き出しにされた弱々しい「個」なのである。バラバラに分散し、寄る辺なくさすらう、そうした「名」もなき人々の救済へ向け、やがて鎌倉新仏教の、さらにはそれへの対抗としての旧仏教側の布教活動が活発になされていくのである。

おわりに――無意識の選択

論を閉じるにあたって、二〇一六年公開の映画『シン・ゴジラ』（総監督：庵野秀明）について触れたい。一九八五年に『アメリカの影』（河出書房新社）で評論活動を開始した加藤典洋が、二〇一〇年に書き下ろした秀逸なゴジラ論『さようなら、ゴジラたち』(24)を踏まえ、この映画は創られているように思うからだ。

この映画のなかでそのつど進化して奇怪な姿を現すゴジラの歩行ルートをたどるなら、おおむね巨大都市東京のビジネス中枢と重なる。羽田国際空港沖のアクアラインに現れて蒲田に上陸したゴジラは、再度、江の島沖に現れ、古都鎌倉の街を蹂躙してそのまま北上し、自衛隊の多摩川防衛線を突破、ビジネス特急新幹線の走行経路に沿って周囲に林立する高層ビル群を行く先々で破壊し、踏みつぶし、焼き尽くして、東京駅までたどり着き、ようやくその活動を停止する。沈黙したまま屹立するその姿は、はるかかなたからでも望み見ることができ、東京のど真ん中に、あたかも巨大モニュメントが突如出現したかのようだ。ならばこのゴジラという存在は、いったい何をシンボライズしたものなのか？

気になったのは、燃え盛るビル群の向こうに黒々と広がる空無である。そこには「皇居」の森が広がっている。さらにその奥には、百年ほどで太古の姿へと立ち還った広大な神宮の森が控えている。人々の自由な立ち入りが禁じられ、もしくは制限されたそれらの森を、一九九七年公開の映画『もののけ姫』（監督：宮崎駿）に描かれたあのシシ神よろしく、ゴジラはなぜ焼き尽くさないのか。その問いに対する答えは、いまでもそれらの森が首都東京にとっての「禁域」であるという事実なのだ。シシ神による太古の森の破壊は、人間たちによる飽くことのない欲望（永遠の生命への執着と産業資本の無限増殖）の追求の果てに、その禁域が自壊する出来事として描かれており、それゆえに身も震え、足元の崩れ落ちるような激しい衝撃を人々に与えた。だが今回のゴジラによるビジネス中枢の破壊は、限りない成長を約束されたかのような巨大都市東京の活発な経済活動をその標的《ターゲット》にしており、禁域にまでは達しない。

敗戦の痛手も冷めやらぬ時期に創られた一九五四年公開の第一作でも、ゴジラの破壊行為は「皇居」の森を避けてなされた。川本三郎はこれについて、ゴジラはおそらく戦争の死者たちなのだが、そのゴジラをもってしても皇居を踏みつぶすことはできなかった。それほどまでに天皇制の呪縛は、いまも日本の国土の一木一草にまで及んでいるのだと解釈した。[25] それに対し民俗学者の赤坂憲雄は別の解を示す。戦争の死者たるゴジラは、確かに天皇に会いに来たのだが、自分たちを戦場へと赴かせた現人神《あらひとがみ》はもうそこにはいない。自ら「人間宣言」をおこなって、新たな〈神〉として迎え入れたアメリカに奉仕する卑俗な存在へとなりさがっていて、自分たちは見捨てられたと知って落胆したゴジラは、踵を返して再び海へと帰っていったのだと。[26] 両者の理解をそれぞれに活かしつつ加藤典洋は次のように述べている。

ゴジラは、天皇という神がいなくなった後、日本に現れた、いわば戦後の日本人の心の原郷の位置を指示している。ゴジラは、天皇の呪縛力にかなわないのではなく、昭和天皇がいまやかつての呪縛力の根源であることをやめた、そのことを誰の目にも明らかにするため、戦後日本に再来しているのである。ゴジラ（＝戦争の死者）の苦しみの深さは、その呪力とともに、もはや天皇のそれを越えている。ゴジラの呪力が、いまや天皇の威力に、取って代わるべきなのである。[27]（傍点は引用者）

かつて現人神とされた昭和天皇はもういない。平成の世になり、そこに誰が住まおうと、しかし森の広がりだけは残された。そして加藤がいうように、ゴジラが唯一の被爆国である戦後の日本人の「心の原郷」であるとしたら、ゴジラそのものが禁域を体現し、その守護霊ともなるべき存在として位置づけられているとは言えまいか。バベルの塔の物語よろしく、経済の活性化を最優先に原発再稼働を許してしまった節操なき日本、東京一極集中をますます加速させて地方の衰退を顧みない日本、アメリカとの関係で絶えず卑屈な態度に甘んじて少しも恥じるところがない日本、そうしたいまの日本のありように対して下された〈神〉の鉄槌として、ゴジラは立ち現れた。「時は金なり」（ベンジャミン・フランクリン）の言葉をそのままに、人々の生活の隅々にまで浸透した「資本主義の精神」（マックス・ウェーバー）によって突き動かされ、貧しきものや持たざるものを尻目に、限りなく増殖し肥大化して、虚飾の栄華を誇るかに見える巨大都市東京。そのビジネス中枢を豪快になぎ倒し、踏みつぶし、焼き尽くす。そんなゴジラの容赦ない破壊活動に、小気味よささえ感じてしまうのはそのためだ。

ならば巨大都市東京のど真ん中に突如出現したその巨大モニュメントは、同じく巨大都市東京のど真ん中にぽっかりとあいた森の広がりをシンボライズする、その代替物としても捉えられよう。いまやそれは、半減期までの気の遠くなるような長い時間、人々の立ち入りを厳重に禁じたあのおぞましき場所についての意味《シニフィアン》するものとしても機能し始めているのである。

『もののけ姫』の場合と違い、二〇一六年公開の映画『シン・ゴジラ』が、どこか安心して見ていられるのは、禁域としてのあの森の側に立つ以上、そこには決して手を付けないという暗黙の了解のもと、この映画が創られているからだろう。三・一一以後を生きる日本人であれば誰しもが、その理路を、無意識のうちに鋭く嗅ぎ分けたにちがいない。

注

(1) マルティン・ハイデッガー『ハイデッガーの建築論――建てる・住まう・考える』中村貴志訳・編、中央公論美術出版、二〇〇八年、三ページ
(2) ロラン・バルト『表徴の帝国』宗左近訳(ちくま学芸文庫)、筑摩書房、一九九六年、五四ページ
(3) 同書五二ページ
(4) 同書五二ページ
(5) 宗左近「解説」、同書所収、二二五ページ
(6) 「中心―都市　空虚の中心」、同書五二ページ
(7) テキストの出典は、それぞれ『池亭記』が佐竹昭広ほか編『本朝文粋』(「新日本古典文学大系」第二十七巻)、岩

波書店、一九九二年）、『新猿楽記』が山岸徳平／竹内理三／家永三郎／大曾根章介校注『古代政治社会思想』（〔日本思想体系〕第八巻〕、岩波書店、一九七九年）、『方丈記』が佐竹昭広ほか編『方丈記 徒然草』（〔新日本古典文学大系〕第三十九巻〕、岩波書店、一九八九年）である。

（8）以下の引用は、佐竹昭広ほか編『平家物語』上（〔新日本古典文学大系〕第四十四巻〕、岩波書店、一九九一年）による。

（9）村上天皇自身の日記は散逸して伝わらない。諸書に『村上天皇宸記』や『天暦御記』の名で逸文が引かれており、九五〇年（天暦四年）の内裏焼亡については『扶桑略記』に「御記云」として引かれる。

（10）慶滋保胤は本姓賀茂氏で忠行の子。賀茂氏は陰陽道を家業としたが、保胤は大学寮に学び菅原文時に師事する。文人官僚として進むが九八六年（寛和二年）に出家。『池亭記』のほかに『日本往生極楽記』の著作がよく知られている。

（11）高橋昌明『京都〈千年の都〉の歴史』（岩波新書）、岩波書店、二〇一四年。なおこの前後の古代都市平安京についての記述は多くこの著書、および同氏の『洛中洛外――京は〝花の都〟か』（〔平安京・京都研究叢書〕、文理閣、二〇一五年）によっている。

（12）『江談抄』巻二の四話「円融朝の末、朝政乱るる事」、同巻三の十七話「惟成弁田なぎの弁と号くる事」などに花山朝の「善政」ぶりがうかがえる。なお保胤については『続本朝往生伝』に伝記が見え、また『今昔物語集』巻九の三話「内記慶滋保胤出家語」はその奇矯な振る舞いを戯画化して描いている。

（13）上原真人「院政期平安宮――瓦からみた」（高橋昌明編『院政期の内裏・大内裏と院御所』〔平安京・京都研究叢書〕、文理閣、二〇〇六年）は、瓦の発掘調査からその手抜き工法を明らかにする。

（14）筧雅博「中世王権の周辺をめぐって」（「思想」一九九八年十一月号、岩波書店、一二八―一四〇ページ）は、「平安時代の内裏は、都市民の往来する場であった。「雑人」とよばれるかれらは、昼夜の別なく、天皇の居住空間の周辺に出入し、紫宸殿（南殿）の庭を中心に催されるさまざまな儀式を見物していたのである」と書き始められ、都の諸人に身近な存在として天皇の即位儀礼があった様子を活写して秀逸である。

(15)藤原明衡は漢学の家としては後発の式家の出で、文章博士敦信の子。学閥の壁に阻まれて長らく不遇をかこった。一〇三二年(長元五年)に対策及第して左衛門権少尉、のち出雲守、式部少輔を歴任、五八年(康平元年)には七十歳になってもいまだ五位の位にとどまることを嘆いている。編著に『本朝文粋』があり、子の敦光、敦基は文章博士となって院政期には学問の家として重きをなした。

(16)詳細については深沢徹「一〇〇〇年紀の社会学者――藤原明衡著『新猿楽記』における猿楽芸能の位置」(「日本文学」第五十六巻第七号、日本文学協会、二〇〇七年、二―一一ページ)を参照のこと。

(17)カタカナ漢字交じり文で書かれた『方丈記』は、漢文に準じる正規のテキストとしてこれを理解することを読者に求めている。末尾に記された、「于時、建暦ノ二年、弥生ノ晩コロ、桑門ノ蓮胤、外山ノ庵ニシテ、コレヲ記ス」の文言によってそれが明示される。

(18)鴨長明『無名抄』の「千載集に予一首入を悦事」に、その悦びのほどが語られている。

(19)深沢徹『『愚管抄』の〈ウソ〉と〈マコト〉――歴史語りの自己言及性を超え出て』(森話社、二〇〇六年)の第九章「「安元の大火」に見る隠れた争点――「意味付け」の拒否、もしくはその多様化へ向けて」を参照のこと。

(20)引用は世界の名著『大乗仏典』(中央公論社、一九六七年)。

(21)中世の宗教改革に関し、最近では反宗教改革、すなわちカソリック側の巻き返しを狙った積極的な受け皿づくりが注目されるようになったが、それと連動して日本でも旧仏教側の盛んな宗教活動が注目を浴びるようになった。松尾剛次の論の重点もむしろそちらへと移りつつある。なお松尾の初期の代表的著作としては『勧進と破戒の中世史――中世仏教の実相』(吉川弘文館、一九九五年)が、後期の代表的著作としては『中世律宗と死の文化』(吉川弘文館、二〇一〇年)がある。

(22)ジョルジョ・アガンベン『ホモ・サケル――主権権力と剝き出しの生』高桑和巳訳、以文社、二〇〇三年

(23)網野善彦『増補 無縁・公界・楽――日本中世の自由と平和』(平凡社選書)、平凡社、一九八七年

(24)加藤典洋『さようなら、ゴジラたち――戦後から遠く離れて』岩波書店、二〇一〇年

(25)川本三郎「ゴジラはなぜ「暗い」のか」(『今ひとたびの戦後日本映画』〔岩波現代文庫〕、岩波書店、二〇〇七年)

の発言。

（26）赤坂憲雄「ゴジラは、なぜ皇居を踏めないか？」、町山智浩編『怪獣学・入門！』（別冊宝島）所収、ＪＩＣＣ出版局、一九九二年

（27）前掲『さようなら、ゴジラたち』一五四ページ

第2章　瞬間と持続、暴力と審美化の間で
——リスボン大震災からフランス革命に至る時期の廃墟イメージ

小澤京子

はじめに

十八世紀は廃墟の世紀であった。「廃墟のロベール」ことユベール・ロベールが描く、黄昏時の柔らかな陽光のなかに休らうローマの遺跡群は、甘美なメランコリー（une douce mélancolie）[1]へ、廃墟の詩学（la poétique des ruines）[2]へと見る者をいざなう。ジョヴァンニ・バッティスタ・ピラネージの手による「ローマの古代」の情景は、矮小化された人影との対比が示す建造物の威容と、エッチングの黒が持つ圧倒的な強度で、見る者の眼を捉える。このような廃墟趣味《ロヴィニスモ》は、絵画の領野にとどまらない。当時のグランド・ツーリストにとって、ローマをはじめとする古代の廃墟に身を置き、眺めることは、旅の大きな目的だった。

同時に、十八世紀も半ばを過ぎると、自然の災厄や人的暴力によって生み出された廃墟もまた、衆目を集めるようになる。とりわけ一七五五年に発生したリスボン大地震は、歴史上のメルクマールとなる出来事だった。イ

マヌエル・カントは「この最近のカタストロフィー」について、地質学の知識に基づき、その災厄のすさまじさを書き残している。ヴォルテールもまた小説『カンディード』（一七五九年）のなかで、リスボン大地震がもたらした暴力的な災厄の様相を克明に描き出した。思想界に大転回をもたらしたこの災厄の情景は、しかし、絵画として描かれる際には、奇妙とも思われるような「審美化」が施される。例えば、震災によって崩落した都市の様相を描いた版画集は、そのフランス語のタイトルに、「一七五五年十一月一日の地震と大火によって生じたリスボンの最も美しい廃墟」を掲げて発売された。陰惨なカタストロフィーの表象が、ここでは十八世紀の廃墟趣味の常套句だった「最も美しい廃墟」の語を冠されることで、美的な鑑賞の対象へと変質しているのである。

さらにフランス革命期から十九世紀初頭にかけては、「未来像としての廃墟」もしばしば描かれるようになる。ロベールはルーヴル美術館グランド・ギャラリーの完成予想図を廃墟として示し、またジョン・ソーンの製図工だったジョセフ・マイケル・ガンディも、イングランド銀行の完成予想図を、天井も壁も崩落した古代遺跡の廃墟めいた姿として描き出している。これは、ルイ＝セバスティアン・メルシエによる小説『紀元二四四〇年』（一七七一年）の末尾で描写される、廃墟と化したヴェルサイユ宮殿の姿とも呼応しているだろう。

本章は、十八世紀後半、つまり啓蒙主義と新古典主義とフランス革命の時代の、廃墟にまつわる表象と言説の「布置」を描き出そうという試みである。この時代には、ドニ・ディドロによるロベール評が象徴するような審美的な廃墟観（「崇高」という美的カテゴリーや、「ピクチャレスク」という美術理論上の規範とも親和性を持つ）と、リスボン大地震やフランス革命がもたらしたさまざまな破壊の痕跡という、一見すると矛盾するかのような両極的なイメージが、「廃墟」という場で共存していた。字義どおりの「建築物」や「都市」の崩壊・破壊だけでなく、それらが社会の諸制度や「身体」そのものの破壊とどのような相互作用を結んでいたのかも、十八世紀後半の「廃墟」を思考する際には、重要な論点となる。瞬時的な暴力により出来した廃墟にまつわる言葉と描かれたイメージを取り上げることで、従来の「甘美なメランコリー」や「廃墟の詩学」を強調する十八世紀廃墟論が取りこぼしてきた、この時代特有の心性があぶり出されるだろう。

1　崩落の光景

天災と廃墟——リスボンの大地震

一七五五年十一月一日にリスボン沖で発生した推定マグニチュード八・七五[3]とされる大地震は、ヨーロッパの広範囲に、さらには北アフリカにまで被害を及ぼした。リスボンの中心部には巨大な地割れが生じ、次いで大規模な津波が港湾を襲い、高台の市街地で発生した火事は五日間をかけてこの都市を焼き尽くした。この地震とそれに伴う津波、火災による死者数は、リスボンだけで一万人とも十万人にのぼるともされている。[4]この大災厄のニュースを知るや、ヴォルテールは「リスボンの災厄についての詩、あるいはすべては善なりという公理の検証」と題されたアレクサンドラン（十二音綴詩）をしたためた。その冒頭では、大地震の惨禍が生々しく描き出されている。

おお、不運な人間たちよ！　おお、痛ましき大地よ！
おお、あらゆる惨禍よ、戦慄を呼ぶ寄せ集めよ、
無益な苦痛よ、永劫に続く対話よ！
「すべては善なり」と叫ぶ、誤れる哲学者たちよ、
駆けつけ、これらの陰惨な廃墟を観想せよ、
この残骸を、この瓦礫を、この不幸な焼尽の灰を、

互いに重なり合って倒れているこの女たち、この子供たちを、
この砕けた大理石の下敷きになって、散り散りになったこの四肢を。
不運な十万人は大地に飲み込まれ、
血にまみれ、引き裂かれ、まだ鼓動のある者は
屋根の下敷きになって、救いもなく卒えてゆく、
その悼むべき日々を、苦痛への恐怖のなかで。[5]

折しも「諸聖人の日」に起きたこのリスボン大地震は、ヨーロッパの思想界にラディカルな大転回をもたらすことになった。ヴォルテールは公理とされてきた「神の善性」を疑い、前述した「リスボンの災厄についての詩」、さらには『カンディード』を著して、ライプニッツ流の弁神論にサティリカルな批判を浴びせた（その『カンディード』にも、この震災に想を得た克明な震災の描写が登場する）。[6]ジャン＝ジャック・ルソーは、大規模火災や倒壊した建築物による大量死といった災禍は、人工的に作り出された大都市であるがゆえに発生したと考え、当代の都市生活を批判した。[7]カントもまたこの災厄をきっかけとして地質学の立場から地震を考察し、[8]さらにはのちに『判断力批判』で展開する「崇高」概念の検証に際しても、地震のような自然の暴威が喚起せしめる「崇高性」を、神への迷信とそれとは「内的に区別される態度」との二種に分けて論じている。[9]

この大地震についての「証言」は、文筆家や哲学者たちが残した文章だけにとどまらない。例えばミゲル＝ティベリオ・ペデガシェ（一七三〇?―九四）が下絵を手掛けたエッチング連作は、この大災厄についての視覚的な「目撃証言」といえるだろう。当時ペデガシェは、フランスの新聞「ジュルナル・エトランジェ（*Journal étranger*）」の特派員としてリスボンに滞在していた。彼とパリ（Paris）なる人物の共作による下絵は、ルイ十五世の「国王の画家」だった版画師ジャック＝フィリップ・ル・バによって彫版され、六枚組みのエッチング集と

図1　ミゲル＝ティベリオ・ペデガシェとパリによる作画、ジャック＝フィリップ・ル・バ彫版『1755年11月1日の地震と大火によって生じたリスボンのいくつかの／最美の廃墟』タイトルページ、1757年、エングレーヴィング
（出　典：Jan Kozak Collection, The Earthquake Engineering Online Archive [NISEE e-Library], Pacific Earthquake Engineering Research Center, University of California, Berkeley）

して一七五七年に刊行された。

　このエッチング集のタイトルページ（図1）は、ポルトガル語とフランス語の二カ国語で表記されている。ポルトガル語の題名は「一七五五年十一月一日の地震と大火によって生じたリスボンのいくつかの廃墟」であるが、フランス語タイトルでは「いくつかの廃墟（algumas ruinas）」が「最美の廃墟（plus belles ruines）」[10]という表現に置き換えられている。この「最美の廃墟」というフランス語の表現は、廃墟への愛好や古遺物への好奇心を背景に、当時定型化していたフレーズだった。例えば、ギリシャ＝ローマ論争でピラネージの論敵でもあったフランスの建築家ジュリアン＝ダヴィッド・ロワは、『ギリシャ最美の建築物の廃墟（*Les ruines des plus beaux monuments de la Grèce*）』（一七五八年）と題された図版入りの書籍を刊行している。フランス語タイトルにのみ「最美の」という形容詞が付されていることについて、制作者・刊行者側の意図は不明である。災害の当事者であるポルトガルと、直接的被害を受けず、いわば「スペクタクル」として観察する精神的余裕があったフランスとの違いなのかもしれないし、あるいは当時の廃墟画をめぐるフランスでの慣行に従っただけなのかもしれない。ともかく、リスボン大震災がもたらした廃墟の表象さえも、当時の廃墟ブームの文脈に取り込まれて受容されたという点は、留意しておく必要がある。わずか二年前に起きた災害による破壊の痕跡が、この版画集のフランス語タイトルでは、ギリシャの古代遺跡などと等価の美的な鑑賞の対象へと、いわば「無毒化」されるのである。

図2　ミゲル＝ティベリオ・ペデガシェとパリによる作画、ジャック＝フィリップ・ル・バ彫版「リスボンのオペラハウスの廃墟」『1755年11月1日の地震と大火によって生じたリスボンのいくつかの／最美の廃墟』1757年、エングレーヴィング
（出典：Ibid.）

「その場で描かれた（sur le lieu）」と銘打たれた六枚の連作中で取り上げられるのは、大地震の数カ月前に竣工したばかりのオペラ劇場やパトリアルカル広場、聖ロッコの塔、大聖堂や聖パウル教会など、いずれもリスボンの「名所」だった建築物の廃墟である。天井も外壁も崩れ去った劇場を主題とした「リスボンのオペラハウスの廃墟」（図２）は、悠久の時間の経過のなかで出来した廃墟と、ほとんど見分けがつかないように描かれている。自然災害が人間の営みに及ぼした暴力的破壊の爪痕は、ここでもまたフランス語タイトルと同様に、ノスタルジックな感傷と悠久の時間経過への観想を誘う美的な「廃墟」に粉飾されている。瞬間的なカタストロフィーは、「目撃者／証言者」による視覚的表象へ昇華されるとき、その時間性に偽装を施され、審美的な対象へと馴致されていく。美的なカテゴリーに、直近のカタストロフィーがもたらした破壊の光景が包摂されてしまうのである。

図3　ユベール・ロベール『取り壊し初日のバスティーユ牢獄』1789年7月20日、油彩、カルナヴァレ美術館、パリ

すでに十八世紀初頭、イギリスの文筆家ジョゼフ・アディソンは、地震と津波により倒壊したナポリの古代ローマ遺跡の情景に、「古代の栄光の廃墟と、混沌の中にある偉大な壮麗さ[11]」を、つまり持続的な時間経過によって出来した遺跡と同様の価値を見いだしていた。エドマンド・バークもまた『崇高と美の起原』（一七五七年、つまりリスボン大地震の二年後の刊行である）の第十五章「悲劇の効果について」で、「もし地震によってロンドンが全壊したなら」という仮定を持ち出す。

例えばイギリスの、否、ヨーロッパ全体の誇りであるこの気高い都ロンドンが大火か地震で破壊される姿を見たいと思うほどに奇妙な好悪な気持ちの持ち主は（彼自身はこの危難から考えうる限り遠く離れているという条件のもとでも）恐らくあるまいと私は信ずる。しかしもしも一旦このような致命的な災害が現実に起ってしまったと仮定しよう。その場合にどれほど多くの人間が四方八方からこの廃墟を見ようと集ってくるであろうか！　そし

図4　テスタール作画・カンピオン彫版『バスティーユの取り壊し』1789年、彩色版画、カルナヴァレ美術館

てその中には今までのロンドンの晴れ姿をついぞ見なかったことを内心で満足に思う者がどれだけ多いことか！(12)

この部分には、「我々が非常に鋭い苦を感じたり自分の生命の危険が切迫したりしていない限りにおいて、我々は自分で苦を嘗める間にも他人の身の上を感じやることができるのであって、自分が苦悩に押しひしがれている時こそむしろ強く他人を思いやる結果、我々は災難を見て憐愍をさえ感じそれを自分の身に引受けようと思うのである(13)」という但し書きが付されている。つまり、カタストロフィーの瞬間に巻き込まれておらず、それを鑑賞の対象とするだけの時間的距離、さらには精神的な距離が担保されるならば、災厄と暴力が出来させた被害は、感情移入を通して、「悲劇」の上演を観るときと同様の美学《エステティック》／感性学な効果を引き起こすというのである。リスボン大地震の惨禍を、その場に居合わせた目撃者のスケッチに基づいて描いた版画集に、フランス語タイトルにのみ「最美の」という形容が付されたのも、おそらくは同じ心性によるものだろう。安全な距離を隔てて、あるいは表象／代理物として眺められたとき、カタストロフィーはしばしば、「崇高の美学」へと回収されていく。

革命の象徴としての破壊

一七八九年七月十四日、フランス革命の幕が切って落とされた瞬間のパリの情景を、文筆家レティフ・ド・ラ・ブルトンヌは克明に書き綴っている。

破壊の妖精がこの町の上空を徘徊していた。私は恐怖の的となっていたバスチーユを眺める。三年前、毎晩ヌーヴ＝サン＝ジル通りへ出掛けるとき、ちらっと見るだけの勇気すらなかったバスチーユである。塔がその最後の司令官とともに崩れるのが見えた。(14)

この「崩落」の情景を劇的に描き出したのが、ユベール・ロベール（一七三三―一八〇八）だった（図3）。ロベールは当時流行した「廃墟画」の担い手として、「廃墟のロベール」と綽名されるほど人気を博していた画家である。ディドロもそのサロン評（『一七六七年のサロン』）でロベールを礼讃したことは、十八世紀の「廃墟の詩学」を象徴する出来事として、よく知られている。しかし、火の手が上がるバスティーユを描いたこの作品に体現されている「時間性」は、当時の一般的な廃墟表象とは一線を画している。それは、遠い古代への観想を誘う歴史的遺跡――悠久の時間に休らいながら、ゆるやかに崩落へと向かっていく、持続的な時間のなかの廃墟――ではなく、現在起きつつある、あるいは直近の過去に起きた破壊の結果として、瞬時に出現した「廃墟」、つまり瞬間的に死を迎えた建築物なのである。そして、このような暴力的な「瞬間性」への意識こそ、この時代の廃墟画に体現された革新性にほかならなかった。

図5　プリウール作画・ベルトー彫版『バスティーユ牢獄司令官ド・ローネーの逮捕』1789年、エッチング、革命史研究所付属図書館、パリ

図6　ユベール・ロベール『ノートル・ダム橋界隈の住宅の取り壊し』1786年、油彩、カルナヴァレ美術館、パリ

「バスティーユの崩落」というイメージは、フランス革命による旧制度の破壊を象徴するものとして、当時のメディアを席巻した。ロベールの他にも、さまざまな画家がこの情景を描いている。ミシェル・ヴォヴェルの編纂による『フランス革命――そのイメージとナラティヴ』には、この破壊の瞬間を描いた図像が、数多く収められている（図4・5）。

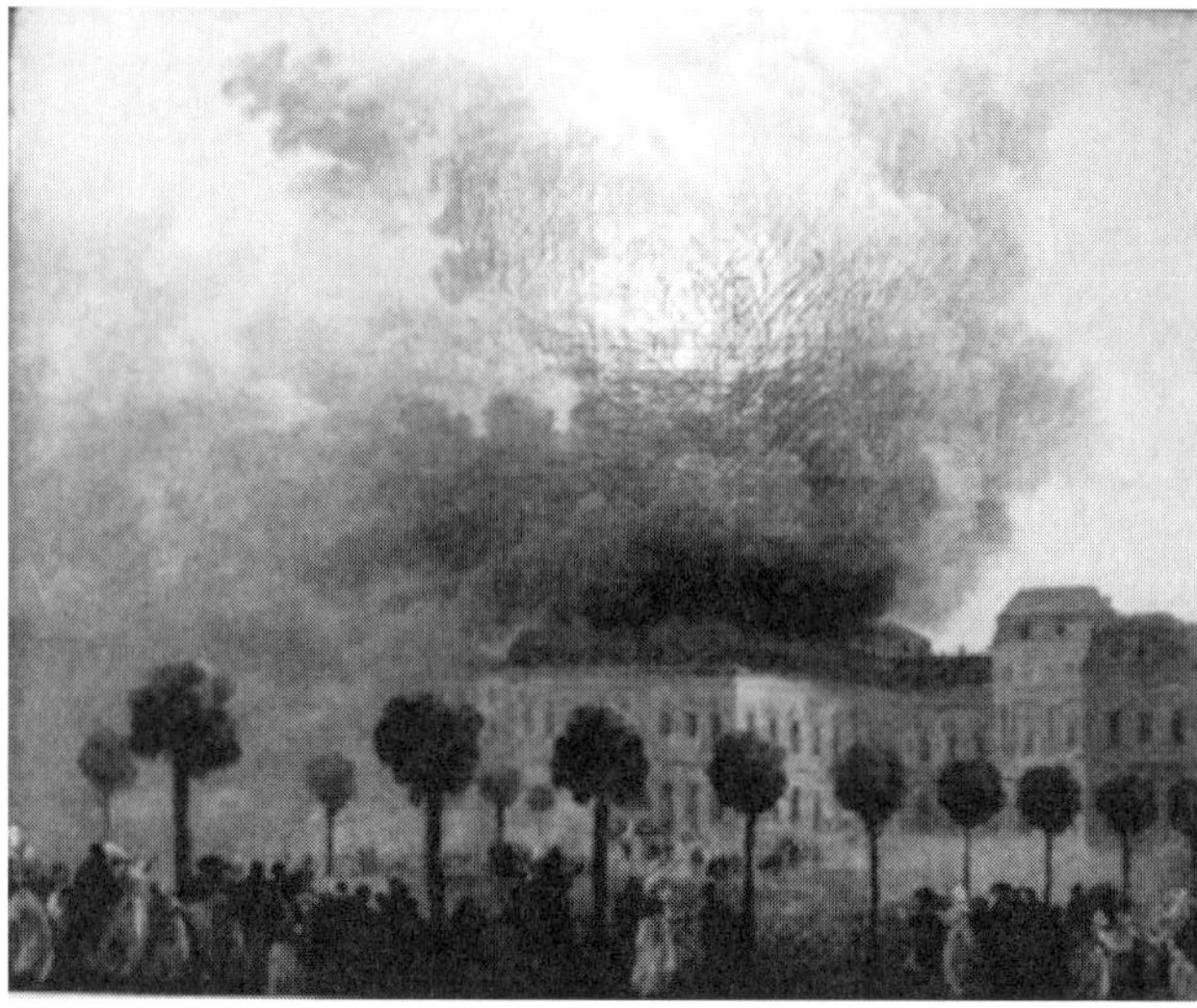

図7　ユベール・ロベール『1781年6月8日オペラ座の火災』制作年未詳、油彩、カルナヴァレ美術館、パリ

図8　ピエール＝アントワーヌ・ドマシー『サン・ジャン・アン・グレーヴ教会の取り壊し』1797-1800年頃、油彩、カルナヴァレ美術館、パリ

これらはエッチングないし彩色版画という、当時主流を占めた複製メディアによるものであり、その主目的は、民衆の間に時事情報を伝達することにあった。ここでは、前景に配置された人間たちが展開する「物語」に焦点が当てられている。他方でロベールが描くバスティーユへの最初の襲撃の図（図3）では、人物は添景に退き、ドラマティックに強調された光線と陰影が、この牢獄そのものが描画主題であることを示唆する。都市景観《ヴェドゥータ》と廃墟の画家だったロベールの主眼は、あくまでも建築物の形姿そのものにあったのだろう。彼の革新性は、同時代の事件によって破壊されていく建築物の姿を、悠久の時間のなかで安らぐ古代遺跡と同様の手法で描き出した点にこそ存在していた。

人為や災厄によって崩落した建築物の「取り壊し」（démolition）や「火災」（incendie）などを「廃墟画」として描く試みは、すでにフランス革命以前から存在していた。ロベール自身、一七八六年の『ノートル・ダム橋界隈の住宅の取り壊し』（図6）では解体中の建築物群を、また八一年頃の作と思われる『オペラ座の火災』（図7）では火の手が回り黒煙を吐き出す劇場の姿を描き出している。ちなみにこの火災は、当時のパリ住民の耳目を集める大事件だった。メルシエの『タブロー・ド・パリ』でも、「最近の火災」と題した一節で取り上げられたほどである。この焼失の後、オペラ座は旧来のパレ・ロワイヤルから現在のサン・マルタン通りに移転すること

図9　ピエール＝アントワーヌ・ドマシー『廃墟の寺院』
18世紀半ば頃、油彩、ルーヴル美術館、パリ

図10　ベルナルド・ベロット「ドレスデン――クロイツキルヒェの廃墟」1765年、国立古典絵画館、ドレスデン

になった。

いまとなってはロベールほどの知名度はないものの、ピエール＝アントワーヌ・ドマシー（一七二三―一八〇七）もまた、建築物の瞬間的な死を効果的に描出した画家である。絵画アカデミーの「透視図法」（perspective）部門の教授だったドマシーは、舞台背景画や都市景観画を主に手掛けていて、廃墟画の名手でもあった。ドマシーもロベール同様、火災で焼け落ちた建築物や解体工事中の建物を、前世紀からの伝統を持つ廃墟画と同種の技法で描き出している。『サン・ジャン・アン・グレーヴ教会の取り壊し』（図8）では、革命下の施策として破壊される途中の教会が、ピラネージ風の古代遺跡を思わせる廃墟として描かれる。同時代の「瞬間的廃墟」が、古代の「持続的廃墟」と同一の手法と構図によって表現されているのである。描画の形式のみに注目するならば、前述の『サン・ジャン・アン・グレーヴ教会の取り壊し』と同じドマシーによる『廃墟の寺院』（図9）

との間には、相違はほとんど見受けられない。

戦争の惨禍——屍としての建築物

ベルナルド・ベロットによる『ドレスデン——クロイツキルヒェの廃墟』（図10）は、七年戦争のさなかの一

図11　フェルナンド・ブランビーラ／ホアン・ガルベス「グラシア施療院の中庭」『サラゴザの廃墟』所収、1812-13年、ラザロ・ガルディアーノ財団美術館

七六〇年、プロイセン軍の砲撃によって崩壊した建築物の、いわば屍を描き出したものである。戦争の惨禍がもたらす廃墟のイメージは、大砲の技術的進化によって建造物への破壊力が増したこともあり、十八世紀後半以降にはしきりに描かれるようになる。例えばイタリア出身の画家フェルディナンド・ブランビーラは、一八〇八年にフランス軍による砲撃で崩壊したスペイン・サラゴザの廃墟を描き、『サラゴザの廃墟』と題された版画集を刊行した。「グラシア施療院の中庭」（図11）や、「カルメン聖堂の内部」（図12）には、戦争の惨禍がもたらした廃墟の姿が克明に写し取られている。これらの作例もまた、一見すると伝統的な廃墟趣味の画風に則り、当時流行の概念だった「ピクチャレスク」趣味を満たすように描かれている。しかし、このような「飼い馴らされた」趣味を裏切るようなモチーフを、ブランビーラは作中に描き込んだ。例えば

図12　フェルナンド・ブランビーラ、ホアン・ガルベス「カルメン聖堂の内部」『サラゴザの廃墟』所収、マドリード市役所

「カルメン聖堂の内部」の、聖堂内部に累々と折り重なる屍体の生々しい実在感である。

一方で、ブランビーラの同行者であり、同じ光景を同時に経験したはずのフランシスコ・デ・ゴヤは、「廃墟」すなわち建築の死を描いてはいない。サラゴザで目にした情景を、ゴヤはのちにエッチング集『戦争の惨禍』（一八一〇―一一年）にまとめている。そこで描かれるのは、例えば地面の上に折り重なる屍体を至近距離から捉えた「葬って後は口を噤め」に見られるように、死せる肉体そのものだった。ゴヤにとってはむしろ人体こそが、暴力による瞬間的な破壊の痕跡であるような「廃墟」だったのかもしれない。

災厄によって崩壊する建築物を描いた絵画自体は、マニエリスムの頃から存在していた。そこに体現されていたのは、神の怒りや黙示録的な終末といったキリスト教的世界観に立脚した物語である。十七世紀に活躍した二人組の画家モンス・デジデリオが描く崩落の建築群は、このような「物語」に基づく廃墟表象の端的な一例であった。対してロベールら十八世紀の画家たちは、この種の予定調和的な「物語」を背景として必要としていない。描画の主題は、現在眼前で起きている、一回性の出来事へと移行している。ここに、「崩壊」や「死」をめぐる時間感覚の変化を見て取ることもできる。廃墟表象の系譜では、マニエリスム期までの、移ろいゆく時間とやがて到来する終末への観想という持続的な時間感覚から、リスボン地震を契機としてフランス革命に至る時代の瞬間的で物理的な破壊へと、描かれる時間性にラディカルな転回が生じている。

崩壊へと向かう建築物の姿を、「ピクチャレスク」な美をたたえたものとして鑑賞の対象とすることは、ウィリアム・ギルピンらを筆頭に、当時の美術思想の趨勢であった。しかし、ペデガシェやロベール、ベロット、ブランビーラらによって描かれた廃墟は、カタストロフィーを審美化しているのと同時に、当時の政治的な文脈を映し出す鏡ともなっている。例えば「瞬間的な廃墟」表象には、キリスト教会というモチーフがしばしば登場す

図13　作者不詳「フランス人民が貴族の家具を取り払う効率的な方法――オテル・ド・カストリの略奪、1790年11月13日」『フランスとブラバント地方の革命』所収、フランス国立図書館、パリ

る。前述のとおり、リスボン大震災は、「神の善性」へと疑義が向けられる契機であった。破壊される教会や崩壊するバスティーユ牢獄を主題とする絵画は、旧体制《アンシャン・レジーム》が崩壊していく時代背景を如実に反映しているだろう。「フランス人民が貴族の家具を取り払う効率的な方法――オテル・ド・カストリの略奪、一七九〇年十一月十三日」との説明文《レジャンド》が付された版画（図13）は、旧秩序崩壊を体現する廃墟表象の最もわかりやすい例である。ここ

図14　作者未詳『地下の採石場のために陥没・倒壊するパリの住宅』18世紀

図15　ユベール・ロベール『建設途中の外科医学校』1773年、カルナヴァレ美術館、パリ

では、「フランス人民」によって略奪・破壊された貴族の邸館の姿が、カリカチュア的な誇張を施されながら描き出されている。このような態度は、従来の古代ローマの遺跡をテーマとする廃墟画が、悠久の時間のなかを生き長らえた建築物の姿を描くことで、古代の栄光をたたえようとしていたことと対照をなす。「破壊される建築物のイメージ」は、旧来的権威崩壊の象徴や比喩であると同時に、十八世紀後半の動的な社会的状況を体現したものでもある。例えばパリでは、ルイ十四世の治世から大規模な都市計画が実行され、それに伴って地下の石切り場の拡張が無計画なままに進行していた。そのため、解体・築造工事中の建築物や、地下の空洞化が原因で地盤とともに陥没する建物の姿は、パリ市民にとっては身近な光景になっていたようである[15]。例えば、地下の石灰石採掘場《カリエール》のために陥没した住宅群も、この時代には版画に描かれている（図14）。奇妙なことに、建設工事途中の、つまり未来へと向けて生成途上にある建築物もまた、これらの破壊されゆく建築と酷似した形姿で描かれた。ロベールによる『建設途中の外科医学校』（図15）は、このような潮流を如実に体現している。

2　永続と瞬間——廃墟をめぐる二つの時間性

未来の廃墟

工事中の建築物をあたかも廃墟のように描く潮流は、やはり十八世紀後半に登場した、未来像としての廃墟というイメージとつながっている[16]。つまり、完全な形で現存する建築物、あるいはいまだ実現されていない計画案段階の建築物を、廃墟として描くという趣向である。その嚆矢となったのは、やはりロベールだった。彼は『ルーヴル宮グランド・ギャラリーの想像上の景観』（図16）で、国立美術ギャラリーの建築計画案をすでに毀損された廃墟として示してみせた。この作品は、竣工時の姿を予見した『ルーヴル宮グランド・ギャラリーの設計案』と同時期に、対をなす作品として描かれている。同種の趣向を、イギリスの建築家ジョン・ソーンの下で製図工だったジョセフ・マイケル・ガンディも採用している。ソーンが設計を手掛けたイングランド銀行の図解として、『廃墟としてのイングランド銀行のロトンダ』（図17）や『イングランド銀行の鳥瞰図』（図18）などの、想

図16　ユベール・ロベール『ルーヴル宮グランド・ギャラリーの想像上の景観』1796年、ルーヴル美術館、パリ

図17　ジョセフ・マイケル・ガンディ『廃墟としてのイングランド銀行のロトンダ』1798年、サー・ジョン・ソーン美術館、ロンドン

図18　ジョセフ・マイケル・ガンディ『イングランド銀行の鳥瞰図』1830年、サー・ジョン・ソーン美術館、ロンドン

像上の「未来の廃墟」を描いたのである。『廃墟としてのイングランド銀行のロトンダ』ではソーンの設計案が、人気の途絶えた荒野にたたずむ廃墟として描かれている。『イングランド銀行の鳥瞰図』は、銀行の竣工四十五周年を記念して描かれたものである。繰り返される増築によって一つの都市のように成長を遂げたイングランド銀行は、ここでは屋根も外壁も無惨に毀損された姿をさらしている。ガンディによる「予言」はその百二十年後、一九二五年のイングランド銀行解体工事の折に成就するだろう（図19）。

このような「未来の予告としての廃墟」はすでに、一七七一年にルイ＝セバスティアン・メルシエによって書かれた未来小説『紀元二四四〇年』のエピローグにも登場していた。そこで描写されるのは、廃墟と化したヴェルサイユ宮殿である。

なんという驚きだ！私の目に見えるものといったら、残骸と崩れた壁と壊された彫像ばかりだった。半ば破壊された幾つかの柱廊が、古の栄華を漠然としのばせた。[17]

図19　1925年5月1日付「タイムズ」紙掲載、解体されるイングランド銀行の写真
（出典：小澤京子『都市の解剖学――建築／身体の剥離・斬首・腐爛』ありな書房、2011年）

語り手は、崩落した柱頭に腰掛けた老人を認め、宮殿に何が起きたのかを尋ねる。老人――かつてこの宏壮な宮殿を建てたルイ十四世の、老いさらばえた姿である――は答えて言う。「自然に倒壊したのだ」と。これは驕慢な栄華に対する神罰としての破壊であり、人類が思いを馳せるべき（絶望的な）未来という性質を色濃く有する「廃墟」である。フランス革命の勃発は、この小説から約二十年後のことだ。ヴェルサイユ宮殿そのものではないが、バスティーユや徴税市門、教会など旧体制による抑圧を象徴する構築物が、神ではなく民衆たちの手によって破壊されることになった。

ロベールやガンディの廃墟は、長い時の経過が刻まれたり、過去での破壊や惨禍が痕跡をとどめたりする空間ではもはやない。未来の来たるべき廃墟であり、ここでは過去と未来の時間軸が転倒している。これらはまた、十七世紀から十八世紀にかけて、「カプリッチョ（奇想画）」や「ヴェドゥータ・イデアータ（理想的な都市景観画）」の分野でしばしば描かれた、空想上の産物としての廃墟（例えばモンス・デジデリオが描いた倒壊する建築物のヴィジョン）とも異なる。描かれている建築物、例えばルーヴル宮やイングランド銀行は、あくまでも現実に参照項を持っている。崩壊や滅亡や惨禍や死といった、過去の記憶が不可避的につきまとうはずの廃墟が、時間軸を反転した形で、つまり未来の予想図として描かれるようになったのである。「ピクチャレスク」などの馴致された美的規範には収束しない異物のような何かが、この「未来における廃墟」には存在している。それは、戦争の惨禍や革命によるヴァンダリズム――例えばロベールは、革命時には王政側の立場と見なされ、一時投獄されたこともある――を目の当たりにした画家たちが見据えた、いずれ到来する未来の、破壊と死の予告であった。いわば未来時制の墓であり、そこでは本来失われた過去に向けられるべきメランコリーが、未来へと投射されるのである。

ロベールによる「未来の廃墟」（『ルーヴル宮グランド・ギャラリーの想像上の景観』〔図16〕）を目の当たりにしたディドロは、まず過ぎ去った時間の流れを観想し、それから世界の終焉に、さらにはやがて自らに到来するであろう生の終わりに思いを馳せる。

廃墟が私の内に呼び起こす想念は雄大である。すべてが無に還り、すべてが滅び、すべてが過ぎ去る。ただ世界だけが残る。ただ時間ばかりが存える。この世界はなんと古いのだろう。私は二つの永遠の間を歩む。どこに眼を向けても、私を取り囲む事物は終焉を告げ、そして私自身を待ち受けている終焉を諦観せしめる。この崩落した岩、この穿たれた谷底、いまにも倒れそうに揺れるこの森、頭上に吊るされてぐらつくこの塊などと比べたなら、私のはかない生とは、いったい何なのだろう。(18)

一七六七年のサロン評として書かれたこのテクストは、当時の廃墟熱の背景、つまり廃墟が「時間への観想」を喚起するという認識と鑑賞のあり方を端的に体現している。佐々木健一も指摘するとおり、この時代における廃墟というモチーフの特権化は、当時生まれた新しい時間認識と、それに裏打ちされた自己内省の意識に由来するものだった。

十八世紀の人びとの廃墟体験にあって、かれら〔詩人のグレヴァンに代表される十六世紀人：引用者注〕にはないものがある。それは、この時間の破壊力を自らの存在の条件として投射することである。この反省的な意識のゆえに、十八世紀の廃墟体験は主観的かつ情感的な彩りを帯びたのである。それはまさしく、主観の成立という思想史的な事実と照応する体験様式である。廃墟に現象する時間は、帝国の記念碑を破壊してきた力というよりも、むしろわたしの存在を蝕む力として、わたしを捉える。この時間意識は、(略)対象における意味の次元としての主題概念の確立と、対象との融合状態を解消して距離を取り、反省の意識の動きを身につけた主体の状況と、正確に照応している。(19)

ここで前提とされているのは、時間経過のなかで歴史的な(ないしは記憶としての)価値を付与され、未来にも存続していくことを期待された「遺跡」としての廃墟であり、表面に刻まれた痕跡もまた、その経年的価値を保証するような類いのものだ。すなわち、アロイス・リーグルが指摘する「記憶の価値」や「経年価値」(20)をたたえた歴史的建築物、あるいはフランソワ＝ルネ・ド・シャトーブリアンがいう「時の仕業」(21)がもたらす甘美な廃墟である。十八世紀は廃墟趣味と並んで考古学や「歴史的遺産」の発掘・保存の萌芽が見られた時代だが、これらの思潮に通底するのが、このような「持続性」と「現在からの距離」を前提とする時間感覚であったといえるだろう。(22)

しかし震災や革命によって出現した「瞬間的な廃墟」の表象は、前述のような、過去と未来の両方向において持続的な時間概念とは対照的な時間性を孕む。それは「微分的時間性」ともいうべきものである。廃墟を美的対象として鑑賞する際に要請されるはずの時間的な「遠さ」は、ここでは無化され、むしろ点的時間に還元しうるような、切迫した近接性に支配されている。

3　瞬間性と仮設性

リスボン大地震で倒壊した劇場や、砲撃を受けるバスティーユは、古代ローマ遺跡などとは異なり、歴史的記念物・美術品としての永続化や未来への記憶の伝達を期待された存在ではない。遠い過去への回想（廃墟を眺めるディドロ）でも、黙示録的な物語（モンス・デジデリオ）でもなく、そこに存在しているのは「瞬間」へと薄切りにされた時間性である。とりわけフランス革命に際しては、王権の象徴である建築物が崩落するときの瞬間性は、王権を保持する身体、つまり国王の身体を切断するギロチンの瞬間性と通底している。さらには、革命時の動乱によって天井部分を剝がれた建築物も、教会への弾圧のなかで頭部を削がれた聖人像も、象徴的な意味での「斬首」といっていいだろう。ギロチンという処刑機具がもたらした新たな時間性を、ダニエル・アラスはセディヨ医師[23]の言を引きながら、次のように規定している。

『ギロチン刑についての歴史的、生理学的考察』の末尾で、セディヨ医師は、恐怖政治のもとで犯された《驚くべき犯罪の痛ましい素描》を行っている。その描写の核心部分、その頂点、刃が落下するまさに絶頂において、セディヨは、見えるものとしては空白、読むべきものとしては点《・》――活字として最小限の記号――しか描いていない。簡潔表現の極致であり、落下の時点（Punctum temporis）と正確に対応し、《ギロチンの悲劇》全体がそれを中心に組みたてられる《ギロチンの瞬間性》の描出できない特徴を表わしている、文章の言葉にならない断絶である。[24]

ギロチンの「瞬間性」は、「視ること」と「視ることの不可能性」というアンビヴァレンスをもたらす。公開の場での処刑は長らく民衆にとってのスペクタクルとして機能していて、ギロチンによる斬首もまた例外ではなかった。しかし、かつての車裂きや火炙りといった方法（緩慢な死の到来がもたらす身体的苦痛や恐怖もまた、懲罰そして見せ物としての重要な要素である）や、直近まで主な死刑執行手段であった絞首刑（死に至るまでの身体的変化は、目視可能な速度で進行する）とは異なり、ギロチンの刃が落ち首を刎ねる瞬間は、肉眼でははっきりと捕捉しがたいものである。再びアラスの言葉を借りるならば、「ギロチンの行為は《瞬《また》きの間》に還元されてしまう。ギロチンは、《視線の速さで首を斬る》、しかし、いったい《視線の速さ》が見えるのだろうか？　ギロチンの芝居は、不可視の瞬間に一番盛りあがる」[25]のである。

死の到来を限りなく点的な瞬間に還元し、その視覚的把握を困難とするギロチンはまた、逆説的な「可視性」を潜在させてもいる。ここでいうギロチンの「可視性」には、相異なる二種のものがある。一つは、前述のとおり、観衆に祝祭的な興奮と恐怖、カタルシスをもたらす「スペクタクル」としての可視性である。もう一つは、「斬られた首」が持つ象徴性から出来するものであり、「肖像画」という表象形式に帰結する。すでに多くの論者が、斬首と肖像画とを関連づけてきた。ジュリア・クリステヴァはジークムント・フロイト由来の精神分析理論に立脚しながら、メドゥーサ、アルゴス、ゴリアテ、ホロフェルネス、洗礼者ヨハネ、また転写された首としてのキリスト・イコンといったモチーフを縦断し、「斬られた首」が必然的にイメージとしての性質を獲得することを論証している。[26]再びアラスに戻るならば、斬首のためのギロチンはほかならぬ「肖像機械」である。[27]キリストの顔が転写されたヴェロニカの聖顔布（象徴的な斬首であり、肖像画のプロトタイプでもある）は、その「裏側」にキリストの真顔《ヴェラ・イコナ》が、人間の手を媒介することなく焼き付けられたヴェールである。イーゼルと類似した形態を持つギロチンでも、頭部は首穴を通して「裏側から」出現し、胴体から切断されることで「機械の外枠が縁どる透明の画布から浮き上がる[28]」ことになる。ここでは最期の表情が刻み込まれた受刑者の顔が、「ヴェールをはがされた、究極の真の姿で出現[29]」する、とアラスはいう。

ギロチンが登場した十八世紀はまた、戦闘で使用される兵器の殺傷力が増大した時代でもあった。ポール・ヴィリリオの指摘によれば、戦闘による負傷と身体機能の損壊の問題――これは後の第一次世界大戦で極大化する――の重要性が認識されるようになったのは、とりわけ十八世紀以降のことである[30]。種々のテクノロジーにおける発明や技術革新は、外的暴力によって毀損された身体の、いわば廃墟としての人体のイメージを変容させる契機となった。

別の「瞬間性」もまた、十八世紀末の建築に現れ出ることがある。「革命」の開始を画するシンボルだったバスティーユ牢獄は革命後に解体され、その跡地である広場は、「空白[31]」のままに革命祭典の中心的場（つまり式典行列の出発地）になった。一七九三年の大祭典に際しては、画家のジャック＝ルイ・ダヴィッドが美術監督を務め、革命を言祝ぐための仮設的《エフェメラル》な建造物が設置された[32]。それは堅固で永続的な建築物ではなく、かりそめの間だけ持続し、瞬くうちに無に帰してしまうような建造物である。

他方で瞬間的に「廃墟」の相貌を見せたバスティーユは、その政治的記念碑性ゆえに、「廃墟」として存続することを許されず、むしろその跡地は、断片的かつ非連続的に残された城塞の遺構と地下鉄駅の「バスティーユ」の名を除いては、徹底的な「白紙」であり続けている[33]。当時の国王一家が数年の間幽閉されていたタンプル塔も同様に、革命後に跡形もなく取り壊された後は、モニュメントさえ建てられず、現在は通りの名に形跡をとどめるばかりである。

「甘美なメランコリー」というディドロの言葉に象徴される、郷愁的で感傷的な回想と内省を観る者に引き起こすような廃墟は、過去の時間の厚みと持続性を前提としている。緩やかな崩落の進行過程そのものが、長きにわたる時間経過の、いわば積分的な痕跡である。しかし、政治的な暴力が出来せしめた、「瞬間的」に達成される廃墟は、未来へと向けて存続する可能性もほとんど奪われてしまっている。それらは時間的持続性を、過去においても未来においても徹底して欠いた存在であり、ギロチンが象徴するような点的な瞬間と暴力性の痕跡を記す、逆説的なかりそめのモニュメントなのである。

おわりに

十八世紀後半、リスボン大地震からフランス革命にかけての時代には、外部からの物理的力によって瞬時に破壊された建築物の姿が盛んに描かれた。版画という複製メディアによって、広く流通したものも少なくない。しかし描画の形式という点では、これらの「暴力による廃墟」の表象は、十七世紀以来の廃墟趣味に連なる廃墟画――「時間の指」による緩やかな侵蝕が生み出した、「甘美なメランコリー」を惹起するような廃墟イメージ――と、ほとんど見分けがつかない。瞬間的な破壊をもたらす生々しい暴力の脅威と危険は、それらが絵画という「表象（代理物）」に置き換えられ、破壊の瞬間と現場からは安全な空間的・時間的距離を置いたところでの鑑賞に供されることによって、「審美的カテゴリー」へといわば無毒化されていく。しかし発想を逆転させるならば、これらの「美的な趣味」はむしろ擬態されたものであり、「ピクチャレスク」という絵画的な約定のうちに、災厄と暴力、破壊と死の痕跡を忍び込ませる試みだったとも考えられるだろう。

廃墟とは、死へ向かいゆく、あるいはすでに死した建築物であり、現実の生活空間からは切断された特殊な場である。突発的な自然災害や政治状況の変化、また都市破壊のための技術の進歩は、この「死」を緩慢なものから瞬間的なものへと、「時の神」によるものから人為によるものへと変容させた。外的暴力による瞬間的な破壊という契機と時間性の変容は、同時代の「身体」へと向かう暴力、すなわちギロチン刑の実施においても共通している。外観上は審美的な廃墟趣味に連なるように見え、実際そのとおりに受容されることもしばしばだったこれらの廃墟イメージは、しかしながら、外的暴力と瞬間性という時代の特性を潜在させた、言語によらない証言でもあったのだ。

注

（1）Denis Diderot, *Salons III, Ruines et paysages, Salons de 1767*, Hermann, 1995, p. 335.（以下、特に記載のない限り外国語文献からの引用は拙訳による。）

（2）Ibid.

（3）Katsuyuki Abe, "Size of great earthquakes of 1837-1974 inferred from tsunami data," *Journal of Geophysical Research*, Volume 84, 1979, pp.1561-1568. なお、リスボン大地震がもたらした被害状況と当時の社会の反応については、Gégory Quenet, *Les tremblements de terre aux XVIIe et XVIIIe siècles : la naissance d'un risque*, Seyssel : Champ Vallon, 2005の第九章や、Jean-Paul Poirier, *Le Tremblement de terre de Lisbonne*, 1755, Odile Jacob, 2005に詳しい。

（4）Alvaro S. Pereira, "The Opportunity of a Disaster: The Economic Impact of the 1755 Lisbon Earthquake," *Cherry Discussion Paper Series*, DP 03/06, Centre for Historical Economics and Related Research at York, York University, 2006, p.5.

（5）Voltaire, *Poème sur le désastre de Lisbonne*…, Genève, 1756, p.8. Gallica ark:/12148/bpt6k5727289v

（6）『カンディード』には以下の描写がある。

「恩人の死を嘆きながら二人〔パングロスとカンディード：引用者注〕が町に足を踏み入れると、たちまち足元で大地が揺れるのを感じた。港の海水は泡立って高く盛り上がり、停泊中の船を砕くのだった。炎と灰の渦が町の通りや広場を覆いつくし、家々は崩れ落ち、屋根は建物の土台のところにまで倒壊し、土台は散乱し、三万人の老若男女の住民が廃墟の下敷になって押しつぶされる」(ヴォルテール『カンディード――他五篇』植田祐次訳〔岩波文庫〕、岩波書店、二〇〇五年、二八五―二八六ページ)

訳注によれば、ヴォルテールのリスボン大地震に関する情報源は、雑誌「ジュルナル・エトランジェ」(一七五五年十二月刊)、アンジュ・グダール『地震の歴史』(ハーグ、一七五六年)、リスボンの商人ボーモンの証言による報告だったという(同書四九七ページ)。

(7) ジャン゠ジャック・ルソー「ヴォルテール氏への手紙」(一七五六年)、浜名優美訳、『ルソー全集』第五巻、白水社、一九七九年、二二ページ

(8) カントは「一七五五年の末、地球の広大な部分を振動させた地震の最も著しい出来事の報告と自然誌」(一七五六年)で、次のように「あの最近の地震の報告」をしたためている。

「私は、人間が地震からはこうむらなかった災害の変遷、荒廃した町とその瓦礫の下に埋められた住民を記録していないものは全くないと承知している。想像力が描き出せる恐ろしいこと総てをとりまとめなければならない。人間の足もとの大地が動かされた場合、足もとのまわりが総て崩壊する場合、人の土地の中で動く水の一部が洪水によって災害を起こす場合、死の恐怖、総ての善意を全くなくす絶望、最後に他の不幸な光景がゆるぎない不屈な精神をも襲う場合に、人が見出すはずの驚きをいくらかでも、あらかじめ知っておくために」(カント『地震の原因――他五編』田中豊助/原田紀子/大原睦子訳、内田老鶴圃、二〇〇〇年、四〇ページ)

(9) カントは言う。「崇高が威力に帰せられるとなると、崇高の概念に関する私のかかる解釈に対して反論が唱えられるかもしれない、すなわち――我々は荒天、嵐、地震などの天変地異のなかに、怒りとなって示現しながら、しかしまた同時に崇高性を具えた神を目の当たりに見る思いをするのが常である、このような場合に我々がかかる威力の作用に対して、それどころかかかる威力の意図に対して、我々の心が優位を保持するなどと思いなすことは、狂愚であると同時に権威をなみする罪過でさえあるだろう、という反駁である」(カント『判断力批判』上、篠田英雄訳〔岩波文庫〕、岩波書店、一九六四年、一七七ページ)

(10) フランス語のタイトル全文は「Receuil(sic.) des plus belles ruines de Lisbonne causées par le tremblement et par

le feu du premier novembre 1755」である。

（11）Joseph Addison, *Remarks on Several Parts of Italy* …, 1705, in *The Works of Joseph Addison: Complete in Three Volumes, Embracing the Whole of the "Spectator," &c*, Vol.3, Harper and Brothers, 1837, p.344.

（12）エドマンド・バーク『崇高と美の観念の起原』中野好之訳（みすずライブラリー）、みすず書房、一九九九年、五三ページ

（13）同書五四ページ

（14）レチフ・ド・ラ・ブルトンヌ『パリの夜――革命下の民衆』植田祐次編訳（岩波文庫）、岩波書店、一九八八年、一三七ページ

（15）ギュンター・リアー／オリヴィエ・ファイ『パリ地下都市の歴史』古川まり訳、東洋書林、二〇〇九年、五九―六四ページ

（16）絵画だけでなく、あらかじめ廃墟化した建築物を建造することも、十八世紀から十九世紀にかけて盛んになった。すでに一七二八年、バティ・ラングレーは「古代ローマの廃墟を模すなら、キャンヴァス上でも、煉瓦や漆喰で造ったものでも構わない」と述べている。「シャム・ルーイン（偽廃墟）」と呼ばれるこれらの建築は、とりわけイギリスの風景式庭園に用いられた。

（17）ルイ＝セバスチャン・メルシエ「紀元二二四〇年　またとない夢」原宏訳、野沢協／植田祐次監修『啓蒙のユートピア3』所収、法政大学出版局、一九九七年、二一〇ページ

（18）Denis Diderot, *Salons III, Ruines et paysages, Salons de 1767*, p.338.

（19）佐々木健一『フランスを中心とする十八世紀美学史の研究――ウァトーからモーツァルトへ』岩波書店、一九九九年、二四三ページ

（20）アロイス・リーグル『現代の記念物崇拝――その特質と起源』尾関幸訳、中央公論美術出版、二〇〇七年、一二一―一三ページ

（21）Chateaubriand, *Génie du christianisme*, (1802), Gallimard, 1978, p.882. シャトーブリアンは「時の仕業」による廃

墟を「不快さのない甘美なもの」と規定し、「虚無感のみをもたらす」「荒廃」でしかない「人の仕業による廃墟」とは対照的なものと位置づけている。
(22) 谷川渥もまた、廃墟という「不在」や「空虚」を表象するためには、その前提として想起と期待の能力――かつて存在したものといま存在するもの、いま存在するものとありえたであろうもの（未来完了形）を対照させる能力――が必要であり、この能力の誕生こそが廃墟趣味を生み出したのだ、としている。「廃墟の表象は、あらためて整理すれば、遠い過去の文明の記憶を保持しながら、その過去と現在とを隔てる時間的距離を意識すると同時に、また現在を一つの遠い過去とするであろう遠い未来との間に横たわる時間的距離をも意識し、さらに過去と未来とのあわいに存在するこの自己なるものを相対化しうるような時間意識の成熟によってはじめて可能になるのだ」（谷川渥『廃墟の美学』〔集英社新書〕、集英社、二〇〇三年、一四九ページ）。
(23) ジャン・セディヨ・ル・ジュヌ（Jean Sédillot Le Jeune、一七五七―一八四〇）はパリの外科医。外科医学王立学院で学び、のちにパリ医学会（la Société de Médecine de la Seine）を設立。アラスが引用する彼の著作『ギロチン刑についての歴史的および生理学的な考察（*Réflexions historiques et physiologiques sur le supplice de la guillotine*）』は、一七九五年（共和国暦四年）にパリで刊行された。
(24) ダニエル・アラス『ギロチンと恐怖の幻想』野口雄司訳、福武書店、一九八九年、六四ページ
(25) 同書六三―六四ページ
(26) ジュリア・クリステヴァ『斬首の光景』星埜守之／塚本昌則訳、みすず書房、二〇〇五年
(27) 前掲『ギロチンと恐怖の幻想』二三一ページ
(28) 同書二三九ページ
(29) 同書二三九ページ
(30) ポール・ヴィリリオ『速度と政治――地政学から時政学へ』市田良彦訳（平凡社ライブラリー）、平凡社、二〇〇一年、九四ページ
(31) モナ・オズーフ『革命祭典――フランス革命における祭りと祭典行列』立川孝一訳、岩波書店、一九八八年、一二

九ページ。同書でオズーフは、バスティーユが「砂漠」であるからこそ革命の記念儀式という要請に応える「場所」たりえた旨も指摘している。
(32) 同書一三二ページ
(33) 現在のバスティーユ広場に聳える「革命記念柱」は、一七八九年のフランス革命ではなく、一八三〇年の七月革命を記念するものとなっている。

第3章　「古きパリ」の誕生——フランス革命後のもう一つの都市再生

泉　美知子

はじめに

パリの街は十九世紀中頃におこなわれた改造計画によって生まれ変わった。現在の姿はこのときに創られたものである。第二帝政期のセーヌ県知事ウジェーヌ・オスマンによる大規模な整備事業で出現した新しいパリが、その後の近代都市のモデルとなったことはよく知られている。ただし、これは大きな代償を伴う外科手術でもあり、大胆にメスを入れることによって中世の面影を残す街区が一掃された。失われたパリに対する当時の悲嘆を、詩人シャルル・ボードレールが次のように代弁している。「古いパリはもうなくなった（都市の形態のすみやかに変わることは、ああ！　人の心もおよばぬほど）」(1)

しかし、パリという都市の魅力は、十九世紀の近代化だけによるのではない。新しいものと古いものが共存する都市、近代的な街のなかに往時の痕跡が大切に守られている空間が、旅行者を魅了する。パリはさまざまな

図1　挿絵画家アルベール・ロビダが手掛けた「古きパリ」は3つのセクションに分かれ、15—18世紀の街並みを楽しむことができた
（出　典：*L'Exposition de Paris (1900)*, publiée avec la collaboration d'écrivains spéciaux et des meilleurs artistes, Paris, Librairie illustrée, Montgredien et Cie, 1900, t. I, planche.）

時代の建築に彩られ、その歴史を豊かに語っている街である。十九世紀の「新しいパリ」計画が進行するなか、街の変貌を間近で見ていた作家や批評家から生み出されたのが「古きパリ」という概念(2)である。そして、この「古きパリ」は一八三〇年代以降、一つのテーマとして学問的に考察されるようになった。さらに、これがより多くの人々にとっての関心事になるのは、一九〇〇年パリ万国博覧会のときである。電気の時代を印象づけた万博会場のなかに「古きパリ」（図1）という仮想空間が設置され、セーヌ右岸沿いに中世末期以降の建物が再現されて、このアトラクションが大きな反響を呼んだのである。この展示が実現に至った背景には、「パリ記念物愛好会」（一八八五年）、「古きパリ行政委員会」（一八九七年）といった団体や、さらにいくつかの区に有識者団体が設立され、十九世紀末に地方行政や民間の有志による「古きパリ」を保護しようとする活動の高まりがあった。

本章では、この「古きパリ」の誕生をテーマに、十九世紀前半のパリの「ポスト・カタストロフィー」について論じていく。一七八九年に始まる革命期の混乱と荒廃の後、都市再生の歩みのなかで「古きパリ」の概念がどのように立ち上がるのかを考える。まず革命期にパリを襲った破壊行為について取り上げる。文化財への行き過ぎた暴力と、そうした行為への批判を確認しながら、「古きパリ」の概念が生まれてくる思想的・社会的状況を把握する。次にイギリスから渡ってきた美学の概念「ピクチャレスク」が、フランスで「ピトレスク」としてどのように展開され、建物や街を捉える新たな眼差しの誕生に結び付くのかについて考察する。さらに一八三〇年代のロマン主義による文学上・美術上の「古きパリ」の再発見に注目する。この時期の「古きパリ」を描いた図版集を通して、急速な近代化を迎えていた都市への認識の変化を見ていく。こうした「古きパリ」の概念の成立を経た次なる保護運動の展開は、オスマン後の十九世紀後半を待たなければならない。しかし、革命後の十九世紀前半は、都市を眺め、その歴史を理解する方法に変化が現れた時期であり、ここで獲得された審美的・歴史的な眼差しこそ、今日のパリの都市景観を形作るために必要な発見だったのである。

1 革命期のパリの破壊

政治的出来事と破壊行為

革命期の破壊行為(3)は、政治的出来事の展開とともに繰り広げられた。一七九二年八月十日、チュイルリー宮の襲撃により王権が停止されると、八月十四日の法令で「自由と平等という聖なる原則は、フランス国民の目の届くところに高慢と偏見と圧政のために建てられた記念物をこれ以上そのままにしておくことを認めない」、「これらの記念物のブロンズを大砲にし、祖国の防衛に役立てる」[4]ことが宣言された。革命期の破壊は、自由と平等という革命のイデオロギーによって導かれ、祖国の名のもとに正当化された。王をたたえる彫像や浮彫を公共広場から撤去し（第一条）、そのなかでブロンズ製のものは溶解して武器に変え（第二条）、封建制を想起させる記念物を破壊し（第三条）、記念物委員会が美術品の保存とリスト作成にあたること（第四条）が命じられた。この法令が出される以前から、文化財はすでに破壊の危機にさらされていた。教会財産の国有化と亡命貴族の財産没収によって、書物や美術品はこれまであった場所から保管所へと強制的な移動を余儀なくされた。しかし、すべてが完璧に管理されていたわけではなく、放置されたり盗難に見舞われるものもあった。さらに国家財政を立て直すために国有となった財産が売却され、購入者による金儲けのための投機や取り壊しが横行していた。こうした事態への危機感から、一七九〇年に文化財を管理する公的機関として発足したのが「記念物委員会」である。しかし、九二年八月十四日の事実上の破壊令が引き金となり、記念物委員会で管理しきれないほどに破壊行為が拡大することになった。

王権停止から一カ月後の九月二十一日に第一共和政が成立すると、フランス革命は新たな段階に入る。ルイ十六世の処刑後、恐怖政治へと突き進む社会の混乱のなかで、一七九三年の夏から秋にかけて一連の法令が制定され、聖堂やその他の記念物から王権と封建制のしるしを除去することが命じられた。[5]法令に基づく破壊は、パリだけでなくフランス全土に広がっていった。絶対王政や封建制は革命のイデオロギーにとって忌まわしい記憶であり、フランス国民だけでなくあらゆる人類に災いをもたらすものと見なされた。王家の宮殿や貴族の城館、人物像や肖像画、紋章などが対象になったが、そのなかでも最も有名な事例が、サン＝ドニ大修道院でおこなわれた王家の墓の破壊である。[6]「共和国の力強い手」は、「尊大な墓碑銘」や「恐ろしい記憶を思い出させる墓」[7]を壊すだけでなく、墓を暴いて王の遺骨を〝平等〟墓地に投げ捨てるといった冒瀆ともいえる行為にまで及んだ（図2）。

図2　ユベール・ロベールの油彩画、1793年、カルナヴァレ美術館
サン＝ドニ大修道院で1793年10月におこなわれた2回目の破壊。人夫が地下納骨堂の墓を暴く様子が描かれている
（出典：*Hubert Robert : 1733-1808 : un peintre visionnaire,* sous la direction de Guillaume Faroult, avec la collaboration de Catherine Voiriot, Paris, Somogy/Louvre, 2016, p. 399.）

革命のドラマの中心となったパリは、破壊行為の最初の被害地だった。王権停止の際には、都市の広場に設置されていた数々のブロンズ製王像が引き倒された。ポン＝ヌフ橋のアンリ四世騎馬像、ロワイヤル広場（現在のヴォージュ広場）のルイ十三世騎馬像、ヴィクトワール広場のルイ十四世立像、ヴァンドーム広場のルイ十四世騎馬像、ルイ十五世広場（現在のコンコルド広場）のルイ十五世騎馬像である。[8] さらに、パリ郊外のサン＝ドニ大修道院に対して二回目の暴力的な介入が起こった後、中心部のシテ島ではノートル＝ダム大聖堂西正面ファサードの「諸王のギャラリー」（図3）の破壊がパリ革命自治政府によって告げられた（一七九三年十月二十三日）。これらの彫像は『旧約聖書』に登場する諸王の像だが、十八世紀の考古学では、メロヴィング朝からカペー朝に至る歴代王の像と考えられていた。王の似姿と解釈された彫像は破壊者たちによって首を刈り取られ、聖堂前の広場に投げ捨てられた。

革命のイデオロギーにとってもう一つの忌まわしい記憶と見なされたアンシアン・レジームの権力が、カトリック教会である。共和政に移行すると、カトリック教会は迷信によって市民社会の成立を妨げる反革命的な存在と見なされるようになった。一七九三年秋から翌年の春にかけて「非キリスト教化運動」が実施されるなか、教

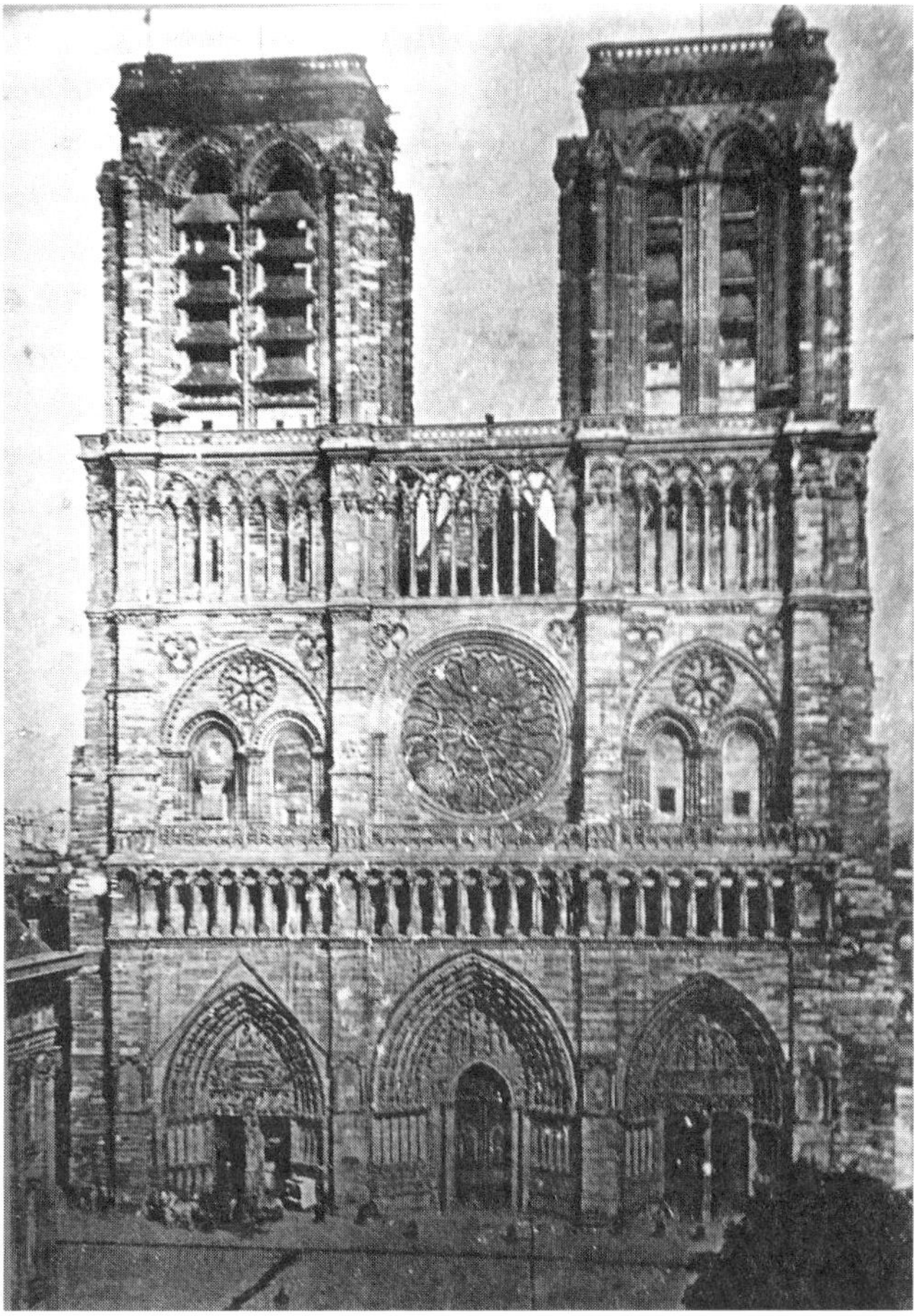

図3　革命期の破壊を受けたノートル＝ダム大聖堂、1840年撮影
「諸王のギャラリー」および西正面玄関扉口の彫像群が引き剝がされている。のちにヴィオレ＝ル＝デュックによって修復される
（出典：Alain Erlande-Brandenburg, *Notre-Dame de Paris,* New York, Harry N. Abrams, 1998, p. 210.）

会や修道院の施設への破壊行為が激しさを増していった。聖人像が攻撃され、鐘は砲弾のために、高価な祭具は戦費調達のために没収され、屋根に使われていた鉛、ステンドグラスの枠組みの鉄といった金属素材も狙われた。こうした行為が聖堂に荒廃をもたらしたことはいうまでもない。教会や修道院の建物は工場、倉庫、軍の施設に転用され、荒らされて廃墟同然になっていった。荒廃がひどい場合には修理ではなく取り壊されることもあった。

革命期の教会を襲った暴力は、かつての宗教戦争さながらの反カトリックによる激情的な破壊をもたらしただけでなく、「理性の寺院」へと転用することも含まれている。街の中心に聳える聖堂は、多くの人数を収容できる公共施設でもあったのであり、パリのノートル＝ダム大聖堂では「理性の祭典」（一七九三年十一月十日）が開催された。

革命期の「ヴァンダル族」批判

革命期のこれらの破壊行為に対しては、聖画像破壊を意味するイコノクラスムではなく、「ヴァンダリスム」[9]という語が使われる。アンリ・グレゴワールによって一七九三年一月十日の報告書で使用されたのが最初である。グレゴワールは革命を支持する立憲派僧侶であり、王政の廃止を訴えた憲法制定議会の議員だった。王権と封建制のしるしの除去について批判することはなかったが、一方で信仰に忠誠を誓った僧侶として、非キリスト教化運動を推し進めた恐怖政治体制には反抗の態度を示した。テルミドールのクーデター（一七九四年七月二十七日）によってロベスピエールが処刑され、恐怖政治が終わった頃、グレゴワールは三回にわたって「ヴァンダリスムによる破壊状況とその阻止の方法に関する報告[10]」を国民公会で訴えた。「事態をおしとどめるため[11]」に生み出された新しい語は「ヴァンダル族」からの派生語であり、「ヴァンダル族」は「ゴート族」と同様に、十八世紀の啓蒙思想家の間で、芸術を理解せず軽視する人、つまり文明に対立する野蛮人を指す言葉であった。

グレゴワールにとって「ヴァンダリスム（文化財破壊）」は、五世紀にローマを略奪した「ヴァンダル族」の行為をまねることにほかならず、それは無知によって引き起こされる蛮行だった。「自由とは教養のある理性から生まれたものであり、無知ほど反革命的なものはない。王権と同じように無知を憎むべき」として、ヴァンダリスムを反革命の行為として糾弾したのである。そして新しく誕生した共和国の文明社会から無分別な破壊者であるヴァンダル族を一刻も早く追放しなければならないと彼は考えた。グレゴワールは「学問を嫌い、技芸〔芸術〕を破壊する野蛮人」と「それらを愛好し保存する自由の人間[12]」を対比させながら、共和国は「学問と技芸〔芸術〕」の保護者であるべきだと主張している。この語の発明とともに破壊状況を詳細に告発したグレゴワールの報告書は、どのような対象をどのような方法で守るべきかを明確に提言し、それまで漠然としていた文化財保護を具体的な問題として示していた。こうして革命期は、書物や古文書、彫刻、絵画、調度品といった学問的・芸術的遺産が図書館や美術館という制度によって保存される仕組みが整えられた時代ともなったのである。

共和政から帝政に移行すると、皇帝ナポレオンは古代ローマ風の記念物を建造し、革命期に荒廃したパリをヨーロッパ随一の近代的な首都にすべく都市整備に取り組んだ。復古王政期に入ると、ブルボン家の国王はかつての威光を取り戻し、アンリ四世（ポン＝ヌフ）、ルイ十三世（ロワイヤル広場）、ルイ十四世（ヴィクトワール広場）の像が再建された[13]。またパリに移設されていた王族の墓碑彫刻が一八一七年にサン＝ドニの王室墓所に戻され、遺骨も元に戻された。ノートル＝ダム大聖堂の諸王のギャラリーも十九世紀半ばに修復されることになる。

2　景観への新たな眼差し

古きパリと新しいパリ

まず、パリという街がアンシアン・レジームから革命期までどのように認識されてきたのかを、簡単に振り返っておきたい。古きパリと新しいパリが区別されるようになる嚆矢は、十七世紀末のガイドブックであると指摘されている[14]。国王によるパリの都市改造事業は、アンリ四世時代のロワイヤル広場（一六〇五年）やポン＝ヌフ（一六〇六年）に始まり、そこには都市空間や都市景観への認識が感じられる。アンリ四世に続くブルボン家の王たちは、パリの美化事業を実行することによって「新しいパリ」を生み出していった[15]。古きパリと新しいパリの二分法は、ルネサンスを区切りにして、それ以前の中世の聖堂や邸宅と、十六世紀から十八世紀の古典主義様式による建物で構成されていた。十八世紀になると、古きパリの中世的な街並みに対する批判が高まり、美化された近代的な都市の整備が望まれるようになる。ルイ＝セバスティアン・メルシエは『十八世紀パリ生活誌』（一七八二―八八年）のなかで暗く狭い小路と不潔な環境を嘆き、「広々として規則正しい[16]」新しい街区と対比させている。啓蒙時代の人々にとって、古きパリは改善すべき都市の負の部分であり、そこには何の見いだすべき価値もなかったのである。

十八世紀における古きパリに対する評価には、もう一つ美学的な問題も存在している。古きパリを構成するのは中世建築だが、当時の人々は軽蔑を込めてそれを「ゴシック」つまり「ゴート人の」建築と呼んでいた。「ゴート人」は前述した「ヴァンダル人」と同様に蛮族と見なされ、ゴシック建築は野蛮人の建築としてさげすまれたのである。こうした見方はルネサンスのイタリアに由来するものであり、ジョルジョ・ヴァザーリは『芸術家列伝』（一五五〇年）のなかで中世建築を混乱と無秩序の建築であるとして非難している。ヴァザーリの解釈を継承し、中世の建築様式を粗野で趣味が悪いものと見なすことを慣習化したのが、十七世紀から十八世紀の古典主義である。古典主義は古代ギリシャ・ローマの美術に理想を見いだし、それを絶対的な規範としたのであり、中世の様式はその対極にあると考えられた。革命期の非キリスト教化運動の高まりのなかで、反宗教の激情が聖堂を襲撃したが、パリの聖堂の多くがゴシック様式で建てられたものだった。

古きパリの街並みと中世建築に対する十八世紀の否定的な見方が、革命期の破壊の直接的な理由にはならないまでも、その破壊行為を後押しするものだったと考えることはできる。そもそも価値が低いとされる対象の破壊について、声高に非難する必要はない。グレゴワールは報告書で破壊行為の調査結果をリストとして公表したが、「ゴシック建築に取り掛かるには遅すぎた[17]」と後悔の念を漏らしている。中世建築の存在を忘れてはいなかったものの、保護を求めた「学問と技芸の対象」のなかに入れるには、優先順位が低かったのである。革命後のナポレオンによる古代ローマをモデルとした都市整備事業は、新しいパリを作る計画にほかならない。古きパリの価値を見直すには、さらに新しい眼差しが必要とされていた。

「ピトレスク」の美学

革命後に信仰回復の機運が訪れる。ナポレオンが一八〇一年にカトリック教会と和解する協約を結び、〇二年にシャトーブリアンの『キリスト教精髄』がキリスト教の信仰をたたえ、教会への行き過ぎた暴力への反省を促した。廃墟と化したゴシック大聖堂をガリアの森になぞらえ、視覚や聴覚を刺激する聖堂の魅力を描き出したその文章は、革命の動乱で荒んだ人々の心に安らぎを与え、信仰への揺り戻しに貢献した。確かにシャトーブリアンはゴシック大聖堂を古典主義とは異なる眼差しで捉え、新しい美意識の到来を感じさせたが、フランスで中世ゴシック建築、そしてその建築を中心に形成された中世の街並みの魅力が再発見されるには、復古王政期まで待たなければならない。そのきっかけになるのは、『いにしえのフランスをめぐるピトレスクでロマンティックな旅』シリーズ（一八二〇年）の刊行と、二五年のランス大聖堂でのシャルル十世の聖別式である。

シャルル・ノディエ、ジュスタン・テロール、アルフォンス・ド・カイユーによる『いにしえのフランスをめぐるピトレスクでロマンティックな旅』は、テクストとイメージによってフランスの歴史をたどる内容で、九つの地方を取り上げた、全二十三巻の壮大な出版物である。[18]掲載されたイメージは十九世紀初頭の最新技術であったリトグラフによって制作された。「フランスのリトグラフによる最も重要な初期作品の一つ」[19]として知られ、全巻で三千枚以上のリトグラフによる豊富なイメージがそれまでの書物にはない新しさを人々に提供した。このシリーズはテロールの監修のもと、作家、素描家、版画家、石版印刷工の協力によって、一八二〇年から七八年まで、政変による中断を挟みながらも約半世紀という期間にわたって刊行された。テロールは最終巻を見届けてその翌年に死去している。読者はリトグラフを通して「ピトレスク」な風景を眺めながらいにしえのフランスを旅する。この美学的用語で形容される風景とは、街や自然のなかにたたずむ古い建築物の風景であり、そこには廃墟も含まれていた。

「ピトレスク」について、スタンダールは一八三八年に「乗合馬車や汽船と同じように、イギリスに由来するものである」[20]と説明している。これは十八世紀イギリスで提唱された美学上の概念「ピクチャレスク」を指し、一般的には「絵のような」という意味で、とりわけ風景に対して用いられる。ピクチャレスクはもともと造園術を論じるための概念だったが、ウィリアム・ギルピンによって風景を捉える新しい眼差しを提起する言葉となり、旅という文化領域のなかで独自の概念が形成されていった。ギルピンは一七七〇年から七六年にかけてピクチャレスクな風景を求めてイングランド北西部やウェールズの辺境を旅行し、自らのスケッチ画と合わせて観察記録を執筆した。スタンダールがいう「ピトレスク」は、ギルピンが旅での感覚的な経験に基づいて考察を重ねるなかで成立に至った一つの美的範疇である。[21]彼の旅行記録はガイドとして読まれ、イギリスでピクチャレスク・ツアーが流行する。ギルピンが定義するピクチャレスクは、変化に富んだ多様性であり、明暗のコントラストやジグザグの線による荒々しさを伴う。ゴシック建築の廃墟や粗削りな岩はピクチャレスクの風景には欠かせない要素だった。

このピクチャレスクがフランスではどのように展開したのか。[22]一七四九年に出版されたデザリエ・ダルジャンヴィルの『パリのピクトレスクな旅』は美術品めぐりの本であり、同じ著者による『パリ近郊のピトレスクな旅』（一七五五年）では城館や庭園が取り上げられていた。フランス語として存在した「ピクトレスク」や「ピトレスク」は、十八世紀中頃には、まだ風景を形容する語ではなかった。八四年から『フランスのピトレスクな旅』（全八巻、一七八四―一八〇二年）[23]という名のもとで刊行された地方案内書シリーズでは、多くの挿絵に中世建築が登場したが、ピトレスクな風景と建築は別々に描かれていた。このシリーズの成功をきっかけに、十八世紀末には「ピトレスクな旅」と題した出版物が増えたものの、その美学の受容は完全なものではなかった。イギリス由来の新しい眼差しのあり方を示す「ピトレスク」がフランスの旅の文化に定着するのは、革命期や帝政期の国土調査を目的とした地誌においてである。それは十八世紀の百科全書的な精神によって着想された企画であると同時に、当時の中央政府が統治のための資料として必要とした各県の記述でもあった。こうした国土を把握するための記述集のなかでピトレスクな旅が展開されたのであり、それはノディエとテロールの旅を予告するものだった。

ノディエは「いにしえのノルマンディー」の巻（一八二〇年）の序文のなかで、「我々は博識家としてではなく、興味深い外観に好奇心を抱き、高貴な思い出を熱心に求める旅行者としてフランスを渡り歩く」と述べているように、十八世紀的な博覧の旅ではなく、ピトレスクな旅をロマン主義の精神風土のなかで発展させていった。この本の旅行者は「メランコリックな傾向の思考と、父祖の詩的な風俗や技芸に対する好みを知らず知らずのうちに」抱きながら、「古い建物や過ぎ去った世代との間で退廃と不幸の感情を共有し、時の経過によって消えてしまう束の間の絵のような眺めを楽しみたい」と思っている。さらにノディエはこういう。「したがってこの旅は発見の旅ではなく、印象の旅である。（略）我々は歴史の痕跡の上を歩くのではない。我々の感動にはたらきかけ

図4　アレクサンドル＝エヴァリスト・フラゴナール『サン＝ピエール教会堂の廃墟、ジュミエージュ大修道院』リトグラフ。廃墟の細部を観察する画家の姿が描かれている
（出典：*Voyages pittoresques et romantiques dans l'ancienne France*, 1820, Ancienne Normandie, t. I, planche n° 11 et 12.）

てくれるようにその痕跡に呼びかけるのである」[24]。つまり、目的はもはや国土を認識することではなく、観者の眼差しの存在が前面に押し出され、観者とピトレスクな風景の内面的な対話が提示されている（図4）。スタンダールが「イギリス人にとって美しい風景は誠実な感情の対象である」と指摘したように、ノディエとテロールは廃墟をめぐりながら感情が豊かにあふれる旅を描き出そうとしている。ここに「ロマンティックな」という形容詞が付される十九世紀前半の旅の特徴がある（図5）。

図5　ルイ・ダゲール『ジュミエージュ大修道院の廃墟、北側から』リトグラフ。雲間から差し込む光が建物の一部を照らし、修道院の廃墟が神々しくみえる
（出典：*Voyages pittoresques et romantiques dans l'ancienne France,* 1820, Ancienne Normandie, t. I, planche n° 11 et 12.）

考古学の目覚め

それから五年後の「フランシュ＝コンテ」の巻（一八二五年）のなかでは、ノディエの序文に変化が見られる。「印象の旅」は「中世フランスの大研究」へ、感情豊かな歩みは「古物収集家と歴史家の道筋」[25]へと、知の欲求が拡大している。その背景にあったのは、ノルマンディーにおける考古学の芽生えであった。「我々がノルマンディーから旅を開始したのは意図があってのことである。この地方は中世建築に関するきわめて新しい理論を発展させる機会を与えてくれた。その記念建造物の豊かさたるは、当時その問題に唯一取り組んでいたイギリス人が、我が国の古物全体にまで領域を広げるほどだった」と説明するように、ひと足早く古い建築や美術品への学問的関心の高まりを経験したイギリス人が、ノルマンディーに新しい理論である考古学をもたらしたのだった。のちにフランス考古学学会（一八三四年）を立ち上げるアルシス・ド・コーモンが、ノルマンディーに古物研究家協会を設立したのは一八二四年のことである。

考古学者の協力によって、このシリーズには建造物に関する正確で詳細な説明や、建築様式に関する考察が増えていく。(26) さらにノディエは「第一巻ではっきりと伝えるべき重要なことは、ルネサンスの輝かしい時代が忘れさせてしまった、不当な軽蔑にさらされすぎたように思われる中世の芸術に関する理論であった。（略）ノルマンディーの廃墟の記述のなかで、ゴシックという名で軽蔑され、野蛮の世紀と結び付けられた記念建造物が、粗野でも野蛮でもないことがわかった(27)」と明言している。中世建築の再評価がこの大型出版物が担う一つの使命となったのだった。

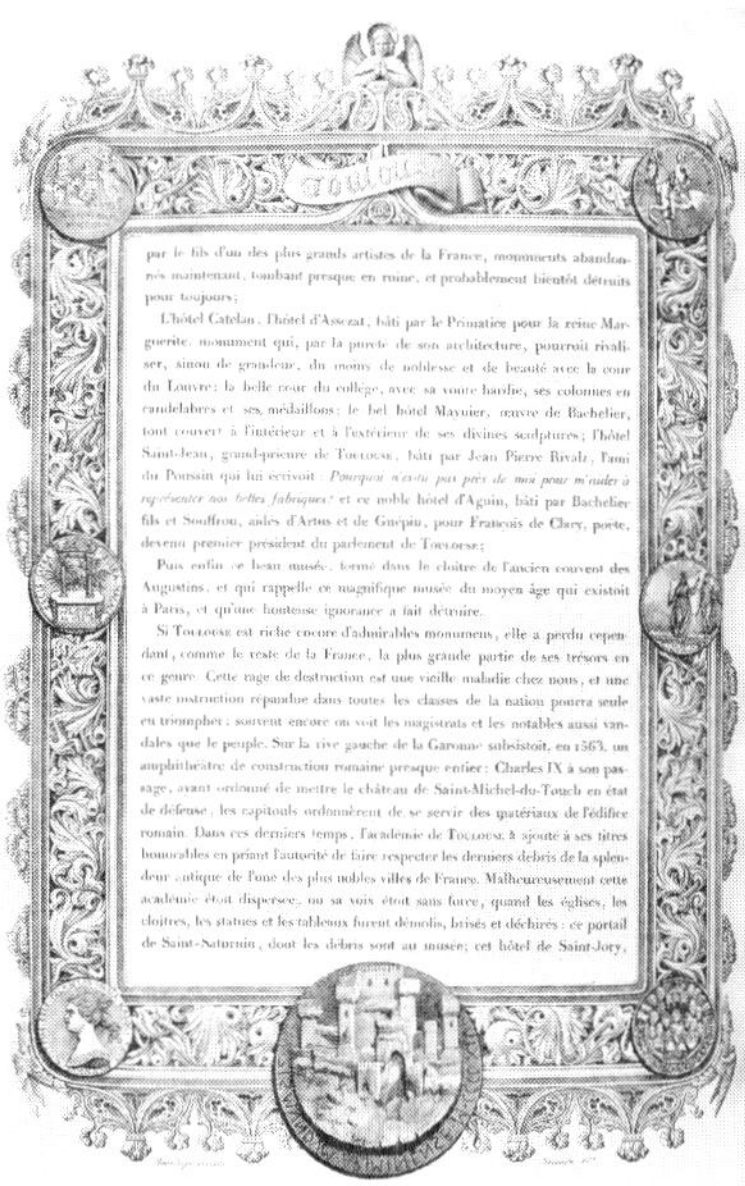
par le fils d'un des plus grands artistes de la France, monuments abandonnés maintenant, tombant presque en ruine, et probablement bientôt détruits pour toujours;

L'hôtel Catelan, l'hôtel d'Assezat, bâti par le Primatice pour la reine Marguerite, monument qui, par la pureté de son architecture, pourroit rivaliser, sinon de grandeur, du moins de noblesse et de beauté avec la cour du Louvre; la belle cour du collége, avec sa voûte hardie, ses colonnes en candelabres et ses médaillons; le bel hôtel Mayuier, œuvre de Bachelier, tout couvert à l'intérieur et à l'extérieur de ses divines sculptures; l'hôtel Saint-Jean, grand-prieuré de Toulouse, bâti par Jean Pierre Rivalz, l'ami du Poussin qui lui écrivoit : *Pourquoi n'es-tu pas près de moi pour m'aider à représenter nos belles fabriques?* et ce noble hôtel d'Aguin, bâti par Bachelier fils et Souffron, aidés d'Artus et de Guépin, pour François de Clary, poète, devenu premier président du parlement de Toulouse;

Puis enfin ce beau musée, formé dans le cloître de l'ancien couvent des Augustins, et qui rappelle ce magnifique musée du moyen âge qui existoit à Paris, et qu'une honteuse ignorance a fait détruire.

Si Toulouse est riche encore d'admirables monumens, elle a perdu cependant, comme le reste de la France, la plus grande partie de ses trésors en ce genre. Cette rage de destruction est une vieille maladie chez nous, et une vaste instruction répandue dans toutes les classes de la nation pourra seule en triompher : souvent encore on voit les magistrats et les notables aussi vandales que le peuple. Sur la rive gauche de la Garonne subsistoit, en 1563, un amphithéâtre de construction romaine presque entier : Charles IX à son passage, ayant ordonné de mettre le château de Saint-Michel-du-Touch en état de défense, les capitouls ordonnèrent de se servir des matériaux de l'édifice romain. Dans ces derniers temps, l'académie de Toulouse a ajouté à ses titres honorables en prénant l'autorité de faire respecter les derniers débris de la splendeur antique de l'une des plus nobles villes de France. Malheureusement cette académie étoit dispersée, ou sa voix étoit sans force, quand les églises, les cloîtres, les statues et les tableaux furent démolis, brisés et déchirés : ce portail de Saint-Saturnin, dont les débris sont au musée; cet hôtel de Saint-Jory,

図6　『ラングドック』第1巻から引用した文章はこのような豪華な装飾枠のなかに収められている。飾り枠は『ラングドッグ』（1833―37年）と『ピカルディー』（1835―45年）の巻で採用された
（出典：*Voyages pittoresques et romantiques dans l'ancienne France*, 1833, Languedoc, t. I, p. 106.）

中世建築の再評価とともに、古きフランスの遺産の保護を訴えることも、ノディエやテロールの意識のなかにあった。初期の巻に関わったノディエが芸術家の眼差しで感情の領域を広げることを呼びかけたのに対し、テロールは考古学の探求を通して学問的視点からの評価を訴えた。テロールはまた保存と修復のために闘う意欲を見せ、「破壊の怒りは我

が国の古い病であり、国民のあらゆる階層に幅広く教育を浸透させることだけがそれに打ち勝てるのだ[28]」（図6）とこのシリーズの役割を示している。「四十年の間、著作を完成させるために仕事と闘いの日々であった。その第一巻は中世の古物やフランスの国民的古物の荒廃を食い止めることに大いに貢献した。（略）これらの荒廃を阻止しなければならない。これらの廃墟を維持しなければならない。なぜなら我らの父祖の栄えある過去の遺物は尊敬に値するからだ[29]」

僧侶で政治家であったグレゴワールと比べると、彼らのヴァンダリスム批判は、美学的・感情的・学問的である。フランス革命は王政や封建制、カトリック教会といった過去との断絶を試みた。そうした過去と新たな関係を結ぶために、ノディエとテロールが示したのが「ピトレスクでロマンティックな」眼差しである。街や自然の風景のなかに、人々の日常生活のなかに描かれた中世建築は、かつての王権や宗教権力を象徴するものから変化し、歴史的かつ芸術的な価値を持つ国民遺産として見いだされていく。この新しい眼差しをより多くの人々と共有し、ヴァンダリスムの病をフランスから根絶するために執筆されたのが、ヴィクトル・ユゴーの『ノートル＝ダム・ド・パリ』（一八三一年）である。

3 「古きパリ」の誕生へ

ユゴーによる再発見

一八二五年五月二十九日、ランス大聖堂でシャルル十世の聖別式が執り行われた。これは君主政の伝統に従った行為であり、サン＝ドニ大修道院が王家の埋葬場所であるなら、ランス大聖堂は王権神授説に基づく儀式の場所だった。シャルル十世の聖別式は政治的には王権と教会の結び付きを印象づける一方で、文化的には古くからの儀式の復活によって中世風趣味の一時的なブームを引き起こし、中世の再発見の契機となったことが指摘されている。[30]聖別式の様子はデッサンや版画を通して伝えられ（図7）、参列者のなかにはシャトーブリアン、アル

図7　ジャン＝シャルル・ドゥヴェリ『ランスでのシャルル10世の戴冠』皿下絵。ランス大聖堂の内部装飾は、ケルン出身で古代ギリシャが専門の建築家ジャック・イニャス・イトルフによるもので、中世芸術に通じた建築家の仕事ではなかった
（出典：*Cathédrales : 1789-1914, un mythe moderne,* sous la direction de Sylvain Amic et Ségolène Le Men, Paris/Rouen, Somogy/Musées de Rouen, 2014, p. 144.）

フォンス・ド・ラマルティーヌ、ユゴーといったロマン主義を代表する作家たちがいた。ユゴーとともにノディエとカイユーも参列しており、『ピトレスクでロマンティックな旅』の「いにしえのノルマンディー」第二巻（一八二五年）が王に献呈された。

ただしユゴーが一八三一年に上梓した歴史小説の舞台に選んだのは、パリのノートル＝ダム大聖堂である。ここでは、大聖堂は権力の象徴ではなく、民衆の建築として描き出されている。『ピトレスクでロマンティックな旅』に代表される新しい眼差しと中世考古学の登場が中世建築の再評価の流れを作ったとはいえ、ユゴーが小説のなかで描き出した国民的な大聖堂のイメージは、ヴァンダリスムとの闘いにとってこれまでにない強力な武器となった。一四八二年のパリを舞台に物語は進むが、ユゴーが話の本筋とは別に大聖堂について書いた二つの章「ノートル＝ダム・ド・パリ」と「これかれを滅ぼさん」がある。「ノートル＝ダム・ド・パリ」の章で、中世建築様式の貴重な歴史的価値を持つノートル＝ダムが、三つの破壊の力（時、革命、流行）によって脅かされてき

図8　ニコラ・シャピュイ『ノートル＝ダム、南側からのデッサン』リトグラフ。古きパリの街と人々の生活を前景に、大聖堂を後景にしたピトレスクな眺め
（出　典：*Cathédrales françaises, Vues pittoresques de la cathédrale de Paris, et détails remarquables de ce monument*, dessinés d'après nature et lithographiés par Chapuy, avec un texte historique et descriptif par F.-T. de Jolimont, Paris, Leblanc, 1823, planche n° 6.）

たことが明らかにされるが、その後に続く「パリ鳥瞰」の章では、中世建築をめぐる前章の議論を引き継ぎながら、対象がパリの街へと移る。

ユゴーは、十五世紀パリという都市を構成していた三つの街——大聖堂のあるシテ島、ソルボンヌのある大学街、宮殿の市街区——をそれぞれ解説した後、「一四八二年に存在した鳥がノートル＝ダムの塔の高みから見ていたパリの光景[31]」を描き出す。「当時のパリはただ美しい街というだけではなかった。パリは混じりものがないまとまった街だった。中世の建築と歴史から生まれた石の年代記」のような街であったと紹介し、ルネサンス以

図9　チュルパン・ド・クリセ『ノートル＝ダムの塔と司教座都市病院の庭』リトグラフ。革命期に破壊されたところは樹木で隠されている
（出　典：Lancelot Théodore Turpin de Crissé, *Souvenirs du vieux Paris, exemples d'architecture de temps et de styles divers*, Paris, Veith et Hauser, 2e édition, 1836, planche nº 10 et 12.）

降の都市の変貌を説明したうえで、「現在のパリは数世紀にわたるさまざまな建築見本を集めたような街であり、最も美しい建築はなくなってしまった」と語る。さらに読者に向けて「古きパリ」を想像によって再現し、今日のパリと比較してどちらが優れているか考えてほしいと呼びかけている。ユゴーは「新しいパリ」に建てられた十七、十八世紀の建築を頭ごなしに否定するわけではないが、明らかに「古きパリ」のほうに高い評価を与え、

図10　チュルパン・ド・クリセ『サン＝ピエール＝オ＝ブフ教会堂の扉口』リトグラフ。この教会堂は革命後に樽職人に売却され、店舗となった。1837年の道路整備のために破壊されたが、この扉口は保存され、サン＝セヴラン教会堂の扉口として活用された。聖堂入り口付近の左側に樽が描かれている
（出　典：Lancelot Théodore Turpin de Crissé, *Souvenirs du vieux Paris, exemples d'architecture de temps et de styles divers*, Paris, Veith et Hauser, 2e édition, 1836, planche n° 10 et 12.）

「古きパリ」と「新しいパリ」の価値を逆転させているのである。塔の高みからユゴーの眼が捉えるのは、パリの街のピトレスクな景観である。街のなかにたたずむ建築だけではなく、通りが描き出す植物のような模様や、大海の波に例えられる家々の屋根、日光や大気の影響を受けた色彩の趣など、複雑で変化に富んだ街の様相が語られている。

一八三〇年代以降のパリの表象

ユゴーが示した価値転換は、パリをめぐる表象に影響を与えた。[32]「古きパリ」だけを取り上げた図版集が登場し、イメージの一つの主題として成立していく。『ピトレスクでロマンティックな旅』にはパリを取り上げた巻はない。このシリーズに素描家として参加したニコラ・シャピュイは、ノディエとテロールに協力する以前、ピトレスクな眺めに正確な地形と建築描写を融合させた『フランスの大聖堂』（一八二一―三一年[33]）と題する挿絵入り本シリーズを制作していた。第一巻は「パリ」（一八二三年）であり、いくつかの角度から捉えられたノートル＝ダム大聖堂の外観、内部、建築の細部のリトグラフが収録されている（図8）。しかしここでは「古きパリ」そのものはまだ主題化されていない。

『ピトレスクでロマンティックな旅』と同じ眼差しによって初めて「古きパリ」を描き出したのは、チュルパン・ド・クリセのデッサンによる『古きパリの思い出』（一八三三―三五年[34]）であった。ここでは一八三〇年代のパリに残る古代ローマ時代の共同浴場の廃墟から十七世紀までの建築が収められ、「古きパリ」の景観をこうした建物ごとに解説とリトグラフで楽しむことができた（図9・10）。さらに三〇年代に出版されたもう一つの代表的な出版物が、フランソワ＝アレクサンドル・ペルノのデッサンによる『古きパリ』（一八三八―三九年[35]）で、副題が示すように、「首都にもはや存在しない記念建造物を再現」したリトグラフ集である。十六世紀以降に再建あるいは変更を加えられた建造物は元の状態で描かれていて、例えばルーヴル宮はシャルル五世時代のもので、サン＝トゥスターシュ教会堂の西正面は十八世紀に修復される以前の姿である。「古きパリ」という共通のテーマがありながら、この二冊の図版集のアプローチは異なっていて、チュルパン・ド・クリセは近代都市のなかにかつての痕跡を求めるのに対し、ペルノはかつての完全な姿を、しかも当時の街並みのなかに復元することを試みている。前者は革命のヴァンダリスムを乗り越えた後の「古きパリ」への郷愁であり、後者はヴァンダリスムによって失われた「古きパリ」への憧憬であった。

一八三〇年代の「古きパリ」の文学および美術上の再発見は、その保存の問題へとつながっていく。三五年に公教育省のなかに設置された「芸術・記念物歴史委員会」は、フランス史に関する未発表資料の刊行事業を手掛けていた。設立当初から、「首都の記念建造物を知らしめることを目的とした出版物の計画」があり、建築家アルベール・ルノワール[36]を中心に「フランスの首都の往時の状態で残っている痕跡を未来のために保存することを目的とした資料集[37]」の制作がおこなわれてきた。その『パリの記念建造物資料集』（全三巻、一八六七年）は四〇年から配本が始まり、六七年の完成まで約三十年の歳月を要した。公的な出版物の性格上、ピトレスクな風景を楽しむ図版集ではなく、考古学の知見に基づく学問的な資料集である。その内容も幅広く、すべての時代を取り上げているなかで中世建築が最も多く、ルノワールはとりわけ古い聖堂について作業を急がなければならない状況を理解していた。デッサンの多くは、パリの近代化が急速に進む時代にあって、取り壊される前に描かれたものである。消えゆく「古きパリ」の記憶を時間との闘いのなか記録したのが、この資料集だった。

おわりに

革命期のヴァンダリスムによるカトリック教会への攻撃は数年間にすぎなかったが、その暴力は古い宗教建築への否定的な見方を決定づけることになった。中世の聖堂を反啓蒙の象徴と見なす革命のイデオロギーは根深いものであり、十九世紀を通じて教会への反発が起こるたびに聖堂は破壊の脅威にさらされ続けることになる。そして古い建築が直面することになるもう一つの破壊の脅威が、都市の近代化である。一八三〇年からの七月王政期にすでに始まっていた都市整備事業は、ナポレオン三世の登場によってさらに加速化した。それは建物だけでなく古い街並みを消滅させ、とりわけパリという都市の文化財に危機的な状況をもたらした。

そのなかで誕生したのが、「古きパリ」の概念である。復古王政期に刊行が始まった『ピトレスクでロマンティックな旅』による眼差しのレッスンが、古い街の景観に対する評価を変えていく。さらに考古学という新しい学問の影響を受けながら、一八三〇年以降の文学や図版集を通して「古きパリ」は再評価され、一つの主題として成立する。三〇年代の図版集が、古い建物と景観を現状のまま維持するのか（チュルパン・ド・クリセ）、失われた元の状態を再現するのか（ペルノ）という二つの視点を示していたのは興味深い。これは十九世紀の修復・保存の議論に関わる問題である。そして近代化が進展すればするほど、「古きパリ」のイメージは増幅されていき、そこで形成された概念は喪失感とともに保存の意識を目覚めさせたのである。しかし、ルノワールのパリ資料集が完成する間に、オスマン県知事によるパリの大改造が本格的に始まる。記録できるものはいまのうちに記録しなければならないという焦りが、十九世紀の図版集の企画者たちにはあったにちがいない。その思いが十九世紀後半の保護活動として結実することになる(38)。

革命期のカタストロフィー後のパリを再生させる方法として、一つは近代化があった。しかしもう一つの「古きパリ」という概念も忘れてはならない。古きパリと新しいパリ、この二つの共存によって今日のパリがある。

注

(1)ボードレール「白鳥」『悪の華』(第二版)、一八六一年、『ボードレール全集』第一巻、阿部良雄訳、筑摩書房、一九八三年、一六五ページ

(2)「古きパリ」の誕生については次の文献を参照。Ruth Fiori, *L'invention du vieux Paris : naissance d'une conscience patrimoniale dans la capitale,* Wavre, Mardaga, 2012.

(3)革命期の破壊については次の文献および論文を参照。フランソワ・フュレ、モナ・オズーフ編著『フランス革命事典』第二巻、河野健二/阪上孝/富永茂樹監訳、みすず書房、一九九五年、八五〇―八六二ページ。Louis Réau, *Histoire du vandalisme : les monuments détruits de l'art français* [1958], édition augmentée par Michel Fleury et Guy-Michel Leproux, Paris, Robert Laffont, « Bouquins », 1994 ; Daniel Hermant, « Destructions et vandalisme pendant la Révolution française », *Annales. Économies, Sociétés, Civilisations,* 33e année, n° 4, 1978, pp. 703-719 ; Pierre Marot, « L'abbé Grégoire et le vandalisme révolutionnaire », *Revue de l'art,* n° 49, 1980, pp. 5-32 ; Gabriele Sprigath, « Sur le vandalisme révolutionnaire (1792-1794) », *Annales historiques de la Révolution française,* n° 242, 1980, pp. 510-535 ; Serge Bianchi, « "Le vandalisme révolutionnaire" ou la naissance d'un mythe », *La légende de la Révolution,* actes du colloque international de Clermont-Ferrand (juin 1986), recueillis et présentés par Christian Croisille et Jean Ehrard, avec la collaboration de Marie-Claude Chemin, Clermont-Ferrand, Adosa, 1988, pp. 189-199.

(4)*Archives parlementaires de 1787 à 1860,* série 1, t. XLVIII, Paris, 1896, pp. 115-116.

(5)一七九二年八月の王権停止に続き、九三年七月には「封建的諸権利完全廃止」が決議された。

(6)サン=ドニの破壊は、一七九三年八月、十月、翌年一月におこなわれた。その間に、アレクサンドル・ルノワールがいくつかの王家の墓碑彫刻を保護し、自らが管理人を務めるパリの旧プティ=ゾーギュスタン修道院の保管所に移送した。保管所は九五年に「フランス記念物美術館」として開館し、収集品が展示された。一八一六年の閉館後、王家の墓碑彫刻はサン=ドニに戻された。

（7）*Moniteur universel*, nº 221, vendredi 9 août 1793, p. 340.

（8）革命期のパリでの王の彫像の破壊については、次の論文を参照。矢野陽子「フランス革命期のヴァンダリズム――国王像の破壊を中心に」「西洋美術研究」第六号、三元社、二〇〇一年、七七―九三ページ

（9）イコノクラスムとヴァンダリスムの違いについて、ダリオ・ガンボーニは次のように説明している。イコノクラスムは、ビザンティン帝国のイコン論争のなかで、聖画像の宗教的利用の忌避による破壊に由来する。したがって、破壊の目的があり理論を伴っているため、中立（あるいはむしろ是認）の立場で使用される言葉である。それに対し、ヴァンダリスムは根拠のない野蛮な行為を表し、無知、無分別、粗野、愚行を非難する言葉である（Dario Gamboni, *The Destruction of Art, Iconoclasm and Vandalism since the French Revolution*, London, Reaktion Books, 1997, pp. 17-20.）。

（10）一七九四年八月二十九日、十月二十四日、十二月八日の三回の報告では、破壊行為の告発と行政の管理責任が指摘されている。グレゴワールは国民にも保護と告発の協力を求めた。

（11）*Mémoire de Grégoire*, ancien évêque de Blois, Paris, Ambroise Dupont, 1837, p. 346.

（12）Henri Grégoire, *Rapport sur les destructions opérées par le vandalisme, et sur les moyens de le réprimer*, séance du 14 fructidor, l'an second de la République une et indivisible, Paris, Impr. nationale, 1794, p. 17.

（13）ヴァンドーム広場にはナポレオン時代に円柱が建設され、コンコルド広場（旧ルイ十五世広場）にはエジプトから贈られたオベリスクが設置された。

（14）Fiori, *op. cit.*, pp. 51-52.

（15）三宅理一『パリのグランド・デザイン――ルイ十四世が創った世界都市』（中公新書）、中央公論新社、二〇一〇年

（16）Louis Sébastien Mercier, *Tableau de Paris*, t. II, 1783, chapitre CLXXXVII, p. 455.

（17）Marot, art. cit. p. 39.

（18）著者に名を連ねるカイユーの実質的貢献は薄く、むしろ出版の後見人のような立場だった。十九世紀の記念碑的な出版物については次の文献を参照。*Voyages pittoresques : Normandie, 1820-2009*, dirigé par Lucie Goujard, Milano,

Silvana, 2009 ; *La fabrique du romantisme : Charles Nodier et les Voyages pittoresques*, Paris, Musée de la vie romantique, 2014.

(19) Ségolène Le Men, « Les *Voyages pittoresques et romantiques dans l'ancienne France* de Taylor et Nodier : un monuments papier », *Voyages pittoresques : Normandie, 1820-2009, op. cit.*, p. 39.

(20) Stendhal, *Mémoires d'un touriste* [1838], Paris, Le Divan, 1929, t. I, p. 132.

(21) 十八世紀後半の美的範疇としてはまず「美」と「崇高」があり、それらとの関係性において「ピクチャレスク」が論じられた（鈴木杜幾子「ピクチャレスク」『世界大百科事典』第二十三巻、改定新版、平凡社、二〇一一年、三九七―三九八ページ）。

(22) フランスにおける「ピトレスク」の展開については次の文献を参照。Jean Adhémar, *La France romantique : les lithographies de paysage au XIXᵉ siècle* [1937], Paris, Somogy, 1997, pp. 18-22 ; Odile Parsis-Barubé, « "La fabrique du pittoresque" des Lumières au Romantisme », *Voyages pittoresques : Normandie, 1820-2009, op. cit.*, pp. 27-37.

(23) このシリーズ本は、一七八一―八四年に出版されたジャン＝バンジャマン・ド・ラ・ボルドによる『フランス全土および各地方記述集』（全四巻）という挿絵付き本の企画を、名前を変えた形で引き継いだものである。

(24) Charles Nodier, Justin Taylor et Alphonse de Cailleux, *Voyages pittoresques et romantiques dans l'ancienne France*, Paris, Impri. de P. Didot l'aîne, 1820, Ancienne Normandie, t. I, Introduction, pp. 4-5.

(25) Nodier, Taylor et Cailleux, *Voyages pittoresques et romantiques dans l'ancienne France*, Paris, Impri. de P. Didot l'aîne, 1825, Franche-Comté, t. I, Introduction, p. 1.

(26)「ノルマンディー古物研究家協会」の設立メンバーだったオーギュスト・ル・プレヴォが、ノディエとテロールに協力していた。（Le Men, art. cit., p. 45.）

(27) *Voyages pittoresques, op. cit.*, 1825, Franche-Comté, t. I, Introduction, pp.4-5.

(28) Nodier, Taylor et Cailleux, *Voyages pittoresques et romantiques dans l'ancienne France*, Paris, Impri. de Firmin Didot frères, 1833, Languedoc, t. I, p. 106.

(29) Taylor, *Voyages pittoresques et romantiques dans l'ancienne France*, Paris, Impri. de Firmin Didot frères, 1857, Champagne, t. I, Introduction, pp. I et III.

(30) *Cathédrales : 1789-1914, un mythe moderne*, sous la direction de Sylvain Amic et Ségolène Le Men, Paris/Rouen, Somogy/Musées de Rouen, 2014, pp. 137-140.

(31) この段落の『ノートル゠ダム・ド・パリ』からの引用は以下のとおり。Victor Hugo, *Notre-Dame de Paris*, chronologie et préface par Léon Cellier, Paris, Garnier-Flammarion, 1967, pp. 155 et 157.

(32) 一八三〇年代の二冊の図版集については次を参照した。Fiori, *op. cit.*, pp. 59-67.

(33) Nicolas Chapuy, *Cathédrales françaises*, dessinées d'après nature et lithographiées par Chapuy, avec un texte historique et descriptif par F.-T. de Jolimont, Paris, 1823-1831.（*Vues pittoresques de la cathédrale de Paris*, 1823）シャピュイは建築家の見本になるようなデッサンを目指していた。

(34) Lancelot Théodore Turpin de Crissé, *Souvenirs du vieux Paris*, dédiés à S. A. R. Monseigneur le duc de Bordeaux, dix huit sujets dessinés d'après nature et lithographiés, 1833-1835.

(35) François-Alexandre Pernot, *Le Vieux Paris, reproduction de monuments qui n'existent plus dans la capitale*, Paris, Jeanne et Dero-Becker, 1838-1839.

(36) ルノワールと資料集については次を参照。Annabelle Marin, « Albert Lenoir », *Dictionnaire critique des historiens de l'art*, INHA, publications numériques, 2010.

(37) Albert Lenoir, *Statistique monumentale de Paris*, Paris, Impri. Impériale, « Collection de documents inédits sur l'histoire de France. 3e série, Archéologie », 1867, t. I, introduction, pp. I et III.

(38) 19世紀末から20世紀にかけての「古きパリ」の保全については、次の詳しい文献がある。江口久美『パリの歴史的建造物保全』中央公論美術出版、二〇一五年

第4章 カタストロフィーを生き抜く——『風と共に去りぬ』スカーレットとアトランタ

山口ヨシ子

1 スカーレットはアトランタと同い年

『風と共に去りぬ』[1]（一九三六年）では、舞台となっているアメリカ南部の都市ジョージア州アトランタの盛衰が、主人公スカーレット・オハラの人生の浮沈と並行して描かれている。この作品は、南北戦争が始まる一八六一年から、南部人にとっては「戦争よりさらにひどい」という「再建期」が終わりつつある七三年までを扱っているが、作者のマーガレット・ミッチェル（一九〇〇—四九）は、自らが生まれ育ったアトランタの過去の歴史をスカーレットの運命に投影させている。「アトランタと同い年だ」と父親ジェラルドに言われながら育ったスカーレットは、南北戦争とそれに続く時代を、文字どおり、アトランタとともに生き抜くことになる。

ミッチェルは、『風と共に去りぬ』出版直後に寄稿した雑誌記事で自らの作品について語り、「この作品に主題があるとすれば、それはサバイバルだ[2]」と述べている。一九三六年九月、全国誌「ウィルソン・ブリティン」に発表されたこの記事は、ミッチェル自身が作品について記した数少ない資料の一つだが、そのなかで彼女は、「カタストロフィーを生き抜く」人間とそれに屈してしまう人間との差が何にあるかを問い、その差を「進取の気性」(gumption)[3]に求めている。スカーレットは、サバイバルへの強い意志とガッツ、貪欲な生命力とをもって、南北戦争の敗北によってもたらされた「カタストロフィーを生き抜き」、アトランタは、その住民の「エネルギー、勤勉さ、進取の気性」[4]などによって戦後飛躍的な進歩を遂げる。スカーレットはアトランタ陥落の夜に故郷のタラ農場に逃れるが、戦後舞い戻ってビジネス・ウーマンとして生き残りをはかる。そしてアトランタは、北軍の侵攻で廃墟と化したにもかかわらず、敗戦から五年後の一八七〇年には、人口が十年前の二倍に増え、「あらゆる商品と商人であふれる」ジョージア州の首都として「前進」を続けている。[5]

本章では、ミッチェルがアトランタの歴史をどのようにヒロインに投影して描いたかを明らかにしていく。アトランタとその近郊で南北戦争の敗北によるカタストロフィーを経験したスカーレットの、戦中・戦後の奮闘と、その奮闘に分かちがたく表れている人種問題を取り上げる。アトランタ近郊の、百人以上の奴隷を有する大農園の娘であるスカーレットが、再建期のアトランタで、「征服者」としての北部人や、戦後自由になったアフリカ系アメリカ人[6]にどのように対応してサバイバルに挑んだかを考えたい。

2　鉄道から生まれ、鉄道とともに発達した町

アトランタはスカーレットと同い年である、という父親ジェラルドの発言は、娘が生まれた一八四五年に同地がアトランタと改名されたという事実に基づいている。それ以前の九年間、アトランタは、ターミナス(終着地)やマーサスヴィル(マーサの町)と呼ばれていた。当初ターミナスと呼ばれていたのは、同地をテネシー州

図1　マーサ・ラプキンズ
（出　典：Atlanta History Center, *Women in Atlanta,* Arcardia, 2007, p.16.）

チャタヌガ始発のウェスタン・アトランティック鉄道の南の終着地にすることを予定してのことだった[7]。四三年から四五年まで使われていたマーサスヴィルという旧名は、鉄道開発に熱心だった前ジョージア州知事ウィルソン・ラプキンズの娘マーサ（図1）にちなんで名付けられたものである。マーサスヴィルからアトランタへの変更は、小さな町から大きな都市へ発展することを見込んでいたゆえであったことはいうまでもない。

　アトランタが発展した大きな理由は、何よりも、この町が鉄道の重要基点となったためである。ジョージア鉄道の主任技師ジョン・エドガー・トムソン（図2）は、サウスカロライナ州境の町オーガスタから百七十一マイル（約二百四十七キロ）の鉄道が敷かれてマーサスヴィルでウェスタン・アトランティック鉄道とつながった一八四五年、同地をアトランタと名付けることを提案している（図3）。ジョージア州は、大西洋（アトランティック）に面し、大西洋から発展してきたのだから、アトランティック（Atlantic）の女性形、アトランタ（Atlanta）にしようというわけである。このような改名は、ジョージアという州名自体がイギリス国王ジョージ二世にちなんで名付けられていたことを考えれば、当然ともいえる。当時の住民の目が、依然として、大西洋の方向、すなわちイギリスに向いていたということである。

　独立戦争を経てアメリカがイギリスからの独立を果たした後も、アメリカ南部とイギリスとは、綿花貿易など経済上の理由から深く結び付き、当初、南部連合国の独立を支持していたイギリス人も多かった[8]。しかし、エイブラハム・リンカーン大統領のはたらきかけや反奴隷制小説の影響などもあって、イギリス国民のなかに奴隷制度への批判が高まったのにともなってアメリカ南部に対する意見に変化が生じ、そのことが南部の敗北に大きく影響したといわれている[9]。南北戦争勃発後の、このような南部とイギリスとの関係を考えると、イギリスへの思いを込めて名付けられたアトランタという地名は、皮肉な響きを放つ。

アトランタの人々が思いを馳せていた大西洋と同市とが実際に鉄道でつながるのは、改名の翌年の一八四六年である。メイコン・ウェスタン鉄道が、ジョージア州南東部の大西洋に面した町サヴァナとアトランタとを結んでいる。五一年には、アトランタと中西部がウェスタン・アトランティック鉄道でつながり、翌五二年には、アトランタとジョージア州西端の町ウェストポイントが、アトランタ・ウェストポイント鉄道でつながっている。ラプキンズなど、有力政治家が鉄道開発に熱心だったこともあって、アトランタは四方に広がる鉄道ネットワークの基点の町として発展していった。

『風と共に去りぬ』では、第二部の冒頭で、一八六二年の春、スカーレットがそれまで滞在していたサヴァナから汽車でアトランタに到着するシーンが描かれ、そこでアトランタの発展の歴史が説明されている。父親ジェラルドがジョージア州北部に移住した三五年には、「アトランタという町がまったくなかったばかりでなく」「一帯は未開の、見わたす限り野原だった」。翌三六年、先住のチェロキー族から「割譲された[10]」土地に鉄道を敷設するための認可が州政府から出され、棒杭が打たれてターミナスと名付けられた場所は急速に発展していくことになる。そして、スカーレットが十七歳になった六二年には、かつてのターミナスは二度の改名を経てアトランタとなり、「東西南北の交通の十字路」としてにぎわう、「人口一万の精力的な小都会」となっ

図2　アトランタの名付け親、ジョン・エドガー・トムソン
（出　典：Franklin M. Garrett, *Yesterday's Atlanta,* Seemann, 1974, p.15.）

STONE MOUNTAIN, 1848, Cloud's Tower atop the mountain, a wooden structure 165 feet tall, later blew down. Johnson's Hotel is at left center. The Georgia Railroad train is bound for Augusta.

図3　ジョージア鉄道のオーガスタ行き列車（1848年頃）
（出典：*Ibid.*, p.18.）

たのだ。

アトランタが急速に発展したのは、ミッチェルによれば、「気が強くて押しの強い人びと」が、「鉄道の連絡点を中心として急速に膨張しつつあった」アトランタに引き付けられ、「ジョージア州の古くから開けた土地や遠方の諸州から集まってきた」ためだという。スカーレットは、フランス系の「由緒正しき」家柄の母方の親戚が住んでいるサヴァナやサウスカロライナ州チャールストンなどを「退屈な町」と切り捨てる一方で、アトランタを自分の「所属すべき土地」と感じている。彼女は、数百年の歴史を持つ南部の大都市よりも、新興のアトランタを「自分の居場所」として選んだことになる。アトランタは、スカーレットにとって、生まれ故郷の「タラについで好きな」場所となる。

スカーレットがアトランタを「自分の居場所」と見なすのは、同地が「なにかしら粗野で未熟さ」を秘め、彼女自身の内なる「粗野と未熟さ」に共鳴するためである。「群衆とめまぐるしさと何ものをも押し流す興奮の底流とが渦巻いているアトランタ」は、スカーレットにとっては、「とても面白い、とても陽気な都会」と映る。「高い塀に囲まれた庭園の内で眠っているようなチャールストン」よりも、「棕櫚の並んでいる広い街路と、そのそばを濁った川が流れているサヴァナ」よりも、「狭い泥だらけの街路のあるアトランタのほうに、スカーレットは「胸のときめき」や「個人的親しみ」を感じている。一八六〇年の時点での人口は、チャールストンが約四万、サヴァナが約二万五千、そしてアトランタは一万にも満たなかったが、[11]スカーレットは、この新興の土地を十七歳で子持ちの戦争未亡人となった自分の生きる場所として選んでいる。未熟で荒々しくはあるが、発展の可能性を秘めているという点で、スカーレットとアトランタは共通している。

スカーレットにとってアトランタが活気に満ちた興味深い町に思えるのは、南北戦争の開戦とともに工場が次々と建てられていたためであろう。南部は、ミッチェルによれば、「政治家と軍人、農場主と医師、法律家などを輩出しても、技術者や機械工などの「下等な職業は北部に任せておけばよい」と考えてきた。だが、開戦後は、「南部のすべての港湾が北部の砲艦によって封鎖され」、南部は自力であらゆるものを作り出さなければならなくなる。アトランタは「封鎖を突破して流入してきたヨーロッパ人」に助けられながら、機械類や軍需品などを自主生産し始めたのである。アトランタが、スカーレットの興味を引く、活気に満ちた町になったのは、空き地に工場を建て、「官民一体となって」兵器から生活必需品までを生産するようになったためである。「昔から、海岸寄りの諸都市が商業上でも、そのほかのことについても、南部諸州を支配してきた」が、開戦後は「港町の多くが占領されたり包囲されたりした」ために、海から遠い「奥地」のアトランタが南部の「救世主」とならざるをえなくなったのだ。実際、アトランタで最も大規模な兵器工場の一つでは、一八六二年から六三年にかけての一年間に、二千三百万丁のピストル、四百十万発の弾薬をはじめとする多種多様な軍需用品を生産したといわれる。[12]

南北戦争中にアトランタが活気を呈したのはまた、同地がヴァージニア州リッチモンドに次いで重要な南部連

図4　戦争によって発展を遂げたアトランタ
（出典：Garrett, *op.cit.*, pp.24-25.）

合国の軍事基地として機能していたためである[13]（図4）。「平和な時代にはこの都市を商業の十字路たらしめた鉄道」が、戦時には、「南部連合の二つの軍隊、すなわちヴァージニア軍とテネシー軍を、西部と結ぶ重要な連鎖環」となり、加えてアトランタは、この二つの軍隊と南部の遠い地方とを結び付ける、物資の主要供給地となったのである。アトランタの陥落が、北軍の勝利への道を早めたといわれるが[14]、それは人口は少ないながらも、アトランタがその鉄道網を駆使して果たしていた重要な供給地としての役割のためであったことはいうまでもない。「南部諸州の心臓」としてアトランタは、「軍隊のための糧秣そのほかの物資を集めてはこれを供給する」兵站部の役割を果たし、その「動脈をなす鉄道は、絶えることなき兵士、軍需品、日用品の流れに脈うっていた」のである。

　アトランタはこのように開戦後急速な発展を遂げているが、そのこと自体が、南部が敗戦への道を歩むことになる要因の一つともなった。南北戦争は、奴隷制存続を主張する南部十一州がアメリカ合衆国の連邦体制から離脱して独立国家を建設することを目指して、北部二十三州を中心とする合衆国に挑んだものである。[15] 南部は、北部に比べて戦績を積んだ職業軍人をそろえていたため勝利できると考えていたらしいが、[16] 戦争を始めた南部の「無謀さ」は、『風と共に去りぬ』の冒頭で指摘されている。スカーレットの三番目の夫になるレット・バトラーは、開戦直前に開かれたパーティーの席で、「北部を一か月でやっつけることができる」という若者に対して、南部には砲兵工場も軍艦もなく、戦うための条件がそろっていないことを力説する。アイルランドから移民して南部の農園主になったスカーレットの父親ジェラルドは、「州権の独立を叫んですべての北部人を非難すること、奴隷制度を認めること、綿花をあがめ、貧しい白人を非難すること、婦人に過度とも思える礼儀を尽くすこと」などを学んで、南部紳士になろうと努めた。レットによれば、南部が持っているのは、まさにジェラルドが南部紳士になるために獲得しようと奮闘した、「綿花と奴隷と驕慢さだけ」ということになる。「北部を一か月でやっつける」という叫びに代表される南部人の士気こそが南軍を支えていた最も重要な要素であったが、そう叫んだ若者は、南部の現実を直視したレットの言葉に耳を傾けることなく志願して、すぐに戦死している。この若者だけでなく、パーティーの出席者はみな一様に、北部との比較で南部を語るレットの言葉を真剣に捉えることはなかった。「わずかな給料さえだせば、喜んで北部のために戦う幾千という移民群も見たし、工場、製鉄所、造船所、鉄鋼、炭鉱も見てきた――すべてこれらは南部の持っていないものである」というレットの発言は、居合わせた南部人に完全に無視されるが、開戦後のアトランタは、いわば、これら南部にはなかったものを急遽そろえようとして発展したことになる。

開戦後のアトランタがその一年前の、スカーレットが知っている「あの小さなアトランタ」ではなくなり、大きく発展していたのは、皮肉にも南北戦争を戦う南部の「弱点」の表れでもあったのだ。赤ん坊が一夜のうちに「両手両足を活発に動かす巨人に変身したように」急速に発展したアトランタの姿にこそ、南部の敗北の主要因が凝縮されていたといえるのである。

3　アトランタ陥落

アトランタの町自体は、戦争によって産業が活性化し、「戦争のために失うよりも、むしろ得るところの方が多かった」かもしれないが、アトランタの住民は、当然ながら、戦争によって「激しい困苦、窮乏、病気、死などの苦しみ」を甘受しなければならなかった。スカーレットの南北戦争の現実は、「負傷者の町」と化したアトランタで、週四日病院で傷病兵の看護をすることである。「この世は男性の世界」という南部に浸透した価値観のなかで、女性たちは、老若を問わず、病院に運ばれてくる負傷兵の看護にあたって銃後の守りに徹した生活を強いられることになる。

しかし、病院で負傷兵の看護に明け暮れる生活を通して、女性たちはその活動の場を広げていった。女性の「適切な居場所」を家庭内と限定し、女性の社会活動を禁じるという当時の上・中流階級の女性に求められていた価値観からすれば、[17]戦争という非常事態が、皮肉にも女性の活躍の場を広げることにつながったのだ。愛国心という名のもとに、女性の家庭外の活動が「麗しき行為」と見なされたからである。スカーレット自身は、戦争を「神聖なもの」に思えず、「意味もなく人を殺し、金を使い、贅沢な品物を手に入れにくくする迷惑至極なものに過ぎない」と考えていたため、慈善活動に真剣に取り組むことはない。そのために、義妹メラニー・ウィルクスのような、社会が期待し、負傷兵が喜ぶ「慈悲の天使」にはなれなかった。それでも、大農園主の娘で、アトランタの資産家の未亡人であるスカーレットが、病院で働き、慈善バザーなどに駆り出されるという事実そのものが、戦争という非常事態にあって、女性の社会活動の場が広がったことを物語っている。

南部敗戦への兆候は、アトランタの「病院の基地」としての「活況ぶり」にもみることができる。鉄道によっ

図5　アトランタの北16キロまで迫り、チャタフーチー川を渡るシャーマン軍
（出典：James Truslow Adams, *Album of American History: 1853-1893,* Vol. 3, Scribner's Sons, 1946, p.170.）

て、日々戦地から多数の負傷兵が運び込まれ、アトランタには南部軍兵士向けの病院が次々に建てられた。スカーレット自身、一八六二年五月のアトランタ訪問で、郊外に数えきれないほどの総合病院や伝染病院、療養所などを確認しているが、アトランタは実際に「一八六二年の早い時期には南軍の病院と救援のセンターになっていた[18]」のである。

　アトランタは総計、南軍八万人、北軍二万五千人の負傷兵を受け入れたといわれる[19]。市内の陸軍病院は、新しく建てられたものも含めて千八百床しかなかったことを考えれば[20]、その許容量を超えた負傷兵を受け入れていたことになる。市内の公共の建物だけでは足りず、個人の建物も「病院に転用して」負傷者の看病用にあてなければならなかった。当時、実際にアトランタに住んでいた人々の日記にも、「市内は負傷兵であふれている」という記述が繰り返し見られる[21]。スカーレットが滞在していた叔母の家も、アトランタ陥落間近には、歩いて退却してくる負傷兵であふれ、一家総出で介抱している。

　映画『風と共に去りぬ[22]』（一九三九年、デイヴィッド・セルズニック製作、ヴィクター・フレミング監督）では、アトランタ陥落間近の様子が、負傷兵にあふれる駅前広場のシーンで示されている。鉄道によって発達したアトランタはその鉄道網を活用して軍需品をそろえ、供給して戦争を戦うが、南部の敗北は鉄道によってアトランタに運び込まれた負傷兵の数の多さによって示されることになる。その鉄道でさえも、南北戦争の終盤には北軍の手中に収められて遮断されるに至り、一八六四年九月二日、アトランタは陥落する。[23]テネシー州チャタヌガを制したウィリアム・シャーマン将軍率いる北軍がアトランタを攻略すべく南下して七月から市内への砲撃を開始していたが、九月一日に南軍のジョン・ベル・フッド将軍がアトランタ退却を決意し、軍事施設や軍事物資を焼却した（図5）。フッド将軍は勇猛で知られ、北軍のアトランタ包囲を破るべく、数回にわたって果敢な攻撃を試みるが、短期間に多数の死傷者を出し、いずれも失敗している。

フレミング監督がワイドスクリーン全面に横たわる負傷兵を描いて南部の敗北を印象づけたとすれば、ミッチェルは数多くの死にゆく人の臭気を克明に描写している。多くのアトランタ市民が市外へ逃れるなかにあっても、スカーレットは出産を控えたメラニーを援助しなければならないために脱出できずにおり、やがて、陣痛が始まったメラニーのために医者を呼びに行った先で、「戦争の地獄絵」を目撃する。「北軍が押し寄せて来る、味方は撤退する」という緊迫した状況のなかで、スカーレットは幾百という「負傷者の群れ」に遭遇するが、彼らには「汗と血と汚れた体の匂い、排泄物の悪臭」が漂い、ハエが群がっている。真夏の太陽に焼かれて臭気を放ち、血に染まった負傷者の群れは、彼女に強烈な吐き気を催させ、あたりは「苦痛と臭気と喧騒の地獄」と化している。ミッチェルは、脱出不可能という状況を配してスカーレットに戦争の地獄絵を体験させ、その地獄絵からの脱出という山場を作り出したといえる。その地獄絵は、血、汗、排泄物などの激しい臭気に満ちていたのである。

映画では表現し難い戦争の悲惨さがもたらす臭気は、スカーレットの病人看護のシーンでも強調されている。南北戦争による死者合計約六十二万人のうち、その三分の二は病死で、戦地で銃弾に倒れた兵士の数をはるかに上回っていた。[24]栄養状況の悪さと、ハエや蚊など病気を媒介する虫などが、兵士たちを死に至らしめたという。[25]ミッチェルは、病院でボランティア活動をおこなうスカーレットの目を通して、劣悪な条件下に置かれた傷病兵の様子を描いている（図6）。

図6　アトランタの負傷兵とスカーレット　映画『風と共に去りぬ』のパンフレット、筆者蔵

看護という仕事には、少しもロマンチックなところがなかった。それは彼女にとっては、呻吟と譫言と死と悪臭を意味するだけであった。病院には、汚らしい、ひげだらけの、しらみのわいた、悪臭を放つ人間があふれており、その肉体のむごたらしい傷は、どんなキリスト教徒の胃の腑をひっくり返すに十分だった。腐肉の臭気は、まだ扉のところへ行きつかぬうちから、鼻孔に襲いかかった。胸の悪くなるような甘酸っぱい匂いは、いつまでも手や髪にこびりついていて、夢の間さえ彼女を苦しめた。ハエや蚊やブヨが群れをなしてぶんぶんと病室のなかを飛びまわり、患者たちはそれに悩まされて、呪いの言葉を吐き散らしたり、弱々しくすすり泣いたりしていた。

スカーレットは、戦況が悪化するにつれて、「病院や悪臭、シラミや激痛、不潔な肉体などに我慢できなくなって」病院からの脱出を試みてもいる。彼女は、社交界から排斥されることなく看護をしなくてもいい口実を探そうと腐心することになる。スカーレットのような、アトランタの上流階級の女性たちが実感する戦争は、負傷兵の腐肉に群がるハエの群れや、絶えることのない「悪臭と苦痛の潮」だったのである。

振り返ってみると、開戦前、北部との戦争話で熱狂するパーティーの席上で、セミノール戦争やメキシコ戦争を戦ったという老人は、戦争の現実を訴えていた。この老人によれば、戦争とは、「飢えること」「湿地で眠るために麻疹や肺炎にかかること」であり、そうでなければ、「腸をやられ、赤痢のようなものになるこ

図7　地下室で北軍の砲撃を凌ぐアトランタ住民
（出　典：Darlene R. Roth and Andy Ambrose, *Metropolitan Frontiers: A Short History of Atlanta,* Longstreet Press, 1996, p.40.）

とだ」という。パーティーの参加者はこの訴えを「ぼけた」老人のたわごととして聞き流し、誰も真剣に捉えることはなかった。だが、その数年後、スカーレットがアトランタの病院や路上で目撃する無数の傷病兵の姿は、老人の言葉が全くの真実であったことを証明する。ミッチェルは、南部女性の銃後の闘いを中心に描き、戦場を描くことはないが、登場人物はアトランタやその近郊に住みながら、老人が語る戦争の惨めさを目撃し、体験することになる。それは、南北戦争が人々の生活の直近で戦われ、一般市民を巻き込んだ戦いでもあったということである。

　アトランタは、戦争によって発展を遂げたことで、かえって北軍の攻撃のターゲットになったといえるが、一八六四年の夏から秋にかけて、市内が実際にどのような状況であったかは、一般市民の手紙や日記などに記録されている。「アトランタの南部または南東部を除いて、市内のほとんどの建物に砲弾やその破片があたり」、その攻撃を直接受けて、兵士ばかりか多くの市民が死んだ。「アメリカ史上初めて、一般市民が軍隊の攻撃から免除され得なかった」戦争となったのである。長期にわたり北軍に包囲された町で、その攻撃に耐えた市民は、排水渠や防空壕のようなところで、「動物のように」生活していたという（図7）。十歳の少女は、「北軍が砲撃を止めてくれて、地下室から出て新鮮な空気が吸えたらいいのにとどんなに願ったことか」と、日々砲撃が加速する様子を日記に記している。スカーレットは、アトランタ北部から中心へ走るピーチツリー通りの北端に位置している叔母の家に寄宿していたが、これらの記録よりは安全な生活を送ることができていたといえる。

　スカーレットがアトランタを脱出したのは、「南北戦争中でおそらくもっとも巨大な爆発」が起こった一八六四年九月一日の夜で、小説でも映画でもそのシーンは前半のクライマックスになっている。フッド将軍の命令で残留していた部隊が、武器が北軍に接収されないように、退却前に弾薬を満載した八十以上の車両に火を放ったために起こった爆発で、その爆音は四十マイル（六十四キロ）離れたところからも聞こえたという（図8）。爆発によって火災も発生して、多くの住宅が焼失し、翌九月二日、アトランタ市長ジェイムズ・カルホーンは、正式にシャーマン将軍の側近の一人ジョン・コバーンに市を明け渡している。

81-car train destroyed by retreating Confederates

図8　退却する南軍が火を放って破壊した列車の残骸
（出典：Webb Garrison, *The Legacy of Atlanta: A Short History*, Peachtree, 1987, p.27.）

　アトランタが火に包まれたのは、スカーレットが脱出した夜だけではなかった。アトランタを占領した北軍、シャーマン軍のオーランド・ポー大佐もアトランタから引きあげるに際して、一八六四年十一月十四日、残っていた鉄道施設や工場などに火を放っている。その目撃者の一人は、「空いっぱいに恐ろしい炎が広がり、建物が二百エーカーにわたって燃えて破壊され」、「リッチモンドに続いて、南部のどの都市よりも軍需品を提供していたアトランタは、もはや存在していない」と記している。シャーマン軍退却後のアトランタを見た住民は、かつて栄えた町の壊滅状況を説明するのは難しいと述べながらも、「少なくても町の三分の二は破壊された」と記している。アトランタが南軍の重要な供給基地として機能していたために、北軍は、その機能を壊滅させる意図を持って、鉄道施設、製造工場、商業地区などを中心に破壊し尽くしたのである。スカーレットは、自分が去った後のアトランタの状態を、のちにタラ農園を訪ねてきた妹の恋人フランク・ケネディから聞くことになるが、彼女が「個人的に親しみを感じていた」アトランタは、ここに壊滅したのだった。

住民に多大な困難を強いた北軍のアトランタ攻撃だったが、スカーレットは、本当の意味での人生の歩みをアトランタ陥落の夜に始めている。それまでのスカーレットは、「若さにあふれ、情熱的で、人生の危機に直面すればすぐに困り果てる、甘やかされて利己的で試練を知らぬ娘」だった。だが、彼女は、メラニーの出産を介助し、その新生児と自らの幼子、子守りの奴隷プリシーを引き連れてアトランタを脱出するところから、一人の人間としての人生を歩まざるをえなくなる。自分と関係ないところで始められた理不尽な戦争ではあったが、彼女は「勇ましい気持ちで」その困難な状況に立ち向かっている。それは第一に「飢え」との格闘であり、文字どおり「生き残り」をかけた闘いであった。ミッチェルは、スカーレットが戦禍のなかで人生を再構築するさまを、アトランタの復興と重ねて描いていく。

4 「フェニックス・シティ」とその人種問題

アトランタは南北戦争後、その廃墟からの復興をいち早く成し遂げた。戦争終結の約六カ月後、アトランタを訪れた北部のジャーナリストは、「どこを見渡しても荒れ果てた瓦礫のなかから、新しい町がものすごい勢いで生まれつつある」と、同市の復興への歩みを報告している。(26)「狭く不規則な無数の通りは朝から晩まで馬車や荷車や手押し車でにぎわい」、「熱気を帯びた意欲的な人々などが押し合いへし合いしていつやむとも知れず、みな建物を建て、商売をして、素早く財産を作ることに熱中している」と伝えている。

アトランタの南北戦争からの復興は、多くの歴史家が主張するように「奇跡的」だった。アトランタは、他の南部の都市同様に、またはそれ以上に南北戦争によって壊滅的な被害を受けたが、経済的には、その成長が一時的に停滞しただけだった。一八七〇年には、人口は十年前の二倍に、八〇年には三倍に増え、アトランタは、サヴァナやチャールストンなど南部の都市が停滞しているなかで、驚異的な経済成長を示した。六七年までには鉄道が再整備されたが、これがアトランタ経済に寄与したことはいうまでもない。六八年には、ジョージア州の州都がそれまでのミレッジヴィルからアトランタに移り、八〇年には、アトランタが人口でサヴァナを抜き、ジョージア州第一の都市になってもいる。八六年のアトランタ商工会議所の年報では、アトランタが「フェニックスのように、より進歩的な町として発展し始め、新しき南部の誇り高き典型となった」とある。アトランタは、スカーレットが密かに愛するアシュリー・ウィルクスのように南部の過去に固執する道ではなく、敗戦という現実を受け入れ、前に進む道を選んで復興を成し遂げたのである。

スカーレットも現実を直視して前進しようとする姿勢において、アトランタと同様の歩みをたどる。彼女がアトランタを再訪するのは、南北戦争終結の翌年一八六六年だが、「世界征服の旅に出かける勇ましさ」を持って同地に赴いている。それはアトランタ陥落からほぼ一年半後のことで、その間に彼女は、「飢え、重労働、恐怖、絶えまない緊張、戦争の脅威、再建の脅威」などを経験し、父親の農場に関わるすべての責任を負う実質的当主として、金策に追われる身となっている。母は死に、父は正気を失うという状況のなかで、二人の妹と残った数人の奴隷、義妹メラニー一家の生活すべてがスカーレットの肩にかかっている。北部の土地政策[27]のあおりを受けて多額の税金が農場に課せられ、スカーレットは、「アトランタで誰よりも金をもっている」と噂されているレットと結婚して、その難局を乗り切ろうともくろむ。「てこでも動かぬ決意」を持って、自身の「美しさ」を金銭に変換しようと、カーテンで作ったドレスに身をつつみ、雄鶏の尻尾の羽を頭に飾って彼女は出陣する。「エネルギーあふれる人を招き入れる」アトランタの力に引き付けられるかのように、スカーレットは同地を再訪したのである。

スカーレットの生き抜く原動力が「人生をあるがままに受けとめる」現実主義者のそれであることは、その直前にアシュリーにメキシコへの駆け落ちをもちかけていることからもわかる。アシュリーが「ギリシャの芸術に見るような、完成と均整と調和とがあった」という戦前の南部の「美しさ」にとらわれて立ち止まっている一方で、スカーレットは、「南部は死んだ」という現実のもとに前に進む。アシュリーに駆け落ちの提案を拒否されても、すぐに立ち直ってレットとの結婚によって生き延びようとし、レットが投獄されていて金を引き出すことが無理だとわかると、妹の恋人のフランクと結婚し、結局は必要な税金代を手中に収めている。アシュリーは、スカーレットについて、「現実に直面することをなんとも思っていない」とうらやましがるが、彼女は、アシュリーが一貫して避けている「赤裸々の現実」に「ライオンの心」で立ち向かう。男性との結婚は、スカーレットにとって自らの目的を達成する手段でしかなかったのだ。

自らの身体を男性に提供して必要な金銭を手中に収めるというスカーレットのサバイバル戦術は、大胆だが古めかしいものである。だが、世間の噂を気にかけることなく、復興景気に湧くアトランタで商売に成功しているフランクとの結婚に現状打開の糸口を見いだし、彼を利用して自ら製材業に着手している点では、スカーレットは斬新である。フランクによれば、「アトランタでビジネスに従事している女性はいない」し、金を稼ぐ必要がある女性は、菓子を作ったり、裁縫したり、下宿人をおくというような形で、家のなかで仕事をするものだった。スカーレットは、アトランタ陥落後のタラ農場で「男性の仕事」をして生き延びた経験から、「この世で女にできないことはない」という確信に至り、夫が慄くほどの才能を発揮して事業の拡大に挑んでいった。「男は全能で女は美しいだけ」という伝統のなかで育ちながら、女性であっても男性同様、またはそれ以上に商売が可能であると考え、それを実行するという点で、彼女はまさに「革新的」である。彼女は自らを「アトランタのようだ」と考えるが、「北軍が来て、町を焼き払ったくらいでは」「へこたれず」、復興への歩みを始めた「元気で活力あふれる」アトランタのように、その「押しの強さと生意気さ」とをもって前進していく。

アトランタが戦後いち早く復興し、より大きな都市へ発展した要因は、サヴァナやチャールストンなど他の南部の都市よりも、北部人の受け入れに寛容だったためといわれる。(28) 南部を北軍の軍政下に置くことなどを規定した軍事再建法が一八六七年に通過し、北軍が駐留するようになると、事業の再開を願うアトランタの人々は、駐留軍の将軍や再建を推進する共和党急進派のリーダーをもてなすなどして、かつての敵に友好の姿勢を示した。アトランタは闘うよりも協調する道が最良だと現実的に決断したことになる。実現はしなかったが、リンカーンの銅像を建てる話さえ出たという。

スカーレットは、北部人に対して、経済的成長を優先させるために「おべっかを使って受け入れた」アトランタの人々と同様の姿勢で接している。この点は、スカーレットを自らと「同類」と見なして愛し続けるレットとも共通している。レットは現実をよく見極め、戦争中は封鎖破りで儲け、戦後は北部の共和党とも通じていかがわしい商売で富を築いている。スカーレットは「二度と飢えない」という決意で突き進むため、レットよりも直情的だが、そのために生き残りのための選択に揺るぎはない。タラ農場に侵入してきた北軍兵を殺して生き延びてきた彼女は、内心では「アトランタの誰よりも北部人を嫌い」なのだが、そのような気持ちを隠して、北部人相手に金儲けに勤しむ。映画では、これがシドニー・ハワードの脚本によってスカーレットの台詞を通して、より直接的に示されている。スカーレットが、「戦後のどさくさに南部にやってきて利を得ようとしている北部人と友達になって、あの人たちのやり方で打ち負かしてやるわ」(29) と述べる場面である。このようなスカーレットに対して、メラニーは、「あなたは南部を略奪し、苦しませ、飢えさせた人たちと商売しているのよ」(30) と言い、アトランタ上流階級層の声を代弁している。

メラニーが「親切心、自己犠牲、上品さ」など戦前の南部女性の「美徳」を戦後も変わらずに持ち続けているのと対照的に、スカーレットは金がなくては生き残れないと考え、南部の伝統からいち早く離反する。[31] 古き南部人が、北部人の特性と見なす「物質主義、私欲、貪欲さ」[32] をもって突き進み、商売のために北軍の士官夫人などとも交遊する。このことで、アトランタの上流階級の人々から批判を受けても、スカーレットは、金銭こそが「運命がもたらし得るどんな災難にも立ち向かえる確実な唯一の保塁」と見なして揺るぐことはない。

北部人相手に復興景気に乗じて商売するスカーレットは、古き南部人から「スキャラワグ（scalawag）」と呼ばれた、戦後、北部人に擦り寄って利を得る南部人と何ら変わりない。だが、彼女自身は、「廃墟から立ちあがる繁栄の町、慌ただしくひしめいている町」アトランタの、急速な「ヤンキー化」を嫌悪し、その嫌悪の矛先をとりわけ、北部人によって解放された黒人に向ける。彼女の認識は、「黒人どもにかかっては誰一人、安全を保障されるものではなく」、彼らは「新しく重要視されたために、すっかり思いあがってしまい、そのうえ、ヤンキーの軍隊が後ろについているのでますます暴状を募らせている」というものである。彼女にとっては農場などから逃亡した黒人は、北部人にそそのかされて「解放された無礼な黒人」でしかない。

奴隷から身を起して、十九世紀アメリカで最も活躍した黒人活動家の一人フレデリック・ダグラスは、「私が望むのは、黒人に自分の足で立つ機会を与えて欲しいだけだ」と述べ、生まれの貴賤にかかわらず勤労による上昇を目指す、アメリカの「セルフ・メイド・マン」の理想を追求する道を黒人にも開くように主張していた。[33] 南北戦争によって、その運命が逆転した農園主の娘のスカーレットには、「黒人が自分の足で立つ」機会をその成否にかかわらず与えるべきだというダグラスの主張には思いも及ばず、彼女にとっては戦後、自由を獲得した黒人は押し並べて「くず」でしかない。

軍事再建法は、黒人の選挙権と黒人に白人同等の市民権を保障する州憲法を制定することなどを規定し、これを南部諸州が連邦に復帰するための絶対条件としていた。[34] この法案を通過させた共和党急進派は、戦後共和党に転向し南部の連邦への再編入を支持した南部白人（スキャラワグ）や好機を求めて戦後南部に流入した北部人（カーペットバッガー）、さらには解放された元奴隷などと連携して、南部の再建と近代化を目指した。アトランタ市議会は、敗戦三カ月後の一八六五年七月十四日に「軍管区司令部では、今後刑法上で黒人と白人との間にいかなる差異も認めない」という法令を定めていた。北軍駐留のもとで再建が進むアトランタで、スカーレットはスキャラワグやカーペットバッガー相手に商売して利潤を上げながらも、自らの製材所では解放された黒人を雇うことを拒否する。「無知で」「怠惰で」「くずのような黒人」という認識を変えることはなく、彼女は、より安価な囚人労働に頼っている。黒人に対する認識は一貫していて、スカーレットは再建期のアトランタに歩み寄ることはない。

スカーレットの黒人に対する認識は、南北戦争前の南部を描いた奴隷制擁護の小説の主張と変わるところがない。[35]これらの小説は、南北戦争前のアメリカで、ステレオタイプ化された人種観を拡大・浸透させる強力な手段になっていた。黒人を人間と認めず、猿やオランウータンなどの血を引き継ぐ下位の猿人類のように見なす人種観で、一八〇一年にアメリカ合衆国第三代大統領になったトマス・ジェファソンが、『ヴァージニア覚書』[36]（一七八五年）で示した人種観、すなわち「体と心の双方における天分」で黒人は白人に劣っているという考えにまでさかのぼることができるものである。ジェファソン自身は生涯に数百人の奴隷を所有しながらも奴隷制の弊害を認識し、黒人奴隷の解放を願ってはいたが、奴隷が解放されるならば、社会的動乱が生じ、白人か黒人いずれの人種が絶滅するまで続くと考えていた。[37]ジェファソンには、同一社会での白人と黒人の共存は考えられず、黒人をアメリカから排除することを前提としていたのだ。[38]奴隷制擁護の小説は、生まれつき黒人は白人よりも劣る存在であるというジェファソンの考えを基本として、奴隷制反乱への脅威や奴隷制廃止論議の高まりへの反動から一八三〇年以降数多く出版され、奴隷制擁護の主張を展開していた。ハリエット・ビーチャー・ストーの『アンクル・トムの小屋』[39]（一八五二年）が反奴隷制をうたってベストセラーになると、「反アンクル・トム小説」として、奴隷制擁護の主張を強めてさらに数多く出版されている。『風と共に去りぬ』で、スカーレットが、そして作者のミッチェルが展開する人種観は、黒人を人間以下の動物のように見なす姿勢において、これら奴隷制擁護の小説のそれを踏襲している。

例えば、『風と共に去りぬ』は、その人種観において、ジョン・ペンドルトン・ケネディの『スワロー・バーン』[40]に酷似している。この作品は当初一八三二年に出版され、五一年には、奴隷制の重要性を強調した約三百ページを加筆した改訂版が出版されているが、そこで際立つのは、黒人奴隷の描写である。農場の黒人奴隷の子どもたちが「未開の猿」に例えられ、「滑稽な動作をする気ままな動物の奇妙な群れ」と描写されている。この作品は、十九世紀初期のヴァージニア州の農園風景とその人間模様を北部出身の青年の視点で描いたものだが、主要人物は、寛容な農園主、美しいが気まぐれな南部美人、大家族の家事一切を取り仕切る農園主夫人、白人奴隷主一家に忠誠を尽くす黒人の乳母などで構成されている。『風と共に去りぬ』は、『スワロー・バーン』の主要人物の構成をそのまま受け継ぐばかりでなく、[41]黒人に対する姿勢もそのまま受け継いでいる。

黒人を猿などの動物に例えるのは強力な白人優越意識の表れであり、その意識が黒人は人間よりも下位に属するのだから、「親切で思いやりのある」白人奴隷主が家長として奴隷たちの面倒を見てやれば、奴隷たちも幸せだと感じるはずだというパターナリズム的な認識につながり、それが奴隷制擁護論の要となる。『スワロー・バーン』では、黒人奴隷が物心ともに白人に「寄生するのが本来の姿」で、白人の保護がなければ、「子どものように無力な」状態に陥るという内容になっている。

『風と共に去りぬ』に登場する黒人は、奴隷制擁護の小説に登場する黒人同様、白人の視点から描かれたステレオタイプに終始する。ジェラルドの奴隷ポークにしても子守りのプリシーにしても、白人の保護なしには生きていけない従順さや幼稚さを示す。北軍に従軍し、北部で自由に生活した経験を持つビックサムは、北部人の差別意識を訴え、元の奴隷生活に戻ることを熱望する。エレンを崇拝し彼女の家族に献身することを人生の目的とするマミーは、乳母でありながら、性や生殖に無関係で、その黒く、性を感じさせない身体は、白人奴隷主らの女性奴隷への性的搾取を取り繕う役割を果たしている。スカーレットは、解放された黒人については「怠惰で」高くつく労働力と考えて雇用を拒む一方で、タラ農場に残った黒人たちについては戦後も「自分のもの」と見なし、「家族の一員である」以上は守ってやらなければならないと考えている。彼女は、黒人を「馬鹿で怠惰」な「黒猿」のような種族と見なして白人の下位に置きながら、白人に隷属する黒人の献身を評価して白人と黒人との絆を強調するという、南北戦争前の奴隷制擁護の小説と同様の主張を変えることはない。

スカーレットは、北部人が奴隷制に反対しながらも黒人を「ニガー」という最悪の蔑称で呼び、子守りとして雇いたがらないことに対して、「ダーキーは人食い人種じゃない」と反論して黒人を弁護し、北部人の欺瞞を明らかにする。アメリカを旅して、人種偏見は奴隷州よりも奴隷制度を廃止した州のほうが強いと書いたフランス人思想家アレクシス・ド・トクヴィルの観察の正しさを裏づけるシーンだが、(42)スカーレットは、黒人が子守りなど、白人の下働きとして「信用できる」と弁護しているのであり、それ以上ではない。奴隷制廃止をうたう憲法修正第十三条や、投票権を肌の色によって禁じた同十五条が批准されたのちも、スカーレットは、黒人に対して、「過ぎ去ってしまった」時代の考えに固執する旧農園主階級の代弁者であり続ける。そして、南北戦争後七十年以上を経て『風と共に去りぬ』を出版したミッチェル自身も、スカーレットの姿勢を擁護しているのである。

アトランタの黒人人口は、一八六〇年には全人口の約二割にすぎなかったが、七〇年には約四割となる。(43)南北戦争後、自由の身となった黒人たちが近隣の農村地帯から大量に市内に流入したための増加である。アトランタは彼らの識字教育を早急に支援する必要に迫られ、アメリカ宣教師協会など、北部の慈善団体が中心的にそれを担っていった。解放奴隷の支援を目的とする解放奴隷局は、『風と共に去りぬ』では、農園主に代わる「世話ができない」として否定されているが、実際には、教員を雇ったり学校を運営することはなくても、慈善団体の活動などを支援して、黒人教育を推進したといわれている。特筆すべきは、この時期、黒人のリーダーを養成することを目的としてアトランタに大学が設立されたことである。アトランタ大学、モアハウス大学、スペルマン大学など、歴史的黒人大学（Historically Black Colleges and Universities）と呼ばれる、黒人男女の教育を実践する大学が続々と設立されている。公民権運動の指導者、マーティン・ルーサー・キング・ジュニアは、父親とともにモアハウス大学の卒業生で、姉はスペルマン大学で学び、後に同大学の教授になっている。黒人の地位向上のための闘いが世紀を越えて持ち越されているところにその困難さが示されているが、その闘いの確かな礎が、南北戦争直後のアトランタで築かれたといえる。

スカーレットは、白人至上主義に固執していても、その意識を社会的な活動に広げることはないが、夫のフランクも恋人のアシュレーも、黒人など有色人種の市民権獲得に暴力をもって異を唱えたKKK（Ku Klux Klan）の団員である。この団体は、黒人の地位向上に異を唱える最も強力な団体の一つといえるが、『風と共に去りぬ』では、その活動が殺人をも含めて容認されている。その理由は、KKKの活動が「ジャングルから出てきたばかりの黒猿」に選挙権を与えようとしている北部人の「悪魔的」行為や、南部婦人を侮辱する黒人の「獣性」に対する有効な防衛手段だと考えられているためである。あくまでも旧南部の富める白人の視点で南北戦争と再建期を描いているわけだが、その意味で、『風と共に去りぬ』は黒人にとっては痛みを伴わずには読めないもので、アトランタの真の発展を遅らせた思想を支持した作品といえるだろう。

5 『クランズマン』『国の創生』から『風と共に去りぬ』へ

『風と共に去りぬ』は、その白人至上主義の主張により、トマス・ディクソン・ジュニアの「KKK三部作」といわれる『豹の斑点』(44)（一九〇二年）、『クランズマン』(45)（一九〇五年）、『裏切り者』(46)（一九〇七年）に連なる作品である。ディクソンは、『アンクル・トムの小屋』の舞台を観て、南部の真の姿が描かれていないと激怒し、これらの作品を書き始めたといわれるが、その基本となる主張は、南北戦争後の再建時代の南部が「無知で」「横暴な」元奴隷の黒人たちに征服されるのを、KKKがその英雄的行為によって救ったという内容によって示されている。[47]

D・W・グリフィス製作・監督・脚本の映画『国民の創生』[48]（一九一五年）は、ディクソンの『クランズマン』を原作として、クローズアップやフラッシュバックなどを取り入れた映画史に残る作品となり、アメリカ人の六人に一人が観たという大ヒットとなった。[49]「南部は戦後の苦難に耐え忍んだので国民の創生が始まった」とするこの映画は、黒人が市民権を得ると南部の白人女性の身に危険が及ぶというメッセージを広めることに一役かった。より具体的には、この映画がアメリカ国民の南部への共感を深め、アンクル・トムのような、奴隷制に苦しむ黒人への同情は、黒人男性が白人女性の性的脅威となるという反アンクル・トム的反感へと変換されることになった。[50]

図9　ＫＫＫ（1871年頃）
（出典：Adams, *op.cit.*, p.241）

　ミッチェルは、『風と共に去りぬ』出版直後にディクソンに宛てた手紙で、「私は子どもの頃からあなたの小説の愛読者で、文字どおり、あなたの本で育ちました」と述べ、十一歳のときには、彼の『裏切り者』を脚色して自ら演じたことも告白している。[51]ディクソンが『風と共に去りぬ』を自身の小説同様、「真の南部の歴史に基づいた」「偉大なるアメリカ小説」と評価したことに対する礼状として書かれたものだが、ミッチェルは、子どもの頃、ディクソンから著作権料を要求する訴訟を起こされるのではないかと心配していたことまで告白している。(52) ディクソンは、ノースカロライナ州出身の牧師で、ミッチェルより三十歳以上年長だが、両者は、白人至上主義に基づいた同様の黒人観のもと、KKK(図9)への支持を打ち出した南部作家としてつながることになる。

『風と共に去りぬ』では、解放された黒人の「獣性」が暴走するのが再建時代であり、そこではKKKによる黒人のリンチが「理にかなった解決法」と見なされている。スカーレット自身、「ゴリラのような肩と胸をした、ずんぐり太った黒人」に襲われるが、その恐怖は、まるで黒い獣に襲われたかのようである。「黒猿」「黒ヒヒ」のような黒人が、「獰猛な黒い顔」を「いやらしい笑いで歪め」、「黒人の嫌な体臭」が鼻をつくなか、スカーレットは「黒い手に乳房のあたりを探りまわられる」。白人と黒人の二人組に襲われるが、彼女に飛びかかるのは黒人のほうで、レイプの恐怖が、獣のような身体を持つ黒人の性的欲望や衝動の強さと結び付けられている。フランクは、黒人に襲われた妻の復讐を果たすべくKKK団員として繰り出し、彼らの動向を察知した北部兵力によって命を落とす。フランクの行為を支えているのは、黒人へのリンチが、レイプされた女性の「恥を衆目にさらすことのない」「唯一の思いやりのある解決法」という認識である。スカーレットはのちに三番目の夫レットに同意なしに性行為を挑まれるが、白人の夫による暴力的性行為は、むしろ彼女の性への目覚めをうながすものとされている。

『風と共に去りぬ』の結末近く、スカーレットは、一八七一年のクリスマスを「過去一〇年あまりを通じてジョージア州が迎えたもっとも幸せなクリスマス」と考える。共和党の知事が去った後、民主党の知事が誕生することになり「ジョージア州が再びジョージア人の手に戻り」、北部の南部支配が「ジョージア人の努力」で終わりを告げたと見なしている。「征服者におもねて」商売に精をだし、サバイバルに努めてきたスカーレットだったが、そこではアシュリーが「戦争よりつらい」と呼んだ再建時代が「ほぼ終了」したことを実感している。現実に、翌七二年の一月十二日には民主党のジェイムズ・スミスが知事に就任し、その日を「アトランタ・コンスティチューション」紙は、北部の「誤った支配が終わった」「歓喜の日」[53]と報じている。

「歓喜の日」は、しかし、北部主導の再建に反対していた富裕な南部白人層にとってであり、黒人にとっては地位向上のための運動が後退することを意味していた。[54]実際、スミス知事は、黒人たちに「政治を忘れて真面目な重労働に戻るように」述べ、ジョージア州は「合衆国のどの法律も破らずに旧農園体制を保持できるような労働体制の法律を作る」[55]という彼の発言を実践していくようになる。教育や交通など生活のすべてにおいて白人と黒人とを分離することが合法化され、白人と黒人の関係は悪化していく。

関係の悪化は数値に表れていて、一八八五年から一九三〇年の間にジョージア州でリンチに遭って殺された黒人は四百三十三人、白人は二十四人を数え、全米一となった。[56]反リンチ運動家のアイダ・B・ウェルズ・バーネットが「リンチとそれを実行する口実」（一九〇一年）で明らかにするように、軽い盗みなどの罪を犯した黒人男性を性的欲望や衝動が強い「獣性」の保持者だとして白人たちがリンチし、その行為を「黒人の人非人から南部女性を守る死に物狂いの努力」だと正当化するようになるのである。[57]アトランタでは、一九〇六年に白人が黒人を襲撃する暴動も起きている（図10）。地元新聞が黒人による白人女性への「レイプ続発」という記事を掲載

図10　フランスの雑誌日曜版の表紙を飾った「アトランタの黒人虐殺」
（出典：*Le Petit Journal*, October 7, 1906. 筆者蔵）

したためといわれるが、結局、黒人二十五人が殺され、百五十人以上が重傷を負い、白人一人が殺される結果となった。[58] ミッチェルはこのとき五歳で、父親が家族を守るべく斧や水道管を集めるのをみて、家宝とされていた剣のほうが有効だと提案して「ダリーさんの剣がいいと思うけど」と述べたという。ミッチェルは、子どもの頃から、アトランタで白人と黒人とが激しい抗争を続けていたのを目の当たりにしていたことになる。

映画『風と共に去りぬ』のプレミアショーが開かれた一九三九年十二月十五日、ジョージア州は休日となり、アトランタはより長い、十三日からの三連休を設定した。[59] だが、乳母マミーを演じたハティ・マクダニエルなど黒人俳優はプレミアショーに参加できず、パンフレットにも、その写真や挿絵が掲載されることはなかった。[60] マクダニエルは、アフリカ系アメリカ人として初めてアカデミー賞助演女優賞を受賞するほどの好演をしたにもかかわらず、隔離政策をとっていたアトランタの市長側から、黒人俳優は歓迎しない旨を明言され、出席できなかったのである。[61] 一方、キング牧師はこのとき十歳で、奴隷の子どもの格好で聖歌隊の一員として舞台に立たされたという。[62]

この映画に対して黒人団体は「『国民の創生』よりも危険だ」と批判し、その理由として『国民の創生』の「嘘は明白で、ばかでも見抜ける」が、『風と共に去りぬ』は、「嘘が微妙で」観客が信じやすいことなどを挙げている。[63] 映画では、スカーレットがより美しく描かれていて、その恋愛が強調される一方で、KKKのくだりがカムフラージュされ、白人至上主義がより穏やかに表現されている。スカーレットが白人と黒人の二人組に襲われるシーンにも変更が施され、映画では、黒人男性が見張りにまわり、白人男性のほうが彼女に飛びかかっている。それでも登場する黒人は、小説同様、みな隷属状態からの解放を望まず、解放されても、自分を律する能力も解放の機会を有効に使う能力もないように描かれている。映画に登場する黒人のこのような描写について、黒人劇作家のカールトン・モスが一九四〇年、製作者のセルズニックに対して、ニューヨークの「デイリー・ワーカー」紙に公開質問状を寄稿してもいる。[64]

黒人活動家マルコム・Xは、『風と共に去りぬ』の映画を初めて観たときの感想を「バタフライ・マックウィーンが（プリシーとして）演技を始めたとき、穴があったら入りたいくらいだった」[65]と述べている。明白な嘘をつく幼稚で「愚かな」子守りは、旧農園主階級から見た黒人のステレオタイプそのものであり、解放を夢みることもなく、白人の援助なしには生きていけないかのようである。その子守り像は小説と映画で基本的な差はないが、映画ではプリシーの出演場面が多く、さらにマックウィーンの声と好演とが相まって、その幼稚さや軽薄さがより強い印象を与えている。

小説は、古い南部女性の典型であるメラニーが死に、スカーレットがレットに真の愛を見いだしながらも、彼を失ったところで幕を閉じる。スカーレットはレットを取り戻す方法を「明日考える」と言いながら故郷のタラ農場へ戻るが、それまでと同様、やがては難局を乗り越える策を考え出して、またアトランタにやってくるのではないかとも思わせる。ミッチェルが描いたように、南北戦争後のアトランタは、スカーレットのような、あるいはレットのような、現実主義を貫いて力強く生きた人々によって復興し発展したのであり、その「敗北を認めぬ」生き方の力強さがこの小説に多くの読者を引き付けたといえる。だが、スカーレットがガッツ（gumption）をもって生き残りの手立てを考えていたときに、彼女に「知恵（gumption）がないのか」と叱られ、殴られていたプリシーのような黒人の援助があってこそ、彼女がアトランタを脱出でき、生き延びられたことも事実だろう。

ミッチェルは、『風と共に去りぬ』が人種偏見に満ちているという批判に対して、友人への手紙で、「黒人を売り物にして問題を起こそうとしているニグロに私の黒人観を変えることはできない」[66]と述べ、自分は事実を述べただけにすぎず、白人黒人を問わず急進的で共産主義的な雑誌が『風と共に去りぬ』を「黒人を侮辱する本とケチをつけている」[67]のだと主張している。彼女の主張は、当時の南部白人上・中流階級層の意見を代表するものだと思われるが、このことは、アトランタの人種問題の複雑さを明らかにすると同時に、その真の再建が終了していないことを明らかにもしている。『風と共に去りぬ』は、南北戦争後三十五年を経てアトランタに生まれたミッチェルが、膨大な資料をもとに祖父母の時代のアトランタとその周辺の人々の生活を農園主階級層の視点で描き、その風俗から意識まで克明に記録したことに価値があると考えるべきだろう。歴史書にしても、再建期を公正な視点で論じたものは一九六〇年代まで現れず、高い評価を得る研究は八八年のエリック・フォーナーによる『再建』まで待たなければならなかった。[68] この事実にこそ問題の難しさが現れている。

アトランタは、二〇一〇年の時点で、市内の人口が約四十二万人、メトロポリタン地区を含むと五百七十万人を超え、いくつもの世界的な大企業が本社を置く大都市となった。[69] 全人口の半数以上を黒人が占め、一九七三年に南部の主要都市で初めて黒人市長を選出し、以来、黒人が市長を務めている。二〇〇一年には、南部の主要都市で初めて女性黒人市長を選出してもいる。一五年には、アトランタが、経済誌「フォーブズ」の「アフリカ系アメリカ人が経済的に最も豊かな都市」ランキングの一位になった。だが、白人と黒人との関係は、〇八年にバラク・オバマが大統領に選出されて以来むしろ悪化しているという報告もある。一六年七月には、ルイジアナ州やミネソタ州で黒人が白人警官に撃たれて死亡した事件に抗議するデモがアメリカ各地に広がり、アトランタでも数千人のデモ隊がハイウェーを埋め尽くした。南北戦争終結後百五十年以上を経て経済的には驚異的な発展を遂げたが、アトランタは、南北戦争後の再建失敗の歴史からさほど遠くないところにいるのかもしれない。

注

(1) Margaret Mitchell, *Gone With the Wind*, Scribner, 1936.『風と共に去りぬ』からの引用はすべて本書による。引用部分の日本語訳は、マーガレット・ミッチェル『風と共に去りぬ』全二巻(大久保康雄/武内道之助訳、河出書房新社、一九六六年)を借用。ただし、文脈などの理由により、変更を加えた個所もある。

(2) Margaret Mitchell, "Margaret Mitchell" in Richard Harwell ed., *Gone With the Wind as Book and Film*, Paragon

House, 1987, p.38.

（3）*Ibid.*

（4）James Michael Russell, *Atlanta1847-1890: City Building in the Old South and the New*, Louisiana State University Press, 1988, p.117.

（5）Franklin M. Garrett, *Atlanta and Environs: A Chronicle of Its People and Events*, Vol. 1, University of Georgia Press, 1954, p.828. 猿谷要『アトランタ』（世界の都市の物語）、文藝春秋、一九九六年、一一九ページ。Kraig McNutt, "The Civil War Gazette." (https://civilwargazette.wordpress.com/2006/12/12/largest-cities-in-the-south-in-1860/)［アクセス二〇一六年七月十七日］。"Population of the 100 Largest Urban Places: 1870." (https://www.census.gov/population/www/documentation/twps0027/tab10.txt)［アクセス二〇一六年七月十七日］

（6）『風と共に去りぬ』では、アフリカ系アメリカ人に対して「ダーキー」「ニガー」「ニグロ」など南北戦争当時に用いられていた差別表現が頻出するが、本章では、基本的に「黒人」という呼称で統一する。

（7）本章でのアトランタの創生と鉄道に関する歴史的事実については、次の文献を参照。Robert Scott Davis, *Civil War Atlanta*, The History Press, 2011, pp.11-26. Franklin M. Garrett, *op.cit.*, pp.129-229. Russell, *op. cit.*, pp.13-57. 前掲『アトランタ』八五ページ

（8）Charles M. Harvey, "The Dime Novel in American Life," *Atlantic Monthly*, 100, p.43.

（9）Mason Stokes, *The Color of Sex: Whiteness, Heterosexuality, and the Fictions of White Supremacy*, Duke University Press, 2001, p.54. 山口ヨシ子『ダイムノヴェルのアメリカ――大衆小説の文化史』彩流社、二〇一三年、七五―七六ページ

（10）ミシシッピー以東に居住していた先住民は、一八三〇年、アンドリュー・ジャクソン政権下で制定されたインディアン移住法に基づいて、ミシシッピー川以西に強制的に移住させられている。三五年、ジョージア州のチェロキー族の一派は移住を承諾して署名したが、酋長ジョン・ロスらは署名を拒み、抵抗は三八年まで続いた。Darlene R. Roth and Andy Ambrose, *Metropolitan Frontiers: A Short History of Atlanta*, Longstreet Press, 1996, pp.12-13. 三八年、

チェロキー族の現在のオクラホマ州への強制移住「涙の道」で、一万五千人中四千人が死亡したといわれる。"Historical Documents: The Trail of Tears" (http://www.pbs.org/wgbh/aia/part4/4h1567.html)［アクセス二〇一六年八月三十日］

（11）McNutt, *op.cit.*

（12）Davis, *op. cit.*, p.39.

（13）Gary Ecelbarger, *The Day Dixie Died: The Battle of Atlanta*, St. Martin's, p.10. Russell, *op. cit.*, p.114.

（14）Ecelbarger, *op. cit.*, p.225.

（15）兼子歩「南北戦争の概略」、ニナ・シルバー『南北戦争のなかの女と男――愛国心と記憶のジェンダー史』所収、兼子歩訳、岩波書店、二〇一六年、viii-xii.

（16）南部は、メキシコ戦争を勝利に導き、のちに南部連合国の大統領になるジェファソン・デイヴィス（一八〇八―一八八九）や、合衆国陸軍士官学校を卒業したロバート・リー（一八〇七―七〇）、ジェイムズ・ロングストリート（一八二一―一九〇四）などを擁していた。南部が勝利できると見なしていた理由については、以下の文献に詳しい。奥田暁代『アメリカ大統領と南部――合衆国史の光と影』慶應義塾大学出版会、二〇一〇年、一〇九―一一一ページ

（17）Barbara Welter, "The Cult of True Womanhood: 1820-1860," *American Quarterly*, 18, 1966, p.153.

（18）Garrett, *op. cit.*, p.530.

（19）Davis, *op. cit.*, p.41.

（20）*Ibid.*

（21）Garrett, *op. cit.*, p. 531.

（22）*Gone with the Wind*. Dir. Victor Fleming. Screenplay by Sidney Howard. Pef. Clark Gable, Vivien Leigh, Leslie Howard, Olivia de Haviland. Metro Golden Mayor, 1939. Film. ＤＶＤ『風と共に去りぬ』ワーナー・ホーム・ビデオ、二〇〇五年

（23）本章でのアトランタ陥落に関する歴史的事実や南北戦争中のアトランタ市民の生活実態については、次の文献を参

照。Russell, *op. cit.*, pp.112-115. Garrett, *op. cit.*, pp.631-655. Roth and Ambrose, *op. cit.*, pp.37-45.

（24）"620,000 Soldiers Died During the Civil War. Two Thirds Died of Disease, Not Wounds. Why." (http://www.civilwar.org/education/pdfs/civil-was-curriculum-medicine.pdf)［アクセス二〇一六年七月二十一日］

（25）*Ibid.*

（26）本章でのアトランタ復興に関する歴史的事実については、次の文献を参照。Garrett, *op. cit.*, p.698. Roth and Ambrose,*op. cit.*, pp.44-65. Russell, *op. cit.*, p.117.

（27）共和党の急進派として知られる下院議員サディアス・スティーヴンズ（一七九二―一八六八）は「解放奴隷が法の下で完全に平等になることを目指し」、一八六七年、財産没収法を議会で提案している。スティーヴンズは、南部の富裕階層から財産を没収して、解放奴隷への「四〇エーカーの土地とラバ一頭の分配を目指したが、「南部の敵」と見なされ、この法案は通過することはなかった」。前掲『アメリカ大統領と南部』一三四―一四三ページ

（28）本章での南北戦争後のアトランタの北部人への対応については、次の文献を参照。Roth and Ambrose, *op. cit.*, pp.44-45. Wendy Hamand Vent, *A Commerce and Conflict in Civil War Atlanta: A Changinig Wind*, Yale University Press, pp.194-195. David Pendered, "After Civil War, Atlanta's Leaders Were Ready to Return to Business, Says Upcoming Speaker at History Center." (http://saportareport.com/after-civil-war-atlantas-leaders-were-ready-to-get-back-to-business-author-says/)［アクセス二〇一六年八月十五日］

（29）Sidney Howard, *Gone with the Wind: The Screenplay*, Herb Bridges and Terryl C. Boodman, eds., Delta, 1989, p.400.

（30）*Ibid.*, p.401.

（31）Engrado Medeiros da Silva, "Redeeming the Old South in David O. Selznick's *Gone with the Wind*." *Anglo Saxonica*, 3.7, 2014, p.135.

（32）*Ibid.*

（33）Frederick Douglass, "What Black Man Wants," Selected Addresses of Frederick Douglass, Wilder Publications, pp.24-30. Frederick Douglass, "Self-Made Man," (http://www.monadnock.net/douglass/self-made-men.html)［アクセス二〇一六年八月二十九日］. Robert M. S. McDonald, "Frederick Douglass: The Self-Made Man," *Cato's Letter*, 9.4, 2011, pp.1-8. (http://object.cato.org/sites/cato.org/files/pubs/pdf/catosletterv9n4.pdf)［アクセス二〇一六年八月二十九日］

（34）本章での南部の再建に関する歴史的事実については、次の文献を参照。横山彰人「南部の再建」『世界史ノート』(http://www.sqr.or.jp/usr/akito-y/kindai/90-usa5.html)［アクセス二〇一六年八月二十九日］。奥田暁代「トマス・ディクソンとその時代」、トマス・ディクソン・ジュニア『クー・クラックス・クラン――革命とロマンス』所収、奥田暁代／高橋あき子訳、水声社、二〇〇六年、三二九―四一一ページ。前掲『アメリカ大統領と南部』一三一―一五四ページ。Garrett, *op. cit.*, p.680. 前掲『アトランタ』一二一ページ

（35）本章の『風と共に去りぬ』と奴隷制擁護の小説との関係については、山口ヨシ子「奴隷制擁護の小説とマミーの身体――「反アンクル・トム小説」から『風と共に去りぬ』へ」（笠間千浪編著『〈悪女〉と〈良女〉の身体表象』〔神奈川大学人文学研究叢書〕所収、青弓社、二〇一二年、一六―七〇ページ）を参照。

（36）Thomas Jefferson, *Notes on the States of Virginia*, Penguin, 1999, pp. 150-151.

（37）*Ibid.*, pp.137-155, 168-169.

（38）明石紀雄『トマス・ジェファソンと「自由の帝国」の理念――アメリカ合衆国建国史序説』ミネルヴァ書房、一九九九年、九六―九八ページ

（39）Harriet Beecher Stowe, *Uncle Tom's Cabin*, Norton, 1994.

（40）John Pendleton Kennedy, *Swallow Barn: or, A Sojourn in the Old Dominion*, Louisiana State University Press, 1986.

（41）Joyce Lyn Jordan-Lake, *Fighting Fire with Fiction: Matrifocal Representations and the Image of the Female Christ in Anti-Uncle Cabin Novels*, Diss. Tufts University, 2001, UMI, 2006, p.63.

（42）Alexis de Tocqueville, *Democracy in America*, Viking, 1972, pp.394-395.

（43）前掲『アトランタ』一三一ページ。以下、本章での南北戦争後のアトランタの黒人の教育問題については、同書一

六一一七一ページ、および以下の文献を参照。Roth and Ambrose, op. cit., pp.75-80. Alton Hornsby, Jr., *A Short History of Black Atlanta: 1847-1993*, E-Book Time, 2003, pp.47-74. Garret, *op. cit*., pp.742-744. James D. Anderson, *The Educaton of Blacks in the South: 1860-1935*, The University of North Carolina Press, pp.4-32. "Freeman's Education during Reconstruction," *New Georgia Encyclopedia*. (http://www.georgiaencyclopedia.org/articles/history-archaeology/freedmens-education-during-reconstruction)［アクセス二〇一六年八月三十日］

(44) Thomas Dixon, Jr., *The Leopard's Spots: A Romance of the White Man's Burden, 1865-1900*, Doubleday, 1902.

(45) Thomas Dixon, Jr., *The Clansman: An Historical Romance of the Ku Klux Klan*, Grosset, 1905.

(46) Thomas Dixon, Jr., *The Traitor: A Story of the Fall of the Invisible Empire*, Doubleday, 1907.

(47) Linda Williams, *Playing the Race Card: Melodramas of Black and White, From Uncle Tom to O. J. Simpson*, Princeton University Press, 2001, p.101. ディクソンについては、前掲「トマス・ディクソンとその時代」を参照。

(48) *The Birth of a Nation*. Dir. D. W. Griffith. Per. Lillian Gish, Mae　Marsh, Mary Alden, and Henry B. Walthall. DVD『國民の創生』IVC.

(49) Kevin Brownlow, *The Parade's Gone By*, The University of California Press, p.26. 青木冨貴子『「風と共に去りぬ」のアメリカ――南部と人種問題』（岩波新書）、岩波書店、一九九六年、一三六ページ

(50) Williams, *op.cit*., p.98.

(51) Richard Harwell, *Margaret Mitchell's* Gone With the Wind *Letters: 1936-1949*, Macmillan, p.52.

(52) Gerald Wood, "From *The Clansman Birth of a Nation* to *Gone with the Wind*: The Loss of American Innocence," ed. Darden Asbury Pyron, *Recasting*: Gone with the Wind *in American Culture*, University Press of Florida, p.123. Harwell,*op. cit*., p.52.

(53) Garrett, *op. cit*., p. 873. 前掲『アトランタ』一二一ページ

(54) 同書一二二ページ

(55) Eric Foner, *Reconstruction: America's Unfinished Revolution, 1863-1877*, Harper, 1988, pp.423-424.

(56) 猿谷要『アメリカ黒人解放史』(Nigensha Simultaneous World Issues)、二玄社、二〇〇九年、一五九ページ

(57) Ida B. Wells Barnett, "Lynching and the Excuse for it," *The Independent*, 53, 1901, pp.1133-1136. (http://lincoln.lib.niu.edu/islandora/object/niu-gildedage%3A24185)［アクセス二〇一六年八月二十八日］

(58) アトランタ暴動（一九〇六年九月）については、次の文献を参照。前掲『「風と共に去りぬ」のアメリカ』一三三ページ。前掲『アトランタ』一七七―一七八ページ。William A. Link, Atlanta, *Cradle of the New South: Race and Remembering in the Civil War's Aftermath*, The University of North Carolina Press, 2013, pp.181-189. Darden Asbury Pyron, *Southern Daughter: The Life of Margaret Mitchell and the Making of* Gone with the Wind, Hill Street Press, 1991, pp.31-33.

(59) 前掲『「風と共に去りぬ」のアメリカ』六三ページ

(60) Howard Dietz, ed., *Gone with the Wind*, Greenstone, n. d.

(61) Jill Watts, *Hattie McDaniel: Black Ambition, White Hollywood*, Amistad, 2007, p.168, p.177.

(62) Elizabeth Young, *Disarming the Nation: Women's Writing and the American Civil War*, The University of Chicago Press, 1999, p.233.

(63) Watts, *op. cit.*, pp.174-175.

(64) Carlton Moss, "An Open Letter to Mr. Selznick," ed, Richard Harwell, *op. cit.*, pp.156-159.

(65) Malcolm X, *The Autobiography of Malcolm X: As Told to Alex Haley*, Ballantine, 1992. Young, *op. cit.*, p.232.

(66) Harwell, *op. cit.*, p.274.

(67) *Ibid.*, p.273.

(68) 前掲『アメリカ大統領と南部』一三五ページ

(69) 本章での現代のアトランタについては、以下の文献を参照。2010 US Census. Joel Kotkin, "The Cities Where African-Americans Are Doing the Best Economically." (http://www.forbes.com/sites/joelkotkin/2015/01/15/the-cities-where-african-americans-are-doing-the-best-economically/#59543b2d1a0)［アクセス二〇一六年八月三十一日］。

Zack Cartwright, "Protesters Are in a Standoff with Police on Atlanta Highway." (http://usuncut.com/black-lives-matter/atlanta-protesters-block-highway/)［アクセス二〇一六年八月三十一日］

第5章　パリは燃えているか？
——パリ・コミューンの廃墟をめぐって

熊谷謙介

はじめに

『パリは燃えているか？』から『パリ燃ゆ』へ

『パリは燃えているか？』（監督：ルネ・クレマン、一九六六年）は第二次世界大戦末期、レジスタンスの蜂起からパリ解放までを描いた作品で、カーク・ダグラスやアラン・ドロン、オーソン・ウェルズなどオールスター・キャストで演じられた映画である。パリを敵の手に渡すくらいなら破壊してしまえと命令し、「パリは燃えているか？」と電話で確認するアドルフ・ヒトラー。それに対し、パリ防衛を任されていたディートリヒ・フォン・コルティッツはその命令に従うことなくパリを撤退する。このエピソードをコルティッツとスウェーデン総領事ラウル・ノルドリンクの駆け引きに凝縮して映画化した『パリよ、永遠に』（監督：ファルカー・シュレンドルフ、二〇一四年）の冒頭では同時期に荒廃したワルシャワの映像を引用することで、ありえたかもしれない廃墟のパリを喚起している。

こうした作品を観て、「やはり芸術の都、パリを燃やすことなど誰にもできないだろう」と嘆息することもできるだろう。確かに他の都市と比べれば、パリが破壊されることは稀だったといえる。フランス革命の際に「ヴァンダリスム（文化財破壊）」は起こったが、その対象は教会や王権に関わる建築などにとどまったし、また地震やロンドン大火のような災害に遭うことも少なかった。

しかし「パリは燃えているか？」という問いかけに対して、「パリ燃ゆ」（大佛次郎）と答える事件があった。パリ・コミューン末期の火災（一八七一年五月）がそれである。パリの三分の一を焼いたとされるこの火災によって、市庁舎や、ルーブル美術館の隣に位置していたチュイルリー宮殿は廃墟と化し、そのイメージは、長期間にわたって人々の目に焼き付けられることになった。普仏戦争（一八七〇―七一年）の敗北に加えて、コミューンという内乱とその弾圧を通して繰り返された暴力は、フランスの心理的傷痕となって十九世紀末の文化的・社会的背景として存在し続けた。本章では、このようなカタストロフィー体験をパリの焼け跡の表象を通じて考察し、そこからの回復あるいはその隠蔽の試みを、遺構の処理や新しいモニュメントの建築を通じて論じていく。

イメージのない革命？

革命の表象という観点では、フランス革命（一七八九―九九年）であれば『マラーの死』をはじめとするジャン＝ルイ・ダヴィッドの作品、七月革命（一八三〇年）であればウジェーヌ・ドラクロワの『民衆を導く自由の女神』というように、それぞれの革命を代表する絵画作品が存在してきた。それに対してパリ・コミューン（一八七一年）は「イメージのない革命」（ベルトラン・ティリエ）[1]と語られる。きわめて短期間（七十二日間）で終焉したことや、検閲やサロンの審査制度などによって絵画の題材として認められなかったという理由もあるが、このような状況を含めたうえで注目したいのが写真という存在である。後に示すように、コミューン後のパリの廃墟の写真は大量に撮影され、アルバムという形で、さらには版画となって出版物に掲載されることで複製・流通していった。また戦場写真というジャンルを考えれば、一八四八年の二月革命はほとんど写真に撮られなかったが、クリミア戦争（一八五三―五六年）、南北戦争（一八六一―六五年）を経て、フランスではコミューン後に初めて、記録・表現メディアとして写真が産業化していった（カタストロフィーという文脈でいえば、日本では磐梯山噴火〔一八八八年〕が本格的に写真によって記録された災害の最初といわれている）。「イメージのない革命」は決定的なイメージのない革命、さらにいえば、イメージが増殖する革命、と読み替えられるかもしれない。

したがって本章第1節では、まずは歴史的背景からコミューンそして「血の一週間」での火災について、イコノクラスム（偶像破壊）という考えと関連づけて論じる。第2節では廃墟についてエドモン・ド・ゴンクール、ジョリス＝カルル・ユイスマンス、テオフィル・ゴーチエが記したことをもとに、彼らがどのような枠組みによって廃墟やコミューンに対するイメージを作り上げていったのかを見ていく。第3節では写真による廃墟像について、そのイデオロギー的多層性や、出版・観光などの産業との関連、またイメージ加工の問題から論じる。そして最終節では、ポスト・コミューン期のパリの地理的状況を、チュイルリー宮殿とサクレ・クール寺院を例に考察する。現在は庭園となり存在していないチュイルリー宮殿と、パリ市内を一望できるモンマルトルの丘の寺院で、コミューンの記憶と忘却という問題について何が賭けられていたのかを探りたい。

1　火災とイコノクラスム

二重の抑圧

まずパリ・コミューンの歴史を振り返ろう。一八七〇年に普仏戦争が勃発するが、皇帝ナポレオン三世はセダンの敗戦後捕虜となり、九月四日には第三共和制がパリ市庁で宣言される。戦争は続行され、プロイセン軍によってパリは包囲された。寒波が襲ったパリは極度の食糧難に陥り、それに加えて砲撃に悩まされることになる。七一年一月二十八日に休戦合意が調印されるが、選挙後に締結された講和条約には、アルザス・ロレーヌ地方の割譲や五十億フランに及ぶ賠償金が含まれていて、パリ市民はアドルフ・ティエール率いる政府に対して不満を感じるようになった。武装化を進めるパリに対して政府は、モンマルトルの丘の上に据えられた大砲を奪おうとして失敗し、二人の将校が民衆の怒号のなか銃殺され（そのうち一人は一八四八年の民衆の蜂起を鎮圧したことで知られる将軍だった）、政府はヴェルサイユに撤退する。これがきっかけとなって三月二十八日に、市庁舎でコミューンが宣言され、義務教育や教育の非宗教化、夜間労働の廃止などの政策が提示された。しかし、パリは今度はヴェルサイユ政府軍によって包囲・進攻され、五月二十一日から二十八日の間にパリ・コミューンは鎮圧された（「血の一週間」）。コミューン側で戦闘や処刑によって殺された者は二万人以上に及ぶと推計されている。この「血の一週間」で起こったのが、パリ各所での火災である。

このように一八七〇、七一年にわたって、フランスは大きな傷を負った。しかし、単純にこれを「敗戦のトラウマ」と考えることはできない。文化史研究で名高いヴォルフガング・シヴェルブシュは『敗北の文化』で普仏戦争後の状況について、「コミューン弾圧は、明らかに国家への裏切りという観点から、敗北と諦めを、国家から排除された分子の罪として押し付けようとする最初の試みであった(2)」と指摘している。つまり、主流派は七〇・七一年の経験を、プロイセン軍と連合してパリ・コミューンを抑え付けて「勝利」を果たしたという体験に読み替え、敗戦のショックをいくぶんか軽減することができたわけである。

火災はなぜ起こったのか

血の一週間におけるパリの火災は、コミューンの大罪として盛んに語られてきた。その証拠とされたのが廃墟

図1　「放火女（ペトロルーズ）」
（出典：Fae Brauer and Serena Keshavjee ed., *Picturing Evolution and Extinction,* Cambridge Scholars Publishing, 2015, p.IX）

写真であり、それを象徴するのが、「放火女（ペトロルーズ）」という形象である（図1）。片手に火の燃えさし、もう一方の手に油を持った像で表される女性は、パリの各所で放火をした犯人のイメージとして広がり、コミューン後の言説やカリカチュアにしばしば登場するだけでなく、実際に疑われて裁判にかけられた女性もいた。歴史家たちによる調査によって放火女など実在しなかったことが論証されているが[3]、ルイーズ・ミシェルに代表されるような、政治に参加した「解放された女」に対する偏見が土台にあって生まれた神話といえるだろう。

　それではこの火災の実態とはどういうものだったのか。まず火事の原因は、コミューン側の放火によるものだけではなく、ヴェルサイユ軍の砲撃、あるいは戦闘での飛び火によるものもあった。またイメージでは、すでにプロイセン軍による激しい爆撃で破壊されていたパリ近郊サン＝クルーの写真が、「コミューンの暴力の跡」としてアルバムに組み入れられることもあった。第二に、コミューン側にとっては、バリケードの近くの家屋を前もって破壊することで敵の進攻を遅くするという戦略上の理由もあった。ナポレオンのロシア遠征の際、ロシア側が先にモスクワを焼き払ったため、物資が窮乏したフランス軍が敗北した例も想起できるだろう。最後に、コミューン側の指揮系統がもともと弱く、撤退という混乱のなかで放火がおこなわれたケースもあった。

　とはいえ、コミューン側の放火がある意味で計画的・思想的なものだったことも否定できない。ルイーズ・ミシェルの言葉「パリはわれらのものだ。そうでなければもはや存在しない」（五月十七日）や、「ヴェルサイユがプロイセンに与するのなら、パリこそが自らを破壊することになる。砲撃を加えた者たちに街路の敷石を踏ませるよりは廃墟の下に埋葬されるほうがましだ」（五月十九日「民衆の叫び」紙）という論調は、自己破壊の欲望として捉えられる。[4] また火を放つ建物についてもある種の選択があった。チュイルリー宮殿に放火したのは王家がパリの本拠地としてきた「圧政の巣窟」のためであり、市庁舎はコミューンを宣言した聖地であって、それをヴェルサイユ政府に渡すことが許せなかったため、とされる。[5] 他方、ヴェルサイユ軍が攻め込んでくる当日まで、コミューン政府は宮殿内や庭園を使って、民衆に開かれた無料コンサートをおこなっていた。場を占有し、場の意味を変容させるプロセスの行き着く果てとして、放火という行為を考えることもできるのではないだろうか。

偶像を破壊する

コミューン側の計画的放火という観点から、コミューンがヴァンドーム広場の円柱を倒壊させた事件との関連性を指摘することもできる。ローマ風の衣装をまとったナポレオン像を冠した円柱は、「野蛮の記念碑であり、暴力と偽りの栄光の象徴であり、軍国主義の肯定であり、国際法の否定であり、敗者に対する勝者の永遠の侮辱であり、フランス共和国の三大原則の一つである博愛に対する永遠の侵害である」（四月十二日布告）として、五月八日、「ラ・マルセイエーズ」などの革命歌が演奏され、民衆が多数詰めかけるという祝祭的雰囲気のなか、切り倒されたのである。これはイコノクラスム（偶像破壊）の行為であり、ヴェルサイユ軍を率いたティエールの邸宅の解体と合わせて、権勢のシンボルを取り除こうとするコミューンの意志が存在したことは明らかだろう。

しかし、このような偶像破壊をヴァンダリスム（文化財破壊）と同等のものとすることには疑問が残る。例えば、このヴァンドームの円柱の倒壊事件の首謀者とされたギュスターヴ・クールベは、一方でプロイセン軍による侵略から美術品を保護する運動をおこなっており、またルーヴル美術館や自然史美術館、チュイルリー宮殿を民衆に開放したり、芸術家協会の民主化を進めることによって、芸術作品を一部の特権階級だけが独占する体制を改革しようとしていたのである。[6]「文化」や「文明」と名が付くものをすべて否定するのではなく、権力のシンボルとなるものを拒絶し、権威から文化を解放して、民衆が集う祝祭を生み出すことが、クールベをはじめとするコミューンの理念だったのであり、その延長線上で火災という問題を考える必要があるだろう。

2 「語られる」廃墟——文学者たちのコミューン

反コミューン派の廃墟

ここまで廃墟を作り出す側の理由について論じてきたが、ここからは廃墟ができた後、それを目の当たりにした側の反応について見ていきたい。ポスト・カタストロフィー的状況にあって、コミューンの廃墟を眺め表象する立場というのは、反コミューン派、少なくともコミューンからは距離を置いた立場であり、それは文学者について顕著なものであった。コミューンの知らせを聞いて矢も楯もたまらずパリに出京してきた青年詩人アルチュール・ランボーや、実際にコミューンに参加し『子ども』などで知られるジュール・ヴァレスなどを例外として、多くの文学者は冷淡な態度をとり続けた。

しかし、そうしたなかでも廃墟についての言説は多く確認できる。それはなぜか？　次節で見るジャーナリズム的要請もあるだろうが、おそらくは政治的議論を抜きに自らの美学を開陳できる場として、さらには廃墟に目を向けることで、コミューンの弾圧のむごたらしさ、あるいは罪責感から目をそらすことができるという面が大きいのだろう。[7]彼らが廃墟を語る言葉から、ある種の防御反応と呼べるような認識の枠組みを読み取っていきたい。

廃墟の美――「これはひどいが美しい！」

まずはレアリスム小説家と分類されるゴンクールが、被災したパリ市庁舎について日記で記している個所を見てみよう。

この廃墟は見事であり壮大だった。それは薔薇色と灰緑色と灼熱の赤白色のさまざまな色調で、石油で焼かれた石の瑪瑙化した輝くばかりの廃墟だ。数世紀にわたる太陽に彩られたイタリアのどこかの宮殿の廃墟、電気の灯とその反射のゆらめく何かのオペラのなかにひたっている魔法の宮殿の廃墟であるかのようだ。（略）この廃墟は、もし国がこれをヴィオレ＝ル＝デュック氏に修復を依頼しないで済ませられるとしたら、永久に保存すべき絵のごとき名所となるだろう。(8)

細かい色の描写や、ローマの遺跡を喚起するようなイタリアへの言及もさることながら、「見事であり壮大」と廃墟に美を見ていることは、この記述がコミューンが崩壊したその当日（五月二十八日）のものであるだけに重要である。ヴィオレ＝ル＝デュックは十九世紀に中世の教会建築などの修復に尽力した建築家だが、廃墟のまま残したほうがピトレスクではないかと皮肉を込めて語る姿勢には、芸術家としてのポーズも感じ取れる。

また時代を下って、世紀末を代表する小説家ユイスマンスは、一八八六年に書かれた美術時評「装飾芸術美術館と焼亡建築」で、現代建築の醜さを嘆き、その時点でもパリに数多く残されていたコミューン後の廃墟を取り上げて、そこに美を見る。「証券取引所も、マドレーヌ寺院も、陸軍省も、サン＝グザヴィエ教会も、オペラ座もオデオン座も、汚辱の芸術を集めた最低のものをすべて燃やしてしまうことはできないものだろうか？　もしそれが実現したのなら、〈火〉こそがわれらの時代の本質的な芸術家であることにわれわれは気がつくだろう。

生のままでは哀れなこの時代の建築も、焼かれてはじめて、威厳のある、崇高といってもよいものとなるのだ」[9]。ここに「破壊の美」という過激なマニフェストを見ることができるかもしれないが、火こそが創造者であるなどの言葉に見られるように、市民の常識を逆なでする表現は、ポスト・コミューンの言説で常套句となっていたものだった[10]。またバビロン、ソドムとゴモラなどの『聖書』の伝統や、トロイ、ポンペイ、コリント、カルタゴといった古代ギリシャ・ローマ文化を典拠として廃墟を語る例も多く見られる。それは戦跡を見る行為を、あくまで間接的な体験にとどめているといえるだろう。

文明のなかの蛮族

一方、このような廃墟の詩学ともいうべきものは、世紀末を彩るデカダンスの美学と親和性が高い。一般にデカダンスという文化状況については、普仏戦争の敗北という文脈のなかで語られることが多かった。具体的には、頑強なゲルマン民族に対して柔弱なラテン民族は敗れ、ローマ帝国の退廃を反復することになるが、「蛮族」プロイセンに対して「文明人」フランスは文化面では勝利している、という認識である[11]。

しかしこうした「野蛮と文明」という図式は、同国人、つまりコミューン側に立った人々に対しても当てはめられているのではないか。ゴーチエは『パリ包囲情景』で、「現代の蛮族」という章を設けて、コミューンの戦士たちが、極度に発展した文明のただなかで古代に回帰したように生きているとし、また「地下の泥が腐って不純な臭いを発するようにパリの舗石の間から湧き上がってきたもの[12]」とまで語っている。教会勢力の側からは次のような言説も見られる。

蛮族らは我々の都市の中におり、政治的、宗教的、社会的秩序に反する最も恐るべき陰謀をひそかにたくらんでいる。

蛮族！　古きガリアや中世のフランスを一掃したフン族やヴァンダル族、また北欧の海賊やサラセン人よりも、もっと野蛮なものども……。

蛮族！　本当の蛮族がやってきた。神に、また神の存在と結びついているがゆえに人間に、さまざまな事物それ自体に、石に、記念碑に、思考の作品に、神と人間に結びついているがゆえに芸術作品に、戦いを挑みながら。(13)

このように語られる「蛮族」(barbares) は、ローマを荒廃させたヴァンダル族と結び付けられていることに象徴的なように、「文化財破壊」(vandalisme) を犯した者とされる。放火は、現代の蛮族による文明の破壊行為なのだ。

文学者たちの捉えたコミューン、それは蛮族の所業であり、距離を置いて見るべきものだった。廃墟を古代趣味によって色づけ、火がもたらした美に嘆息することで、民衆の破壊の暴力が実際には何に由来しているかを直視しないようにするフレームを、ここに確認することができるだろう。

3 「撮られる」廃墟、「売られる」廃墟

現代の廃墟

ここまで、パリの「現代の」廃墟の文学的表象の多くが、「過去の」廃墟を描いた既成のイメージに重なることを見てきた。そこではデカダンス的な面を強調されているとはいえ、十八世紀にディドロを中心として理論化された「廃墟の詩学」(「甘美な憂鬱」「世俗からの避難所」など) や、シャトーブリアンやユゴーが作品で打ち立て

図2　市役所の廃墟
（出典：Jean Baronnet, *Regard d' un parisien sur la Commune,* Gallimard - Paris Bibliothèques, 2006, p.136.）

たロマン主義的廃墟趣味[14]を超えるものは見いだしがたいといえる。

とはいえゴーチエは『情景』の別の個所で、「このように突然できた廃墟とは同じではない。廃墟は長い時間放置されてできた廃墟とは同じではない。依然として穏やかな褐色の色合いも帯びていないし、ばらばらになった構築物を蔦や野生の花が飾って明るく見せるということもない。すべてが無味乾燥で、どぎつく、激しいのだ[15]」と、彼自身の言葉によれば、自然死を遂げてできた廃墟と、殺害されてできた廃墟の違いに注目している。実際、同時代の言説では、廃墟を彩る植物の欠如を指摘する声に加えて[16]、火事があったときの時刻のまま止まっている時計に衝撃を受ける声も聞かれるように[17]、同時代の廃墟に特有のものを探る傾向も見られないことはない。

この観点から考えると、写真による廃墟表象は、そうした同時代的特質を浮かび上がらせやすいものだろう。写真では、これまで廃墟に対して与えられてきた印象に拘束されない、光学的な眼による客観的な記録が刻み込まれるのだから。

なぜ廃墟と写真なのか

まず廃墟と写真の密接な関係について、技術的・歴史的な文脈もふまえて確認したい。第一に、この時代の写真機では露光に時間がかかるため、ポートレートであれば長く不動のポーズをとる必要があったが、廃墟はある種常にポーズを撮っている風景であったという点である。逆にいえば、パリの廃墟の前を人々が通り過ぎても、無人のものとして、あるいは幽霊のような微かな存在として刻印されるだけなので、写真にはむしろ形而上学的・メランコリー的な要素が期せずして喚起されてくる（図2）。一方でダイナミズムが必要とされる情景の撮影は困難で、例えばヴァンドーム広場の円柱倒壊事件や火災で炎が燃え広がる様子を捉えた写真は少数だった。このため、写真をもとにして版画を作り、その場にいただろう人々の姿や動的要素を付け加えることで、臨場感があるイメージが作り出されていった。挿絵入り新聞として名高い「イリュストラシオン」紙や「ユニヴェール・イリュストレ」紙、大衆紙「プティ・ジュルナル」などでは、廃墟やコミューンが引き起こした事件の数々が、反コミューンの立場から描かれた。

第二に、写真の記録的・アーカイブ的機能である。一般には写真批判の最も有名な文章といわれているボードレールの「現代の公衆と写真」では、写真が芸術の領域に立ち入らず、「旅行家の画帖を敏速に豊かならしめ、彼の記憶に欠けるでもあろう精確さを彼の眼に取り戻してくれること、（略）写真が、崩れ落ちようとする廃墟を、（略）忘却から救うならば、感謝され喝采されることでしょう」[18]と語られている。写真には何よりも失われゆくものをとどめる機能が期待されたのである。実際、写真による最初の出版物といわれているのは、廃墟を撮影したマクシム・デュ・カンの『エジプト・ヌビア・パレスチナ・シリア、一八四九年、五〇年、五一年』にまとめられた写真的デッサン』という作品だった。[19]彼はコミューンに対しては『パリの痙攣』という糾弾文書を残し

図3　ウジェーヌ・アペール『コミューンの犯罪』（クレマン・トマ将軍とジュール・ルコント将軍の殺害）
（出典：Yves Barde, *Comprendre la Commune de Paris,* Ouest - France, 2011, p.73.）

ている。コミューン後には写真の記録媒体としての需要はさらに高まった。「写真報知」誌の論説主幹のエルネスト・ラカンは写真家を「解体屋」と正反対の存在とし、かりそめの存在であるパリの廃墟を紙にとどめ、永遠のものにする役割を担っていると宣言している。[20]この時代、写真を出版などに使用する場合、公的に届け出をする必要があったが、コミューンに関係するもののうち三分の二が廃墟写真だったといわれている。

第三に、写真そのものが「それはかつてあった」（ロラン・バルト）ことを保証する痕跡であり、かつて存在していた建築の痕跡である廃墟と同一の様相を呈しているという点である。こうした感覚は、現在に生きる者が約百五十年前に撮影されたコミューン写真を見るときに、強く感じるものといえるだろう。

加工される写真

しかし最後に強調したい点は、これまでに挙げた三つの特徴と齟齬を来しかねないものである。

それは写真は純粋な記録や痕跡ではなく、加工することができるという点である。すでに触れたように、写真はそのまま文字と一緒に印刷できないため、版画にしてから印刷されていたのであり、そこには劇的な効果を与える余地があった。写真と文字の同時印刷が実現するのはハーフトーン印刷が発明される一八八〇年代になってからのことである。

また記録という点から興味深いのは、同時代の人々に好評だったフォトモンタージュ（コンポジット・フォト）である。ウジェーヌ・アペールはヴェルサイユ政府側に立ってコミューン首謀者たちの顔写真を撮影していた写真家だが、『コミューンの犯罪』という写真集では、追い詰められたコミューン側が人質を銃殺する瞬間を精巧な合成写真によって作成している（図3）。アペールの例は極端であっても、写真はイデオロギーに無縁の存在であるとは決していえない。例えばコミューン後に盛んに出版された廃墟写真集では、前書きやキャプションが、ほとんどといっていいほどコミューン側の罪状を告発する調子で書かれていた。写真だけを見れば客観的な記録にしか見えなくても——とはいえコミューン弾圧後に廃墟をコミューン側の視線で撮影し、鑑賞することは考えにくいが——、それを取り巻く、新聞・雑誌やアルバムだけでなく、ステレオ写真や訪問名刺、絵葉書などまでを含むメディア環境によって意味が変容する。[21] さらには廃墟のイメージが増殖することで、同時代の人々にとっては、新しい廃墟が有していた喪失の衝撃が軽減されていたのかもしれない。「それはかつてあった」は、「それはいつも、どこにでもある」に変質したのだ。[22]

廃墟を巡る旅

写真と並ぶ廃墟の商業的展開として、廃墟観光について最後に触れておく。フローベールが「二週間前、パリに一週間滞在していわゆる「廃墟詣で」をしてきました。でもパリ市民のすばらしき愚鈍さと並べてみれば、廃墟など何ものでもないですが。廃墟は信じられないくらいすばらしく、コミューンを褒めたたえたくなるほどです[23]」と冗談めかして語るように、文学者がおこなう見物もあれば、パリや地方から、集団でツアーを組んで、双眼鏡とメモ帳を手にして、廃墟から小石を拾ってみやげとするのを楽しんだ人々も現れたようである。『廃墟周遊ガイド（*Guide au travers des ruines*）』と題されたガイドブックでは、四日間の散策コースが提案されていて、パリの「見物《みもの》」廃墟を効率よく回ることもできた。

こうした観光という現象のなかで、たびたび言及されたのがイギリスからの団体ツアーの様子である。ロンドン万国博覧会の際に団体であることを利用した格安ツアーを実現したトーマス・クックが、コミューン瓦解後すぐに組織したもので、パリの歓楽を体験できることに加えて、かつて貴族の子弟がローマ文明の廃墟を訪れるグランドツアーをおこなったように、一般の庶民が廃墟を見て思いをめぐらせることを可能にしたツアーだった。ここにはいわゆる「廃墟詣で」の伝統の継承が、大衆化・世俗化された形で実現しているのである。

著名な風刺画家シャムはこうしたイギリス人団体ツアーを描いた作品を残している。廃墟を見学しているイギリス人に少年が次のような言葉をかける。「閣下、当惑されることはありません。閣下がこういうことを面白いと思うなら、あなたのお国にも同じことをしに行けますから[24]」

4　都市の再生？——チュイルリー宮殿とサクレ・クール寺院

都市改造と廃墟

ここまで言語表現と写真表現からコミューンの廃墟の表象を追ってきたが、両者に共通していたのは、廃墟を見る者たちが廃墟という空虚を直視しないですむように、さまざまな幻想（美学、レトリック、イデオロギー、商業主義など）によって覆い隠そうとする姿であった。最後に見るのは、この時代の空虚に満ちた都市パリが、建築やモニュメントによってどのように回復を試みたのかという問題である。

パリは一八七〇―七一年の争乱によってはじめて廃墟となったわけではなかった。それに先行して、「パリの外科手術」と称されたオスマン改造が進められ、第二帝政期には街のいたるところが解体現場と化していた。ヴァルター・ベンヤミンの言葉「パリの大火は、オースマン男爵の破壊事業にふさわしい終幕である(25)」は必ずしも言い過ぎたものではない。ユゴーもまた破壊という観点から「オスマン氏が始めたことをビスマルクが完成させた(26)」と述べているのであり、第二帝政でオスマンが望んでもできなかった建築物の解体が、普仏戦争やコミューンによって図らずも実現し、彼が考える新しいパリの土台ができあがることになったのである。

しかし廃墟というのは更地を意味するわけではない。建物は焼け残っているのである。このような遺構に対しては四つの処理のしかたがある。第一に「撤去」(destruction)、第二に「修復」(restauration)、第三に「再建」(reconstruction)があるが、最後の対応策は何もしないこと、廃墟を廃墟のままにしておくという選択肢である。ゴーチエは郊外のサン＝クルーについては、「廃墟を見なければ、このような災厄について考えることもできないのだから、サン＝クルーを破壊されたポンペイのようにそのままにしておく必要があるのではないか。これが戦争だということを見に来ることもできるだろうから(27)」という提案をしている。

中心の廃墟――チュイルリー宮殿

一八七〇年代にはこうした郊外だけでなく、パリの中心でも廃墟がそのまま放置されている事例が少なくなかった。しかし例えば市庁舎については一八七三年に再建案が決まり、八二年に完成するが、市庁舎と並んで代表的な廃墟だったチュイルリー宮殿の命運は違っていた。

東はルーヴル美術館に面し、西に向かえばコンコルド広場、さらにはシャンゼリゼ通り、エトワール凱旋門へと抜けていく位置にあったチュイルリー宮殿は、十七世紀以来の王家の宮殿であるとともに、パリを横断する軸の中心をなす要の位置にあった。コミューン崩壊後は、「廃墟をそのままにするのは愛国的感情を傷つける」という理由からチュイルリー宮殿を再建しようとする声が上がったが、一八七〇年代後半、第三共和政で共和派が勝利したことで風向きが変化する。共和派は、チュイルリー宮殿はコミューンの過激さを象徴するだけでなく、王政の権力を誇示するという理由からも、解体すべきであると主張した。君主政の復活を待望する王党派・ボナ

図4　エルネスト・メソニエ『チュイルリー（一八七一年五月）』
（出典：Tillier, *op. cit.*, p.357.）

パルティストとも、社会主義的なヴィジョンを持つコミューン派とも距離を置く、中道的な立場をとったのである。

図5　ブリュノ・ブラクエ『チュイルリー宮殿の廃墟』
（出典：*Braquehais, op. cit.*, p.16.）

一八七八年には万国博覧会が開かれ、フランス「再生」の機運が盛り上がる。八〇年七月十四日——制度化された最初の革命記念日——にはコミューン派の恩赦が認められ、ニューカレドニアなどへの流刑に処せられていた人々が本土に帰還してくる。チュイルリー宮殿の廃墟の撤去は、八二年に議会で承認された。

解体と再生、あるいは忘却？

チュイルリー宮殿は一八八三年に撤去されることになるが、その跡地には、ロンドンの水晶宮をモデルとした温室や科学館など、さまざまな建築案が提出された。空虚を見ると満たさずにはいられなくなる「空間恐怖」（horreur du vide）の良い例のように思えるが、結局、庭園とすることで現在に至っている。また、解体された建物の断片は国や個人に買い取られたが、変わったところでは、その大理石を切り出して作られた文鎮が、「フィガロ」紙の販売促進のキャンペーンで購読者に配布されたといわれている。

視覚表現では、歴史画家エルネスト・メソニエの『チュイルリー（一八七一年五月）』（図4）が注目できる。この作品は廃墟写真をもとに書かれたのではないかとベルトラン・ティリエは推測しているが、例えばブリュノ・ブラクエが撮った写真と構図が似ていることが指摘できる（図5）。チュイルリー宮殿が解体された一八八三年に発表されたこの作品は、コミューン崩壊後に制作され、チュイルリー宮殿の撤去が決まってから再び手が入れられて完成したようである。

焼き払われたチュイルリー宮殿のなかから、ナポレオン三世が建てたカルーゼル凱旋門の上部の兵士たちの像を覗くという構図からは、過去の栄光を未来に投影することで焼け跡からの再生を望むというメッセージを読み取ることができるだろう。ティリエの詳細な分析(28)によれば、画布下部のプレートに書かれているのは「祖先の栄光はなおあたりを輝かす」を意味するラテン語の章句だそうである。

この、写真イメージの再利用であると同時に、廃墟の喪失を再生のヴィジョンによって補おうとする試みは、その背後にコミューンの記憶を抑圧する姿勢が潜んでいるともいえる。作品中に廃墟として表象されたコミューンは、あくまで「フランスの栄光の喪失」の役割を負わされているだけである。第二帝政、さらにはナポレオン時代の記憶と接続しながら、確立しつつある共和政のもとで、フランスの威信の回復を示唆するものだった。

「彼らの罪を許したまえ」――サクレ・クール寺院

最後に、モンマルトルの丘に聳えるサクレ・クール寺院を見てみたい。ここは廃墟ではないものの、コミューン成立のきっかけとなった砲台奪取に関わる事件が起こった「聖地」であり、血の一週間ではコミューン派の処刑がおこなわれた「墓所」であった。

一八七〇年代に教会勢力は、「殉教者の丘」（mont martyres）を意味するモンマルトル（Montmartre）に、キリストの聖心に捧げるサクレ・クール寺院を建立するという提案をする。教会内陣には「ガリア（フランス）は悔い改める」という銘句がいまも見られるように、普仏戦争敗北直後に書かれた誓願書には「フランスを荒廃させる不幸と、今なおフランスを脅かし続けるさらに大きな不幸を前にして」という言葉があった。七三年に議会で審議された際は、この「不幸」はコミューンという罪によって引き起こされたパリの荒廃であり、それを高台から見下ろすのがこのモニュメントである、という意味と解釈され、抵抗が高まる。そのため一旦は可決されたものの、後年の共和派の勝利とともに絶えず法案撤廃の動きが生まれる。結局、国の予算ではなく募金によって建設されたサクレ・クール寺院が一般に参拝できるようになったのは一九一九年、つまり第一次世界大戦後にまでずれ込むことになるのだ[29]。

忘却の寺院

このような左派と右派の対立の間で、十九世紀後半のフランスを代表する思想家エルネスト・ルナンが提示した「忘却の寺院」という代替案が興味深い。それはジャン＝ポール・マラーのような革命の英雄と、マリー・アントワネットのような革命の犠牲者との双方に捧げられた礼拝堂であり、フランス革命以来継承されてきた闘争の歴史を忘却へと誘うものとして構想されたものだった[30]。ナショナリズム論の古典としても名高い『国民とは何か』でも忘却の重要性を主張するルナンにとって、帝政と共和政、コミューンとカトリックの対立を「忘却」によって終わらせることこそ、ポスト・カタストロフィー的状況に置かれたフランスを治癒へと導く処方箋だったといえるだろう。

とはいえ、サクレ・クール寺院の開山から百年を迎えようとしているいま、こうしたイデオロギー対立はまさに忘却されてしまった状況である。サクレ・クール寺院は、エッフェル塔と並んで、パリ全体を見渡せるモンパルナスの丘に聳える観光スポット――撮影スポットでもある――と化して、現在に至っている。

結びにかえて

本章ではパリ・コミューンという、大都市パリが廃墟と化した空前絶後の事件を取り上げて、人々がこの空虚をどのような表象（文学、写真、建築など）によって覆い隠してきたのかを追ってきた。コミューンの廃墟に対する視線は、十八世紀の廃墟の詩学からロマン主義的廃墟趣味へと至る伝統的な認識の枠組みを保持しながら、言説やイメージを増殖させるメディア空間の発達によって、新たなヴェールを作り上げたといえるだろう。それは例えば写真という新たなメディアを、版画を経由して新聞・雑誌、絵画などへ転用することで生み出されたものであり、記録媒体としての写真自体の加工であった。さらに、すでにオスマン改造によって急速な変容を遂げていたパリという都市に、コミューンによって新たな廃墟が生成し、それが撤去されたり、別の建築が重ねられたりすることで、場所の意味がたえず組み替えられていく。廃墟というのは、都市の再編成、再マッピングを促す象徴的な場所なのである。この意味で、「痕跡として真正性を保証する」と考えられがちな写真と廃墟は、十九世紀後半のフランスでは変容に開かれた存在といえるだろう。

最終節では、廃墟のイメージに代表されるコミューン後の喪失経験から立ち直る手段として、「忘却」を取り上げた。忘却へと向かっていくベクトルは、必ずしもすべてを撤去・抹消しようとする動きを意味するわけではない。コミューンが実践した、象徴的なモニュメントを破壊するイコノクラスムという行為とは異なり、忘却とはシンボルの力を弱めて、すべてを平準化していく行為といえる。ポスト・カタストロフィー的状況での記憶と忘却を考えるうえでコミューン表象を検討してきたが、コミューンを論じる際に常に問われてきたイデオロギー闘争よりも重要なのはむしろ、この時代に成立し始める、いかなる対立をも無効化していく大衆社会という存在なのではないか、という問題提起をして、本章を終えたい。

注

（1）Bertrand Tillier, *La Commune de Paris, révolution sans image?*, Champ Vallon, 2004.
（2）ヴォルフガング・シヴェルブシュ『敗北の文化——敗戦トラウマ・回復・再生』福本義憲／高本教之／白木和美訳（叢書・ウニベルシタス）、法政大学出版局、二〇〇七年、一三〇ページ
（3）コミューン政府が配給用の石炭の不足のために油を接収していたことが、この神話の信憑性を高めることにつながったという説もある。Jacques Rougerie, *Paris insurgé. La Commune de 1871*, Gallimard, 2012, p.50. また本章では十分に取り上げられないが、コミューンについてのカリカチュアも重要な表象である。カリカチュアのカタログとしては、以下を参照。平塚市美術館『パリ・コミューンの諷刺画：一八七一年ペンと大砲の市民革命——神奈川大学図書館所蔵』平塚市美術館、二〇〇三年
（4）Pierre Pinon, *Paris détruit*, *Parigramme*, 2011, pp.189-192.
（5）*Ibid.*, pp.108-109.
（6）*Ibid.*, p.62. ダリオ・ガンボーニ「現代美術とイコノクラスム」三浦篤解題・監修、飛嶋隆信／近藤學訳、『西洋美術研究』編集委員会編「特集 イコノクラスム」「西洋美術研究」第六号、三元社、二〇〇一年、一一一ページ
（7）Éric Fournier, Paris en ruines. *Du Paris haussmannien au Paris communard*, Imago, 2008, p.191.
（8）ゴンクール『ゴンクールの日記』上、斎藤一郎編訳（岩波文庫）、岩波書店、二〇一〇年、五四八—五四九ページ
（9）Huysmans, «Le Mussée des Arts décoratifs et l'architecture cuite», *Œuvres complètes de J.-K. Huysmans*, X, *Certains*, Slatkine Reprints, 1972, p.148.
（10）Fournier, *op. cit.*, pp.207-210.

(11) 前掲『敗北の文化』二一―二二ページ

(12) Théophile Gautier, *Tableaux de siége. Paris,1870-1871,* Charpentier, 1871, pp.237, 352. Fournier, *op. cit.*, pp.147-149. 一方、ランボーは詩作で「蛮族」のイメージをコミューン派に与えながら、その価値転換を試みているように見える。

(13) Adolphe Perraud, *Oraison funèbre du T.R.P. Captier,* Adrien Le Clère, 1871. 以下にこの個所は引用されていた(訳語を変更した部分がある)。ベルナール・マルシャン『パリの肖像19 - 20世紀』羽貝正美訳、日本経済評論社、二〇一〇年、一一〇ページ

(14) 以下を参照。Roland Mortier, *La Poétique des ruines en France. Ses origines, ses variations de la Renaissance à Victor Hugo,* Droz, 1974.

(15) Gautier, *op. cit.*, p.231.

(16) Fournier, *op. cit.*, p.204.

(17) *Ibid.*, p. 207, Jean-Pierre A. Bernard, *Les Deux Paris. Les représentations de Paris dans la seconde moitié du XIXe siècle,* Champ Vallon, 2001, p.70.

(18) ボードレール「現代の公衆と写真」「一八五九年のサロン」『ボードレール批評2』阿部良雄訳(ちくま学芸文庫)、筑摩書房、一九九九年、三〇ページ

(19) Jean Baronnet et Xavier Canonne éd., *Le Temps des cerises : La Commune en photographies,* Pandora, 2011, p.140.

(20) Quentin Bajac dir., *La Commune photographiée,* Réunion des musées nationaux, 2000, p.5.

(21) 写真と挿絵のズレをはらんだ関係については、以下の詳細な分析を参照。増田展大「「目撃」の「瞬間」――19世紀末フランスの挿絵/写真についての考察」、神戸大学文学部芸術学研究室編「美学芸術学論集」第五号、神戸大学文学部芸術学研究室、二〇〇九年、二四―四三ページ

(22) ただし、コミューンや廃墟を撮影した写真家も多様であり、一人ひとりを個別に見ていく必要がある。本章では廃墟を中心とした、反コミューン的な意味づけがされる写真について主に取り上げたが、コミューンのただなかで撮影

を続けたイポリット・ブランカールやブリュノ・ブラクエの写真では、コミューン側の人々の日常の様子や、バリケードを背景にポーズをする闘士たちが映し出されていて、今回の分析とは別の観点からの考察が必要だろう。薬剤師だったブランカールは、出版のために写真を撮影したわけではなかった。またブラクエの写真を収めた『パリの蜂起、一八七一年』（一八七一年）には、キャプションも注釈もつけられていなかった。コミューンの写真集や写真を中心とした展覧会カタログとしては以下を参照。*La Commune photographiée, op. cit.*, Jean Baronnet, *Regard d'un parisien sur la Commune*, Gallimard - Paris Bibliothèques, 2006, *Le Temps des cerises, op. cit.*, *Bruno Braquhais, un photographe de la Commune*, Catalogue de l'exposition du Musée d'art et d'histoire de Saint-Denis, 2000, *Paris incendié. 21-28 mai 1871*, Catalogue de l'exposition du Musée d'art et d'histoire de Saint-Denis, 2003.

（23）エルネスト・フェイドー宛六月二十九日付書簡。Flaubert, *Correspondance*, t. IV, éd. Jean Bruneau, 1998, p.341.

（24）Cité dans *Le Temps des cerises, op. cit.*, p. 79.

（25）ヴァルター・ベンヤミン「パリ――一九世紀の首都（ドイツ語草稿）」『パサージュ論』第一巻、今村仁司／三島憲一ほか訳（岩波現代文庫）、岩波書店、二〇〇三年、二九ページ

（26）Pinon, *op.cit.*, p.189.

（27）Gautier, *op.cit.*, p.230.

（28）Tilliers, *op.cit.*, pp.357-359.

（29）詳細な分析は以下を参照。デヴィッド・ハーヴェイ『パリ――モダニティの首都』大城直樹／遠城明雄訳、青土社、二〇〇六年、三九五―四三七ページ

（30）Renan, «Le dîner celtique», *Œuvres complètes*, t.II, éd. Henriette Psichari, Calmann-Lévy, 1948, p.998. ゴンクール『ゴンクールの日記』下、斎藤一郎編訳（岩波文庫）、岩波書店、二〇一〇年、二四〇ページ

第6章　グロテスク・フォトモンタージュ・ニュービジョン——第一次世界大戦後ベルリンの視覚文化に見る都市と身体

小松原由理

1　スペクタクルとしての第一次世界大戦

人類史上初めての世界戦争だった第一次世界大戦は、ヨーロッパで繰り返されてきたこれまでの戦争とは次元が異なる新たなカタストロフィーをもたらした。第二次世界大戦時は外交官として、またその後は政治学者として活躍したアメリカのジョージ・F・ケナンは第一次世界大戦を二十世紀の「カタストロフィーの根源」と名付けた(1)。この根源的大惨事は、フリードリヒ・ニーチェが二十世紀の幕開けに、いまだ強い神への執着とともに絶望的に叫んだ「神の死」の衝撃をあっけなく過去のしがらみとし、人類を新たなるディストピアへと突き落とした。一九一四年六月、オーストリア＝ハンガリー二重帝国の皇位継承者フランス・フェルディナント大公夫妻がサライェボで暗殺された事件に端を発して各国の宣戦布告が相次ぎ、最終的に連合軍とドイツとの間で休戦協定が結ばれる一八年十一月まで、第一次世界大戦は実に四年にわたって繰り広げられた。この戦争は人類による未曾有の破壊行為となり、ダイナマイト爆弾や毒ガス兵器、爆撃機といった新型戦闘兵器の投入によってナポレオン戦争時とは比較にならない規模の犠牲者を生み出した。敗戦とともに帝政が崩壊し、革命の動乱を経て新たな政権が誕生したドイツでは、戦闘による死者数は、ロシアに次いで最大の百七十万人であり、そこにドイツ領アフリカにおける兵士の死者数一万七千人やドイツに対する経済封鎖による民間死者数、戦死者を含めると、被害者総数は二百万人にのぼった(2)。

ところで、この膨大な犠牲者を生み出したカタストロフィーは、一般の人々にとって、轟音と叫喚の最中に身体的感覚として体験されたものではなかった。総力戦とはいえ、空中で、あるいは海底・海上で、または国境地域の戦闘地域で兵士たちが展開した死闘は、血の匂いの届かない市街地の人々にとっては、当初は報道を通してみるだけの視覚的なショックとして入ってきた。報道メディアの伸張も著しく、ドイツの首都ベルリンでは第一次世界大戦前の時点ですでに、ウルシュタイン社をはじめとする新聞コンツェルンが出現していた。当時日刊紙だけですでに十五紙あったというが、右寄りの戦争報道をするプロパガンダ紙「ベルリーナー・ロカール・アンツァイガー」をはじめ、戦時中は「週刊ドイツ戦時新聞」、リベラルなウルシュタイン社の「ベルリーナー・モルゲンポスト」紙、「ベルリン・イラストレーション新聞」（図1）などが、紙面一面に及ぶイラストレーションや写真とともに、戦地

Nr. 40
27. Jahrgang
Berliner
Illustrirte Zeitung
Einzelpreis
15 Pfg.

図1　「ベルリン・イラストレーション新聞」（1918年10月6日発行）巻頭ページから「フランス軍係留気球がドイツ戦闘機に撃墜され炎上」(出　典：*Berliner illustrierte Zeitung*, Ullstein, Berlin, 27. Jahrgang, Nr. 40, 6. Oktober, 1918.)

の視覚イメージを掲載した。まさにスペクタクルとしての「戦争」が市民たちに届けられていたのである。

本章では、この視覚上の出来事として届けられた戦争のスペクタクル性が、都市ベルリンのどのような視覚文化的土壌のうえに堆積されたものなのか、十九世紀に爆発的に整備された交通網とともに情報網としてのメディア・ネットワークの歴史をたどるところから考察を始める。次にこの土壌が、第一次世界大戦というカタストロフィーを経て、その出来事をどのように養分として吸収し、熟成させ、あるいは変成させたのか、その過程を明らかにしてみたい。特に注目したいのは、絵画やイラストレーション、写真、映画と当時目まぐるしく発展していった視覚メディアの進化のなかで、必然的にもたらされた視覚の肥大化と身体性のさらなる喪失という事態に抗して、前衛的な芸術家たちの手によって新たに生み出される作品が、どのように、そしてどのような身体性の創出に向かっていったのかという点である。[3] テクノロジーへの懐疑や社会への人文主義的糾弾として読み解かれてきたそれらの試みを、ここでは第一次世界大戦後の失われた身体性とその再獲得の系譜として、さらにいえばカタストロフィーの根源的な知覚不能性とその知覚化への挑戦という文脈で考察したい。加えて、そうした実践をベルリンという都市の具体的・地理的な場所に照らし合わせながら、一九二〇年代前半から後半へ、さらには三〇年代へと向かう長期的なスパンで論じることを試みたい。いわば都市と身体を映し出すその実践の背後に、危機の時代にこそ発動されたと読み解くことができる高密度な視覚文化の地層の一端を掘り起こすこと――それが本章の最終的な目的である。

2 都市情報紙からリトファス柱へ――ベルリン一九二〇年代視覚文化層を形成する十九世紀的土壌

ベルリンが都市としての輪郭を持ち始めたのはようやく十八世紀のことである。兵隊王と呼ばれたフリードリ

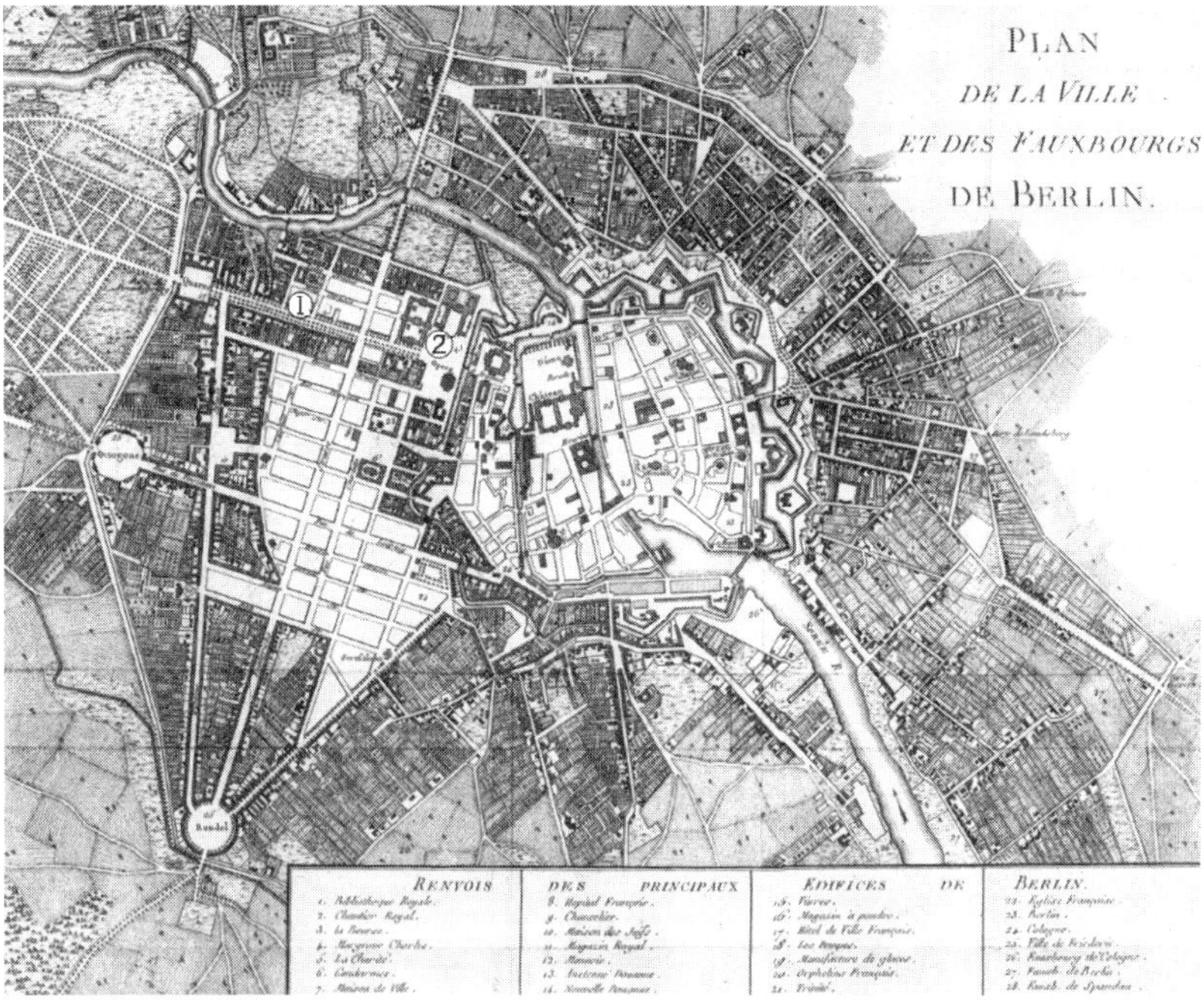

図2　1748年頃のベルリンの地図。この時点では、城壁の痕跡はまだはっきりと確認できる
（出 典：Gerd Heinrich, Joachim Robert Moeschl Hrsg. *Kulturatlas Berlin Ein Stadtschicksal in Karten und Texten,* Scantinental, S. 19.）

ッヒ・ヴィルヘルム一世は、軍隊の組織化と同時にユグノーや東方ユダヤ人たちを移民として誘致して国力を高め、強国への道を築いた。続く息子フリードリッヒ二世（大王）の時代は、不要となった城壁を取り壊し、ますます重要となっていた新市街のメインストリートであるウンター・デン・リンデン通り（図2・3①）と城壁跡のジョイント部分に、オペラハウスやカトリック教会、王立図書館、宮殿が取り囲む広場（図2②）を建設し、芸術と学問の都市（プロイセン）をシンボル化する都市計画を推し進めた[4]。こうした君主たちの手による十八世紀のイデオロギー的な都市開発は、十九世紀の半ばに起こった産業革命とともに異次元ともいえる速度で推し進められる。

一八四五年から五〇年にかけてシュプレー川の北と南で連結するラントヴェーア運河（図3③）が開通したのを皮切り

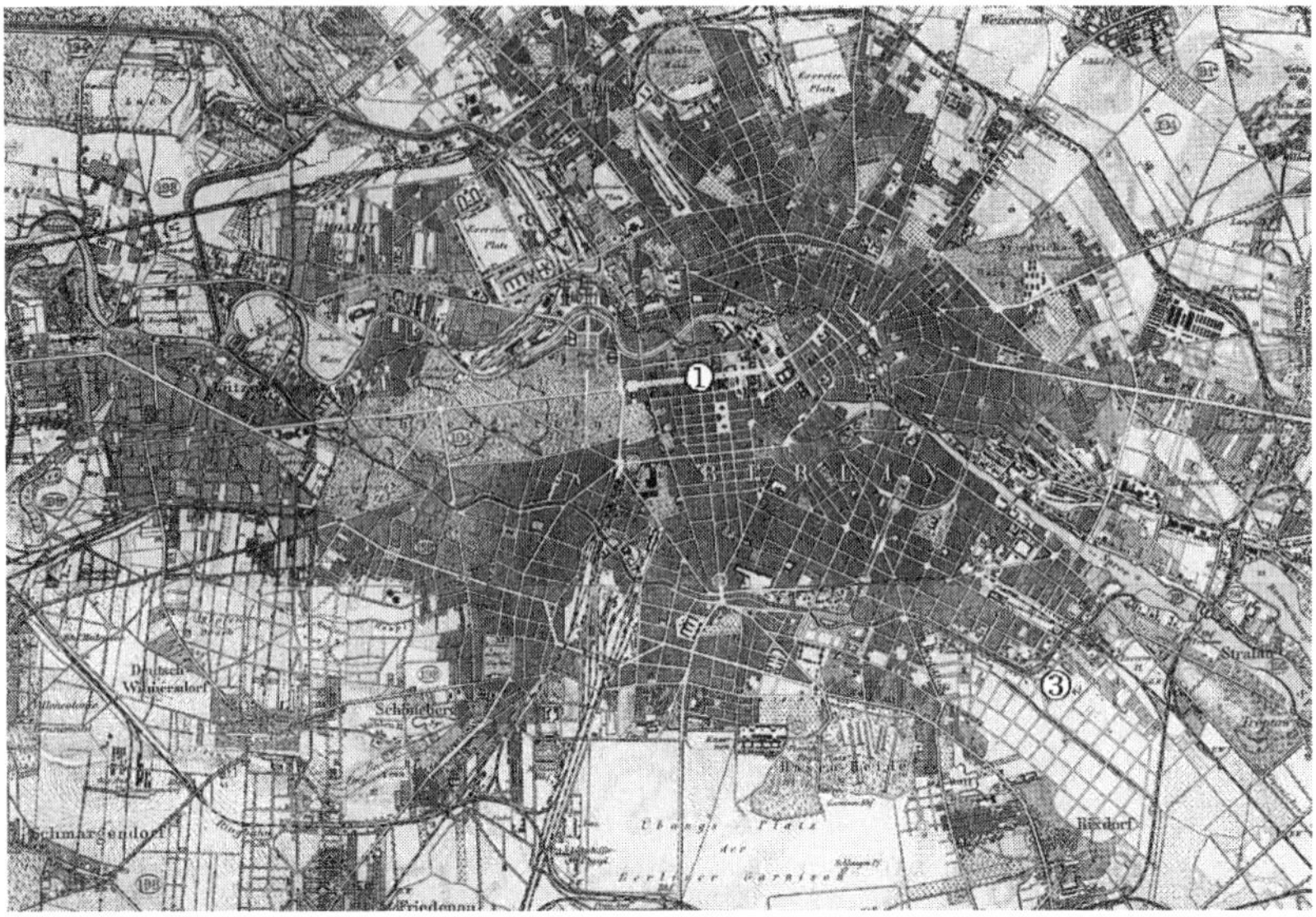

図3　1900年頃のベルリンの地図。ベルリンの都市開拓とともに中心部が西へと移動され、すでに複数の駅舎が建設されているのが確認できる
（出典：Gerd Heinrich, Joachim Robert Moeschl Hrsg. a.a.O., S. 29.）

に、四六年にはベルリン市内最初のオムニバス（乗合馬車）五路線の運行が許可される。ちなみにこのオムニバスは四八年の革命の際にバリケードとして使用された後、使用不能となるも復活し、その後の六二年には三十六の運送会社による三十九路線三百三台のオムニバスが走っていたという。また、四六年には、ベルリンとハンブルク間で都市間鉄道開通に合意した際に建設されたハンブルガー駅から鉄道が初運転を開始すると、翌四七年にはベルリンとドレスデン間でも運転を開始。四七年にはベルリンで最初のガス会社も誕生し、ガス灯が街灯として夜の街を照らすようになり、四八年には最初の電線の地下敷設がおこなわれた。五〇年には商工会議所の設立、五一年には職業としての消防の組織化、五二年にはイギリス会社によるベルリン市内の上下水道の整備と、ベルリンの近代都市としてのインフラが急速に整備されていった。[5]

　都市機能としての交通面でのネットワークが整っていくのと同時に、ベルリンという都市の情報ネットワークもまた急ピッチで張り巡らされていく。十八世紀は小説と書物の時代であり、市民たちはそうした素材からインスピレーションを得た世界を想像のなかに膨らませ、文学サロンや観劇、散歩といった対人的コミュニケーションのなかで言葉によって情報を共有したが、それに対して十九世紀は出版技術の発達とともに雑誌や新聞といった情報ツールのバリエーションが増え、そこに掲載される詳細な記事や情報、イラストレーションといった視覚イメージにより、ダイレクトに情報が手に入るようになった。一八五一年に発刊されたベルリンで最初の本格的な都市情報紙「ターゲス・テレグラフ」（デイリー電報）は、ベルリンと郊外を結ぶ交通網の開通と

図4　F.G.Nordmann による1855年頃のリトファス柱の石版画
（出典：Steffan Damm, Klaus Siebenhaar Hrsg. a.a.O., S. 98.）

図5　第一次世界大戦中に発刊された「戦時新聞」が貼られたリトファス柱を取り囲む人々
（出典：Steffan Damm, Klaus Siebenhaar Hrsg. a.a.O., S. 116.）

相まって、ベルリンの最先端の劇場、文化、ショップ、カフェ、レストラン、ホテルなどの情報を地方都市へと運び、一大文化都市ベルリンのイメージを伝えることに成功した。

　実は、このベルリン初の都市情報紙発行者であるエルンスト・リトファスが十九世紀ベルリンの情報網構築に果たした決定的な役割がもう一つある。それが、現在なおベルリンをはじめドイツの都市部で大通りに必ず見かける広告塔である。ドイツでは彼の名にちなんでリトファス・ゾイレ（柱）と呼ばれるこの円柱は、街灯の華奢な身体とは反対に極太の体幹を持つ（図4）。広告塔そのもののアイデアは彼の発明ではなく、すでに一八二四年のロンドンでジョージ・サミュエル・ハリスによって、ハリス柱と呼ばれる広告塔が誕生していた。鉄製の蝶番で止められた大小の木枠からなるこの八方形の広告塔は車輪付きの可動式だったが、同様の広告柱は四〇年代にはすでにパリやウィーンでも使用されていたという(6)。

　一八五三／五四年にパリに旅行に出かけた際に見た広告塔がある光景にインスピレーションを得たリトファスはすぐさま、街路の壁にいたずらに貼られる広告ポスターから都市ベルリンの景観を守るため必要な措置として、自らが発案した広告塔の設置を警視総監ルートヴィッヒ・フォン・ヒンケルダイと交渉する。五四年には百五十基の広告塔の設置と十五年間の使用許可を得て、五五年四月十五日、記念すべきベルリン初のリトファス柱が、ミュンツ通りとアル・シュタット通りが交差する角に設置された。この場所は、ベルリン・ミッテ地区（中央区）の東に位置し、ハーケッシャー・マルクト（ドイツ語で肉屋市場）や旧市役所、またかつてベルリン警察庁の建物もあったモルケン市場にも近く、鉄道駅が開通してからはさらににぎわいを増していたアレクサンダー広場にも近い場所である。いわば、十八世紀的な市場でにぎわう物資と人の流通の場と、ベルリン中央部を東西に貫通するブールヴァール、ウンター・デン・リンデン通りに沿って徐々に西へ西へと向かう十九世紀的な繁華街との間に存在する敷居のような場所に、あたかも空から大地に突き刺さった杭のように、リトファス柱は出現したのである。

このリトファス柱はその後、一八六六年の普墺戦争と、続く七〇年から七一年の普仏戦争時の戦時通信を担う、文字どおりの情報アンテナとなっていく。人々は「戦時新聞」を手に取るように、通りを歩きながらリトファス柱に貼り付けられた情報を享受した。カフェに座って新聞を手にする行為と、通りを歩きながらリトファス柱の前に立ち止まる行為、すなわち建物の内部と外部、その両方に情報ネットワークが張り巡らされたのである。その情報ネットワークにおいて、当初は人間の身長大の大きさだったこのリトファス柱は、あたかも都市ベルリンという顔のないリアルな使者から届けられた郵便物のように体温を感じさせる身体性を持っていた。こうして二十世紀初頭、十九世紀に誕生したリトファス柱は、都市ベルリンの身体を接合する無数の骨のように、この都市の新たな骨格を形成し、この骨としての柱に貼り付けられる視覚情報は、スペクタクルを上映するスクリーンとしてベルリンを覆う皮膚を形成しつつあった。そこにまもなく第一次世界大戦が映写されることになったのである。

3　グロテスクという手法――ジョージ・グロスとオットー・ディックス

さて、カタストロフィーへの最初の視覚文化的リアクションとして取り上げたいのは、グロテスクという手法である。グロテスクとは美術史の分野では、バロック期にとりわけ好まれた奇抜な装飾模様のことを指す(7)。動植物に人体の形態が融合されていたり、空想上の怪獣などがところどころに顔を出したりというそのキマイラ（ギリシャ神話に登場する怪物）的なデザインは、第一次世界大戦直後のベルリンで再び新たな注目を浴びることになった。ただし、それはもはや単なる模様や想像上のグロテスクではなく、爆弾によって片足をなくした帰還兵たちの姿、あるいは塹壕戦の衝撃で鼻あるいは頬、あるいは顎が抉られた負傷兵の顔、まさに知覚不能、そのためにモンスターとしてしか表現できない身体を捉えるための直喩としてのグロテスクだった。敗戦後の混迷する騒乱の都市ベルリンで、真っ先にこの手法としてのグロテスクに取り組んだ画家がジョージ・グロス（一八九三―一九五九）とオットー・ディックス（一八九一―一九六九）である。ともに一九二〇年代のベルリンを代表する社会派の画家として名高く、その風刺画には、敗戦後の暗い社会を反映するような労働者たちの疲弊した姿、娼婦たちの汚れた身体、軍部や産業界の支配者たちの黒い欲望が描かれている。グロスもディックスもベルリンからほど近い都市ドレスデンで美術を学び、その後ベルリンに移住したという共通のバックグラウンドを持ち、また世界各国で反芸術運動として展開されたダダイズムは、ドイツでは政治的表現と風刺性の強い芸術運動だったが、そのベルリン・ダダでも活動をともにするなど、重なり合うところが多い。だが実は、戦後ベルリンの社会をイメージとして切り取る際のアプローチは実に対照的である。グロスが、ベルリンのにぎわいの一角や大通りを切り取り、そこを行き交う人々にもれなく悪の形相を落とし込んで俯瞰的な眼差しでグロテスクを完成させる一方、ディックスは一人ひとりの人物をクローズアップし、その表情の一つひとつの陰影的な闇のなかにグロテスクを浮かび上がらせる。では、このマクロ的対ミクロ的ともいえる二様のグロテスクのなかで、都市の新たな模様として投入される負傷兵の身体とはどのようなものだったか？　以下に具体的な作品を通して、都市と身体の双方を確認していく。

フリードリッヒ通りと散在する戦争の痕跡

ジョージ・グロスことゲオルク・エーレンフリート・グロースがベルリンに最初にやってきたのは一九一二年である。その後志願兵として第一次世界大戦に参加したものの、負傷し除隊。再度徴集されるも、そこで不適格とされて入隊を免れている。すでに最初の除隊時に戦場の現実を思い知ったグロスは、左派文芸誌「ディ・アクティオーン」への投稿を始め、表現主義文学グループ「ディ・シュトルム」へと接近する。従軍中に知り合い、のちに反愛国主義同志となるヘルムート・ヘルツフェルデことジョン・ハートフィールドとともに、一六年にはアメリカ風にジョージ・グロスと改名。ハートフィールドの弟、ヴィーラント・ヘルツフェルデが立ち上げたマリク出版で、週刊誌「ノイエ・ユーゲント」に続き、画集『ジョージ・グロス小作品集（Kleine George Grosz-Mappe)』、『神は我らと共に（Gott mit uns、Politische Mappe)』、さらに代表作品集ともいえる『この人を見よ（Ecce Homo)』などのイラスト集を販売した。『この人を見よ』の出版はのちに国防軍侮辱罪として起訴され、発刊禁止処分および罰金刑の処分を受けている。

『ジョージ・グロス小作品集』に特徴的に見られるように、グロスは具体的な通りや場面、出来事をカメラに収めるように、ペンで、あるいは筆で描きながら、それらのポートフォリオとしての作品集のなかに、大都市ベルリンでの第一次世界大戦後のカタストロフィーの具体的な姿をファイリングしていった。タイトルである「小作品集」はドイツ語で Mappe という言葉を用いるが、もとはラテン語で中世世界図を記した壁掛けを意味する言葉 Mappa mundi を語源に持ち、英語ではそこから Map ＝地図という言葉が独立した。[8] グロスのこの小作品集もまた、かつて中世世界を描いた布であったという Mappe における、イメージのマッピング行為を想起させる。軍人や労働者、政治家、宗教家、商人、娼婦といった、階級や職業、老若男女といった人間のイメージ、あるいは商売取引、逢引き、歓楽、快楽、殺人、自殺といった行為のイメージは、ある種のナラティヴ性を喚起し魅力

図6　ジョージ・グロス『フリードリッヒ通り』
(出典：Ebd..)

図8　ジョージ・グロス『フリードリッヒ通り』の左下部拡大図

図7　エルンスト・ルートヴィッ・キルヒナー『フリードリッヒ通り』
(出典：Ebd..)

的な解釈を誘導する。しかし、ここではあえて、フリードリッヒ通りとクアフュステンダム通り（以後、クーダム通りと表記）という戦後ベルリンを象徴する二つの現場に引き付けて、そのマッピングを検証してみたい。

まず、一九一八年に描かれた線画『フリードリッヒ通り』（図6）を取り上げよう。初期のグロス作品に特徴的に見られる複数角度を一つの場面にはめ込むキュビズム的な手法がここでは、人でごった返す繁華街フリードリッヒ通りの様子を効果的に示している。カーレン・J・ケンケルは、グロスのこの作品と、同じ通りを描いたエルンスト・ルートヴィッヒ・キルヒナーの一四年の油絵『フリードリッヒ通り』（図7）とを比べ、この両作品に見られる大衆像の眼差しの違いこそが戦争による影響なのであり、キルヒナーの判別不能なほど同一の服装で行進する女たちの身体が能動性を見せている一方、グロスが描く人間たちは戦争という名の経済的・政治的な力の被害者となり、攻撃性と疎外感の混合物となり果てていると分析する。[9] 確かに集合体としての人間をテーマとしながら、その個々の表情をどのように描くかということに注目すれば、表現主義者であるキルヒナーと、ダダイストであるグロスの違いは一目瞭然である。

ただし、フリードリッヒ通りというタイトルに注目すると、そこにはまた新たな違いが浮き彫りになる。フリードリッヒ通りとは、王宮を含め、ドイツ帝国の重要な建造物が立ち並ぶウンター・デン・リンデン通りを南北に縦断する大通りで、十八世紀ベルリンにおいて文化の中心として栄えたジャンダルメン広場界隈にもほど近い、いわば帝国のお膝元としてのミッテ地区にある。しかしこの大通りが爆発的なにぎわいを見せるようになるのは、なんといっても十九世紀末に整備され始めた都市高速鉄道網（S-Bahn）の主要駅であるフリードリッヒ通り駅が開通してからだった。そもそもキルヒナーがベルリンのモードの中心として描いたように、第一次世界大戦以前にすでに、飲食店や劇場、商業施設が立ち並ぶ一大ショッピングストリートになっていた。キルヒナーが画面左下に描いている二つの車輪は、これも当時鉄道とともに、市街交通のメインとなりつつあったオムニバスの車輪だろう。キルヒナーが慎ましくも二つの車輪だけで表したフリードリッヒ通りの景観図とは比較にならないほど、

図9　ジョージ・グロス『メトロポリス』。左端の高層ビルにパサージュの看板が見える
（出　典：Rainer Metger, *Berlin Die Zwanziger Jahre Kunst und Kultur 1918-1933,* Deutscher Taschenbuch Verlag, München, 2006, S.21.）

グロスのフリードリッヒ通りの景観情報は詳細である。まず中央に浮かぶのが、この通りを象徴する鉄道の高架である。この高架の下を北はシュプレー川方面へ向けて、そして南はウンター・デン・リンデン通りに向けてひたすら人々は己の欲望のベクトルに従って闊歩縦断する。画面奥にはこのフリードリッヒ通り沿いに実際にあったであろうパノプティコン（見世物小屋）が聳え立ち、またセントラルホテルを含め、名だたるホテルが続々と軒を並べる。

同じくフリードリッヒ通りを逆の方向から描いたであろうと思われるのが彼の最も有名な初期油絵『メトロポリス』（一九一七年）（図9）だが、ここでもグロスは、高架駅であるフリードリッヒ通り駅の姿をしっかりととどめ、かつオムニバスから徐々に移行しつつあった路面電車の姿も描いている。二度目の徴兵を逃れ、再び戻ってきたベルリンで目にする人々の姿を、青みのかかった鮮血のような赤色で描くこの作品の人間たちは、路面電車から滝のように溢れ出てこの大通りを埋め尽くす。画面左の建物にはパサージュと記されているが、ここはフリードリッヒ通りと、ウンター・デン・リンデン通りから一本南に走るベーレン通りがクロスする一角で、かつて実際に存在していたパサージュの入り口だろう。小規模ながらもベルリンにも当時パサージュが存在していたことは、ヴァルター・ベンヤミンが『一九〇〇年頃のベルリンの思い出』のなかで、パサージュのなかにあった「カイザー・パノラマ館」に足しげく通った思い出をノスタルジックに綴っている。[10]

『フリードリッヒ通り』も『メトロポリス』も、人間であれ、建物であれ、交通であれ、写真的に都市の視覚情報を記す試みとしてキルヒ

図10　戦時負傷者による国防省への賠償を求めたデモ（1918年12月撮影）
（出典：Rainer Metzger, a.a.O., S.53.）

ナーのものとは大きく異なることは確認できたが、同じフリードリッヒ通りを描いたグロスの二作品のなかでも、『フリードリッヒ通り』には、戦争によって不能者となった者たちの姿が、この大通りに新たに参加する人種として具体的に描かれている。そうした例としてすぐに特定できるのが、画面右下に描かれた、おそらくは片腕でマッチを販売している路上行商人の姿である（図8）。深々とかぶった帽子の下に見える痩せこけた頬が、帰還したものの職業がなく困窮する多くの負傷兵たちの姿を想像させる。また、画面左中央で建物の壁にもたれかかりながら行き交う人に物乞いをする人物は、負傷兵を断定はできないものの、帽子がないその頭や顔の輪郭は不気味な形象を醸し出す。こうしてグロスは、戦争の痕跡ともいうべき不気味な人間を視覚情報としてちりばめながら、当時の正確なフリードリッヒ通りの姿をイメージにとどめ、容赦なく作品集へとファイリングしたのである。

クーダム通りと疎外された身体

フリードリッヒ大通りを舞台にしたグロスの俯瞰的アングルによるカタストロフィーへのアプローチは、やがて通りを行き交う人間の身体を等身大で確認できるような、横目線のアプローチへと移行していく。フリードリッヒ通りとともに、当時のベルリンを代弁するもう一つの目抜き通りであったクーダム通りを舞台にした多くの作品は、これまでの虫けらのように蠢く人間の身体というグロテスクとは異なっている。しかし、どの人間も等しく図鑑的に観察するというグロスの表現の俯瞰性に変化はなく、むしろ場面に等身大に切り込むアングルによって、疎外された身体のグロテスクが強烈に浮かび上がってくる。一九二一年制作の『ワルツの夢』（図11）と題された作品では、敗戦後一年という時間の経過によってすっかり歓楽都市と様変わりしたベルリンの夜の遊行シーンに隙間的に挿入される疎外された身体たちのグロテスクな姿が描かれている。ここでは、瞬間の快楽を貪る男たちも、快楽に身体を投資する女たちもまた、マッチを売りつける痩せこけた元負傷兵と思しき男の姿と同様、疎外された身体のワルツを奏でているのだろう。

クーダム通りは、クアフュルステン（ドイツ語で選帝侯）ダム（馬車道）という名から想像されるように、ベルリン中心部の王宮から郊外の緑地であるグリューネヴァルトまで、王侯貴族たちが狩猟を楽しむ目的で十六世紀から開通した馬車道であった。十九世紀末に、鉄道駅ツォーロギッシャーガルテン駅が開通すると、フリードリッヒ通りと同様、ブールヴァールとしてのクーダム通りはカフェやダンスホール、ブティックが立ち並ぶ繁華街となった。それも、フリードリッヒ通りとは異なり、そもそも王侯貴族の遊行スポットだった歴史もあって、高級志向の店が立ち並ぶ銀座のような雰囲気が色濃い。また、クーダム通りは、フリードリッヒ通りがあるミッテ地区とは異なり、新たに開発された西部地区として最先端の文化人たちの社交場としての役割も果たしていた。ベルリンでの表現主義文学を先導したヘルヴァルト・ヴァルデンとそのパートナーであるエルゼ・ラスカー＝シューラーがほとんど住んでいたといっていいカフェ・デス・ヴェステンス（ドイツ語で西部カフェ、通称誇大妄想狂カフェ）や、その後を引き継いだロマーニッシェス・カフェにはグロス自身も足しげく通っている。

図11　ジョージ・グロス『ワルツの夢』
（出典：Eberhard Roters, Bernhard Schulz Hrsg. Ich und die Stadt, Nikolai, Berlin, S.139.）

カイザー・ヴィルヘルム教会の真向かいに一九一六年に開かれたロマーニッシェス・カフェは数百人を収容できる規模の大型カフェで、前方に大きく開かれたガラス張りの窓を持つその外観は、その立地も相まって、黄金の二〇年代を経てヨーロッパの一大観光都市に躍り出た二〇年代後半のベルリンにおける隠れた観光名所の一つになっていたという。(11)グロスも、また同じくこのカフェの常連だったオットー・ディックスも、このロマーニッシェス・カフェを舞台にした作品を多く残しているが、特にグロスの作品ではカフェの店内が、あたかも通りと同じ光景であるかのように描かれている。カフェという内部にして外部である場所こそは、ベルリンという都市に出現した新たな大通りの象徴でもあり、すぐ近くに構える高級レストラン・ケンピンスキーから流れてくる客も、ただカフェに入り浸るだけの画家自身も、カフェの外で金持ち相手に商売をする片足の帰還兵や、路上に座り込んで壊れた身体をさらす負傷兵たちも、みな等しく、消費と享楽のテンポを速める都市の日常に写り込むのである。

表象不可能性の表象としての「穴」——ディックスの『戦争負傷兵』

グロスが負傷兵たちの破壊された身体を、こうしていわばベルリンの日常生活のなかに視覚化させ、カタストロフィーの痕跡を都市の具体的な場面に結び付けていく一方、ディックスのまなざしはひたすら崩壊した身体そのものの形象に注がれる。彼がクローズアップするグロテスクは逃げ場のない崩壊した身体そのものであり、そのためきわめて強烈な視覚的ショックを与える。そうした作品の一つである『戦争負傷者』(一九二二年)(図12)では、つけられたタイトルそのままに、顔面右半分が吹き飛ばされて存在しない負傷兵の顔は、写真のようにリアルで目をそむけたくなるほどのグロテスクである。

この「戦争負傷者」の失われた顔面は、そのまま戦争というカタストロフィーの象徴として読み解くことも、戦争被害への告発として読み解くことも可能だろう。実際、作者オットー・ディックスもまたグロスと同様、志願兵として一度激戦地に赴いた経験があり、戦地で目にしたものをそのままに伝えるのだという使命感をその作品に見て取ることもできる。ただし、ここで注目したいのは、男の顔半分の被害という表層ではなく、その傷の奥へと続く暗闇としての損壊部分、いわば「穴」が持つ立体的ともいえる不在部分の顔の「奥行き」である。

ディックスが描くこの「奥行き」としての顔の表象は、当時負傷兵に施された外科的顔面修復手術による修繕とは真逆の方向性を指している。当時の修復手術に関しては、二〇〇〇年という世紀の節目に出された『ワイマール共和国の顔』という論集に寄稿したサンダー・L・ジルマンの論文「顔面の保存――美的整形に向けて」に詳しい。[12]ここでジルマンは、そもそもユダヤ人をベルリンの社会へと適応させるために施されていた、傷跡を残さない鼻の整形手術の専門家として活躍していたユダヤ人医学者ヤッケス・ヨゼフが、その後第一次世界大戦の始まりとともにベルリンの中央病院の再生手術を専門とする外科医として精力的に働いたこと、その腕を当てにして数千人の患者が彼の下に押し寄せたことなど、当時の貴重な状況について検証している。

ジルマンによれば、こうした戦時や戦争直後に緊急的に施された再生手術は、一九三〇年代にかけてユダヤ人たちがドイツ社会に適応するために受けたアイデンティティーとしての整形手術や、アンチエイジングや美容という考えが一般化したための、より美しい外観を手に入れるための美容整形手術へと徐々に移行していったのである。[13]ヨゼフの高度な修繕手術が、縫い目を目立たせることなく破壊された身体を修復する処置によって、社会でのグロテスク＝傷をいわば透明化する技術であったことを考えれば、ディックスが負傷兵を通して際立たせるグロテスクは、傷口や損壊部分を可視化することによって、そこに新たな人間身体の形象を視覚イメージとして捉え、保存する技術であったといえるだろう。そしてこの技術は、ただ失われた顔面部分をいたずらに強調しているのではなく、身体の欠如の修繕不可能性という闇、この人間の具

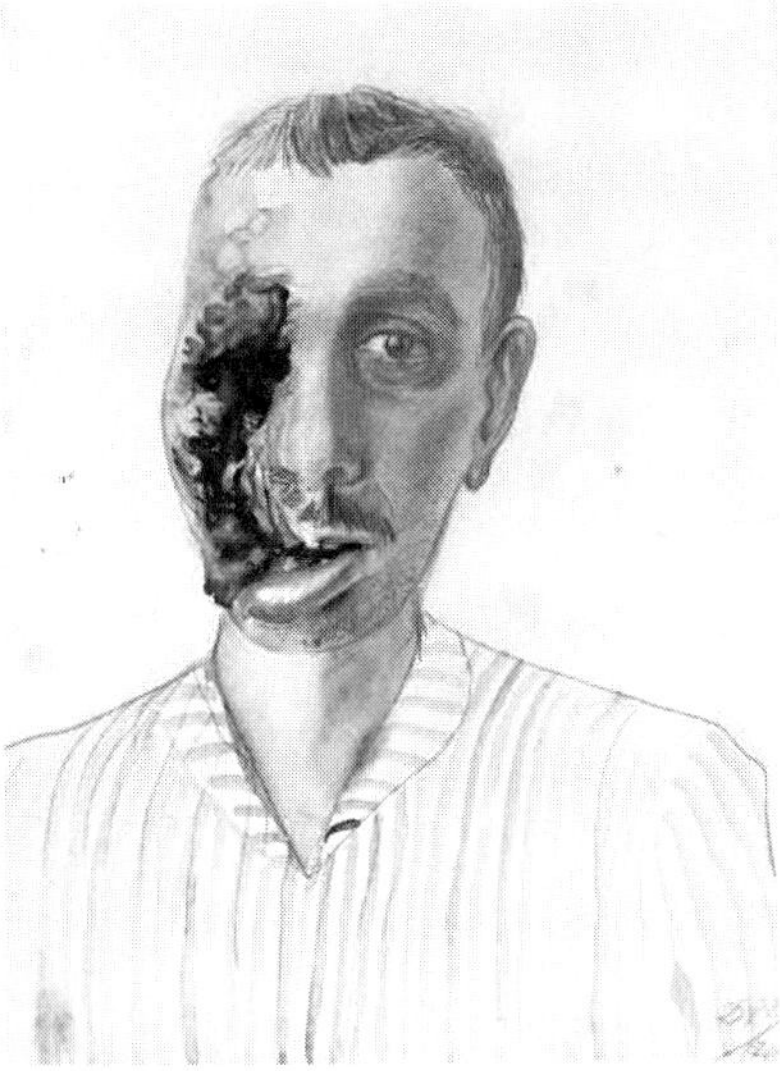

図12　オットー・ディックス『戦争負傷者』
（出典：Claudia Schmolders, Sander l. Gilman Hrsg. a.a.O., S.114.）

図13　オットー・ディックス『娼婦と負傷兵』（出典：Ebd., S.120.）

体的な身体に刻印された、吸い込まれるような空洞のミステリアスで知覚不能な深淵をこそ知覚可能にするための、手法としてのグロテスクなのである。

さらによく見れば、ディックスの作品におけるこの「穴」は、決して負傷兵だけに刻印されているわけではない。『娼婦と負傷兵（資本主義の二つの被害者）』（図13）に明確に見られるように、この「穴」は娼婦の顔面にも同様に刻まれている。グロスにおいてはベルリンの大通りのワンカット、ワンシーンに詰め込まれた、戦後の都市生活の日常的カタストロフィーは、ディックスではそこで生きる人々の、クローズアップされた顔面に開けられた「穴」という復元不能な奥深い暗闇のなかに浮かび上がるのである。

4　フォトモンタージュという手法——都市と身体の部分化と再編成

グロスやディックスといった画家たちが捉えた負傷兵たちの身体は、戦争直後の視覚文化に登場したカタストロフィーに対する初期反応として新鮮な衝撃を与えた。こうした手法としてのグロテスクとともに、身体の内部への関心、器官としての身体を可視化し前景化する解剖学的なまなざしが、ほぼ同じカタストロフィー体験の初期に集中的に見受けられる。例えば、グロスの初期の作品の多くに切り刻まれた娼婦の身体、あるいは四肢の解体といったバラバラ殺人を彷彿とさせるシーンが見られることはよく知られているが、その他にも、快楽殺人といったような都市が生み出す欲望という物語性を離れ、部分としての身体、ないし器官としての身体を捉えた作品は少なくない。

グロテスクとはいくぶん異なる文脈として見られる、身体表象に対するこうした同時代的試みについては、二十世紀前半におこなわれたアヴァンギャルド芸術（ドイツ語圏では歴史的アヴァンギャルドと称される一連の運動）との関係でこれまで考察されてきた。人間とマシーンとの融合を謳った未来派、視点の複数性を平面作品に展開するキュビズムからシュルレアリスム、あるいはケルン・ダダのコラージュに至るまで、マシーンをめぐる表象は、同じ一つのキーワードとして読み解かれてきた。ここでは当然、美術や文学、のちには建築や写真、音楽といった広範囲なジャンルをカバーする時代傾向として、第一次世界大戦後、表現主義的な主観を超えた新たなリアリズムとして登場する「新即物主義」（ノイエ・ザッハリッヒカイト）も重要な意味を持ってくる。(14)

ところでベルリンでのこのマシーンをめぐる身体表象については、これまでも独自の読みがなされてきた。美術史家のエーバーハルト・ローターースは、身体器官の一部にマシーンをはめ込むといったベルリン・ダダに特徴的に見られるようなマシーン・モンタージュは、初期未来派が礼賛した新たな身体美とも、一九二〇年代の構成主義者や機能主義者たちが楽観的に捉えた進化の象徴としてのマシーン像とも異なり、マシーンによって思考が剝奪された人間という「マシーン・ペシミズム」を特徴としていると定義した。(15)確かに、ベルリン・ダダの思想的中心を担ったラウール・ハウスマンが、人間の頭部を木製で作った彫刻作品『マシーン頭』（一九一九年）に「私たちの時代の精神」というサブタイトルをつけたという話や、ジョージ・グロスがロシアの構成主義者ウラジーミル・タトリンの名前を挙げ「芸術は死んだ、これからはタトリンのマシーン芸術の時代だ」と書かれたポスターを持ってベルリン・ダダの国際ダダ展覧会に立っている写真などが、そうした解釈のある種のアリバイとして残されている。しかし、ここでは解釈としてのイメージ論とはひとまず距離を置き、第3節で見たグロテスクという手法によって第一次世界大戦というカタストロフィーを視覚化しようとした試みに連続する、身体の部分化と、その再編成を実践するフォトモンタージュという手法に、彼らのイメージへの取り組みを新たに読み取いていくための手がかりを求めたい。

ルドルフ・シュリヒターの『ダダ屋上アトリエ』と赤の市庁舎

ルドルフ・シュリヒター（一八九〇―一九五五）は、ベルリン・ダダの正式なメンバーとはいえないものの、その最も重要な舞台で登場し、メンバー以上に強烈な印象を残した稀有な画家である。シュリヒターはドイツ南西部に広がるシュヴァルツ・ヴァルトの街カルフに生まれ、シュトゥットガルトやカールスルーへで芸術アカデミーに通って修業をしたのち、一九一六年には徴兵され戦地へ赴いている。敗戦後の混乱が次第に落ち着き始めた一九年にベルリンに向かうと、すぐさまベルリンの前衛芸術家たちの仲間入りをし、翌二〇年におこなわれたベルリン・ダダによる第一回国際ダダ見本市に出品。展覧会の目玉となった、天井にぶら下がる国防軍の軍服を着た豚のはく製オブジェは実はシュリヒターの作品であり、この豚のはく製が決定打となり彼はジョージ・グロスやヘルツフェルド兄弟とともに侮辱罪で起訴されたのだった。

この国際ダダ見本市が開催された場所は、クーダム通りでもフリードリッヒ大通りでもない、ベルリン中央に位置する憩いの自然公園ティーアガルテンのすぐ近く、十九世紀半ばに着工され、ベルリン都市整備化の象徴となったラントヴェーア運河沿いの画商オットー・ブルヒャルトのサロンであった。その五階建ての建物のうち一階部分の二部屋が見本市に使用された(16)。ブルジョアジー的な静けさが漂うこの地は、ラディカルな芸術集団ベルリン・ダダの最大イベントを開催する場所としては似つかわしくないように思われる。だが実は、この運河を挟んだすぐ向かい側には、第一次世界大戦時は帝国海軍庁であり、その後国防庁となった執行部の建物が建っていた。そのため国防軍の兵士がたまたまこの展覧会に立ち寄り、シュリヒターのオブジェを訴えるに至った事件へとつながっている。何よりこの会場とティーアガルテンをつなぐラントヴェーア運河ではポーランド解放のために活動していたスパルタクス団のローザ・ルクセンブルクの死体が浮かび、その数メートル先の湖ではローザのパートナーだったカール・リープクネヒトの死体が浮かんだという血なまぐさい場所だ。また、そもそもこの場所は、フリードリッヒ通りとクーダム通りとともに、当時のベルリンの三大繁華街を形成していたポツダム広場からも徒歩圏である。クーダム通りにあった表現主義者たちのたまり場カフェ・デス・ヴェステンスが閉店した後は、ポツダム広場に新しくオープンしたカフェ・ヨスティーへと、文化人たちの滞留場も移りつつあった。さらに、このサロンにより近いノレンドルファー広場にあるカフェ・レオンやクーダム通りにあるカフェ・ラントグラーフは当時ベルリンの芸術文化に圧倒的な影響をもたらした亡命ロシア人たち「ロシア人のベルリン」(Russian Berlin)の拠点だった。[17] また、のちにロシアの出版社もこの地に根を下ろし、ベルリンからロシアへの情報発信地にもなっていく。[18]

ロシア革命によって生じたロシアからの亡命者数百万人のうちドイツへと居住した亡命者が最大で二十五万人、なかでも地理的にアクセスしやすいベルリンには十万人にのぼるロシア人亡命者が流れてきたという。[19] 一言で亡命ロシア人といっても反ソ派、親ソ派と思想信条は異なるものの、亡命ロシア人が運んでくる文化は、当時のベルリンの文化人たちにとって「ロシアの民族的なものとアヴァンギャルド的なものの混淆」[20] として、ひたすらエキゾチックな存在であり、なかでも第一回国際見本市に集結したベルリンのダダイストたちにとっては、時代の先端を象徴する美学的アイコンでもあった。この展覧会に出典された作品の多くから「タトリン」あるいは「タトリン的な」という文字が、作品タイトルからあるいはプラカートに書かれた標語にまで、ここかしこに目撃されるのはそうしたロシア人への意識による。

ロシア革命後、人民教育委員会モスクワ支部長の座についたタトリンは、カジミール・マレーヴィチとともに、ロシア・アヴァンギャルドの中心人物であり、彼の作品として有名なのはタトリンの塔と呼ばれる鉄製の第三イ

図14　展覧会会場で、プラカードを持つジョージ・グロス（左）とジョン・ハートフィールド（右）
（出典：Ebd., S.280.）

ンターナショナル記念塔のプランニングである。四百メートルを超え、二重螺旋の傾斜したデザインのこの記念塔は、一階部分はガラス張りの大会議場で一年に一回転し、二階の円錐部分にはインターナショナル本部が設置されてひと月に一回回転し、円筒形をなす最上階は通信社が置かれたコミュニケーションセンターとなり一日に一回回転するという、壮大なものとして構想された[21]。まさに近未来的なこの塔の実際の建築は未完に終わったが、タトリンのこの前衛的建築美学が、フォトモンタージュというベルリン・ダダイスト独自の作品制作技法に意識的に引用されることになる。「これからはタトリンのマシーン芸術だ」というプラカード（図14）をはじめ、主な作品名を挙げただけでもハウスマンの『タトリンは家にいる』や、グロスの『タトリン的計画設計図面』といったフォトモンタージュ作品に見られるのは、タトリンのアヴァンギャルドへの共鳴とともに、ベルリン・ダダというアヴァンギャルド独自の、その解釈の可能性を示すものとなった。

　話をシュリヒターに戻すと、亡命ロシア人たちの文化発信地に近い絶好の場所に位置するこの画廊では、ベルリン・ダダが国際見本市を開催する直前まで、シュリヒターの個展が開催されていたのだった。『ダダ屋上アトリエ』（一九二〇年）（図15）の展示がその個展でか、あるいは一カ月後の国際ダダ見本市でかは不明だが、この頃に制作された作品である[22]。この作品でまず目に飛び込んでくるのが、手前のマネキンとその背景にパラレルに置かれた人体標本の胴体部である。設計技師のように机上で新たな身体設計を試みているかのような中央にいる男と、その横で座り込む男女はともに貴族的で優雅なファッションに身を包むダンディーとダンディゼットのような出で立ちである。とはいえ、このダンディーは右手を失い、右足には義足がはめられているかのようなつなぎ目があり、また顔面もよく見れば修復手術が施された縫い目をあらわにしており、かつての負傷兵の仮装としてのダンディーであることが示されている。画面中央下でガスマスクをはめてこちらを見る男も、右奥で同様にガスマスクをはめて白衣を身につけながら座り込む男にもまた同様に、戦争のイメージが見いだせる。

ただし、ここに登場するイメージとしての戦争を表現した身体たちは、決して過去を体現しているのではなく、この屋上アトリエで、新たな未来の設計へと参加すること、変化を夢見る身体たちなのである。モデルとして置かれているマネキンのモーディッシュな姿をあこがれの眼差しで見上げる少女は、シュリヒターがこのアトリエに参加させたわかりやすい希望だとみていいだろう。その希望に寄り添うものとして、モデルとしての人体標本を捉えるとき、継ぎはぎされた身体も、ガスマスクを装着した身体も、新たな身体イメージ構築をめぐる議論に参加する重要な一員なのだ。そしてこの議論が繰り広げられる屋上アトリエは、背後に見える赤い市庁舎が象徴するように、ベルリンという都市空間へとダイレクトに接続するオープン・スペースである。しかも、おそらくはベルリン中心部のなかでも東に位置する赤い市庁舎を中心奥に据えるこの屋上アトリエが開催された場所は、それこそ亡命ロシア人たちが原動力となって新たな革命の息吹をもたらす場所、オットー・ブルヒャルト画廊が位置する地帯にも重なってくる。この開かれた画廊で戦争の生々しい痕跡が

図15　ルドルフ・シュリヒター『ダダ屋上アトリエ』
（出典：Ebd., S.189.）

モンタージュされた身体たちは、その先にあるロシア革命的赤色の市庁舎がのぞく空間へと連結していく、新たなる時代の模型たちなのである。

ラウール・ハウスマンの『ダダは勝利する』とヴァーツラフ広場

ラウール・ハウスマン(一八八六―一九七一)の『ダダは勝利する』(一九二〇年)(図16)は、おそらくこの国際見本市に焦点を合わせて制作されたといえる作品である。シュリヒターの作品と同様、この作品にも人体標本のイメージが使用されているが、水彩画であるシュリヒターの作品とは異なり、ハウスマンの作品はフォトモンタージュである。ハウスマンといえば、グロスとともにベルリン・ダダという集団に主体的に関わり、フォトモンタージュという技術を発明した一人である。写真や雑誌といった視覚的な素材を古いコンテクストから断ち切り、平面上に再構成するというこの技法で、新たに作られたイメージが決して単一的なメッセージを担わないことをハウスマンは最重要視していた。この点で彼は、グロスや、とりわけハートフィールドがベルリン・ダダ以降に発展させた、対立するものの恣意的な組み合わせによって新たなイメージを打ち出すといった、政治性が強いフォトモンタージュとは異なる系譜に位置している。ハウスマンのフォトモンタージュでは、できるかぎり全体的なイメージ解釈へと結び付けてまとめることなく、どのような視覚イメージを彼が選択し配置したのかに注目する必要がある。なかでも『ダダは勝利する』は、人体標本や大通りの写真など、視覚イメージを豊富に使用していて、実は第一次世界大戦直後のベルリンの数年間の都市と身体の新たな関係性の変化をテーマとした作品として、きわめて資料性に富んでいる。

それでは、作品に使用されている視覚イメージをここで個別に検証してみよう。画面右下で床の上に直接置かれているのは当時の先端技術が詰め込まれた電子計算機、いわば現在のコンピューターである。画面左下に、床の上に敷かれたマットのようなものに丁寧に置かれているのはアメリカ・レミントン社の電動式タイプライター。

その横にヒールがついた女性用のショートブーツが置かれている。タイプライターにショートブーツというこの二つのアイテムは、第一次世界大戦後の都市ベルリンに出現する「新しい女」の身体を象徴しているのだろう。そのちょうど真ん中に頭部の断面図がモンタージュされた横向きのスーツ姿の男が配置され、「(die) feineren Naturkraefte」(豊かなる自然の恵み)という吹き出しが「新しい女」という時代のシンボルを解説する見出しになっている。頭部の解剖された断面図は大脳部分に「Dada!」と刻まれ、順に脳梁、小脳へと番号順にアウトプットの経路が記されている。Dadaという文字が同じく書かれたボールが床の上に置かれているが、ボールはダダイストたちが好んで用いたスポーツという身体の遊戯性やアクロバティック性を示すアイテムである。この弾む球体とともに、床に陳列された品々は、まさに新たな時代の幕開けを象徴するシンボルなのだ。

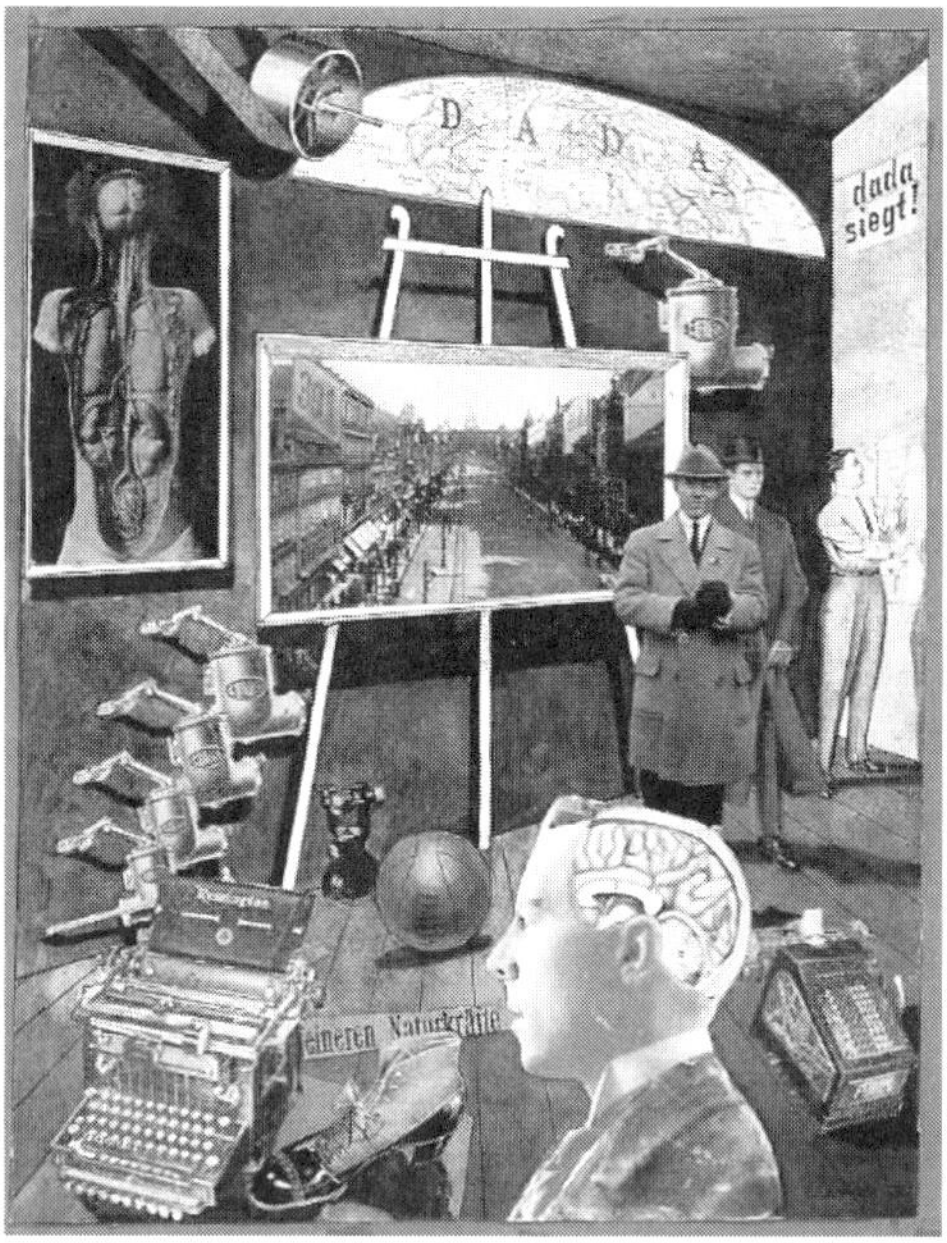

図16　ラウール・ハウスマン『ダダは勝利する』フォトモンタージュ
(出典：Hanne Bergius, a.a.O., S.371.)

さらに壁面にリズミカルに並べられている機械部品には「Corbin」と記されている。この部品は、おそらくはアメリカの自動車メーカー・コービン社(The Corbin Motor Vehicle Company)が、当時の自動車エンジン部に内蔵していた冷却ポンプ部分だろう。このポンプに挟み込まれるようにして壁面に大きく飾られているのが、国立博物館へと続くチェコのヴァーツラフ広場通りを映し出す写真である。この通りには dada とともに「391」(ニューヨーク・ダダのメンバーとなったフランシス・ピカビアが一九一七年に発行した雑誌のタイトル）という文字が書かれている。プラハは実際に一九二〇年代はじめ、この作品が展示される第一回ダダ国際見本市の直前に、ハウスマンを中心にダダ・ツアーが開催された場所でもある。第一次世界大戦終結の最中、チェコの独立を宣言する舞台ともなったこのヴァーツラフ広場をメインパネルとすることで、『ダダは勝利する』というこの作品タイトルとともに、海外へと拡散するその影響力を謳っているのだろう。写真のその上、天井に近い部分には「Dada」と書かれた世界地図が貼り付けられ、その横には通信アンテナのような丸い部品がぶら下がっていて、世界へとその勝利は発信されるのである。

こうして、ダダの世界制覇を告げるヴァーツラフ広場の写真の横に、さらに高く貼り付けられているのが、人体標本の写真である。新たなる国家の誕生を示す場所と、人体標本とを同等に並べることによって、都市と同じく身体を再生するというイメージをここに読み取ることができるだろう。そしてこの再生は、電子計算機やタイプライター、自動車の冷却ポンプ、通信アンテナとともに、部品＝器官から新たに作り替えられるのである。『ダダは勝利する』で示されているのは、こうしてモンタージュという技法によって新たに再編成される、人間と都市という二つの身体イメージなのだ。

ところで、この壮大な身体と都市の再生手術現場がハウスマンでは「室内」に設定されているところは興味深い。他にもハウスマンは、多くの作品の舞台を室内にしている。先に言及した『タトリンは家にいる』では、タトリン（実際は全く関係ない雑誌から切り抜かれた男の写真である）が自宅の部屋のなかにいる姿が描かれているし、また、見本市に出品されたハウスマンのフォトモンタージュ『ダダ哲学者としての自画像』では、まさに部屋で椅子に腰かけている姿がモンタージュされてもいる。これを、グロスの『タトリン的計画設計図』が屋外でもあり室内でもあるような空間をあえて描き、シュリヒターが屋外アトリエを舞台にしていることと比較してみよう。シュリヒターにおいては身体の改造を屋外＝社会へと発信するようなイメージが、またグロスにおいてはその両方が同時に進行しているようなイメージが、ハウスマンにおいてはヴァーツラフ広場にイメージされるような都市＝屋外の変化を、身体内部＝屋内へと移植する作業となっている。

さらにハウスマンの『ダダは勝利する』では、屋内という点とともに、展示行為自体がテーマになっていることも気になる点である。いわば、この作品のなかに、第一回ダダ国際見本市という展示行為自体がメタファーとして登場しているのである。この構造は、ジョン・バージャーがその著作『イメージ』のなかでジャン＝フランソワ・リオタールを引用しながら説明する、ルネサンス期の画家たちにとっての認識の手段にして所有の手段としての美術の位置づけと重なり合う[23]。ルネサンス期に油彩絵があらゆるものを等価にし、交換可能な商品としたように、第一次世界大戦によるカタストロフィーがもたらした破壊によって砕け散った身体と都市は、いま新たな器官や部品によって等価的に組み替えられようとしているのである。この事態をフォトモンタージュという視覚的イメージとして商品化するこの展示会は、ダダイストたちがこの展覧会を商品が流通・交換される場見本市と名付けたように、戦争直後のグロテスクから脱皮し、技術との融合による新たなる都市と身体のルネサンスとして、二十世紀で最も想像に満ちた視覚イメージの発信地を目指したのである。

5　ニュービジョンという手法——都市の身体に内蔵されたカメラ・アイ

一九二〇年夏に開催された第一回ダダ国際見本市という催しで一般市民に公開された、時代を象徴するアイテムの切り抜き写真を素材としたフォトモンタージュというメディアは、間違いなく第一次世界大戦直後に積み上げられたベルリンの視覚文化の集大成を飾るものであったが、実はこのときすでに、視覚世界の主役は写真から映画へと移行しつつあった。いわば、ダダイストたちの実験的なビジュアルワールドを下層とし、映画という新たな視覚メディアはその上に堆積するベルリンの視覚世界の上層部を形成していったのだ。史実的には、映画の誕生はすでに十九世紀末の出来事だが、カフェやバー、キャバレーでの最後の数分間のお楽しみとしてスタートした映画が、映画館という独立した場所を持ち始めたのは二十世紀に入ってからのことだった。アメリカではいち早くニッケルオデオンという名で大衆的な小劇場的映画館が誕生し、一〇年代半ばにはタイムズスクエアの劇場街に巨大映画館ができ、映画館をめぐる文化としての景観がヨーロッパに先駆けて広がった。

一方、ベルリンでの映画の誕生シーンとして語られるのは、フリードリッヒ通り駅の真向かいにあるセントラルホテルの内部施設だったヴァリエテ（日本でいう大ホテル内の宴会場をイメージすればいいだろう）、ヴィンタ―・ガルテンで、一八九五年十一月一日にスクラダノフスキー兄弟が最後の演目に見せた十五分間程度のビオスコープ（連続写真映像）である。このビオスコープを、ありのままの動きを撮影し映写するシネマトグラフとして一カ月後のパリで公開したのがリュミエール兄弟である。シネマトグラフを用いた表現はベルリンでもすぐに取り組まれ、翌九六年にはオスカー・メスターによって、フリードリッヒ通りに最初のシネマトグラフ用の劇場が作られた。その後、第一次世界大戦前にはすでに、メスターによって、ウンター・デン・リンデン通りやフリードリッヒ通りを中心に、レストランやカフェから映画館への建て替えが続々とおこなわれていたのである。そこでは、大戦中に最初の週刊ニュース映画『メスター週刊ニュース映画』が上映されたのだが、死体を映さないなどの検閲はメスター自身の手でおこなわれていた。いわば、バイアスがかかったリアリティーが、すでに大戦中からベルリン市民に届けられていたのであった。

メスターが戦間期に築き上げた映画産業の基盤は、その後UFA（Universum Film AG）によって引き継がれることになった。ここに『巨人ゴーレム』（監督：パウル・ヴェゲナー／カール・ボエゼ、一九二〇年）、『カリガリ博士』（監督：ロベルト・ウイーネ、一九二〇年）、『吸血鬼ノスフェラトゥー』（監督：F・W・ムルナウ、一九二二年）、『ドクトル・マブゼ』（監督：フリッツ・ラング、一九二二年）といった、ドイツ表現主義映画の興隆期を迎えるとともに、一九二〇年代ベルリンが映画都市として本格的に始動することになる。一九年に千七百四十人を収

図17　ツォーロッギシャー・ガルテン駅から、映画館ウーファ・パラスト前の眺め　撮影者不明
(出典：Michael Bienert, Elke Linda Buchholz, a.a.O., S.38.)

容可能な巨大映画館 Ufa Palast am Zoo (Zoo Palast) がツォーロッギッシャー・ガルテン駅の目の前に登場(図17)。また二〇年には撮影用のスタジオとしてベルリン南部のテンペルホーフ地区を確保し、のちにベルリン郊外の街ポツダムの撮影村へと移動するまでベルリンでの映画供給ラインは整った。二〇年代前半に花開いたベルリンの映画文化は、同時期のハリウッドに唯一対抗できる力強い産業力を有していたのである。

ところで、表現主義映画の全盛期が徐々に過ぎ、『ニーベルンゲン』(監督：フリッツ・ラング、一九二五年)や『ファウスト』(監督：F・W・ムルナウ、一九二六年)といった映画での古典主義回帰が一九二〇年代半ばまで続いた頃、ダダイストたちが国際見本市でベルリンの視覚文化に一石を投じた手法だったフォトモンタージュは、技術としては商業広告や、需要が増えつつあった映画ポスターへと、その応用領域を拡大させていった。一方、思想としてのフォトモンタージュでの新たな「視覚」の追求という前衛芸術家たちの試みは、二重露光やフォトグラムといった、一枚の写真の内部における複数視点の投入や奥行き性の表現へと大きくシフトしていった。それがバウハウスでのモホリ＝ナジをはじめとする写真をめぐる理論と実践や、ヴィキング・エッゲリングとハンス・リヒターが事物と光線の変容を追いかけ、その集大成として『絶対映画』（一九二四年）が作られるといった一連の映像実験へとつながっていった。こうして、実験的な映像と映画館で見る大衆映画とが志向性を異にするものと見えた矢先、両者をある意味結び付ける衝撃としてベルリンの視覚世界を襲ったのがロシア・アヴァンギャルド映画である。二五年十二月にモスクワで初めて上映されたセルゲイ・M・エイゼンシュタイン監督の『戦艦ポチョムキン』が二六年四月にベルリンで海外初上映されたのを皮切りに、続くフセヴォロド・プドフキン監督の『母』（一九二六年）、ジガ・ヴェルトフ監督の『カメラを持った男』（一九二九年）など、映画のエッセンスであるモンタージュ技術を美学的に追求し、新たな「視覚」を構築するという、ダダ以降の前衛芸術家たちが追求した世界を見事に実現した映画が次々に上映された。

以下に取り上げる二つの作品『ベルリン――大都市のシンフォニー』（一九二七年）と『電波塔から』（一九二八年）もまた、ロシア・アヴァンギャルドの衝撃と影響を多分に受けて一九二〇年代半ばから三〇年に至るまでのベルリンで盛り上がりを見せた「ニュービジョン」（新たな視覚）というムーヴメントを象徴する作品である。ニュービジョンとは、ノイエ・ザッハリッヒカイトという表現主義以降の芸術・文化の潮流を指す用語のなかでも、とりわけ写真というジャンルに使用された用語だが、そのビジョンには映画による視覚の新しさが含まれていることはいうまでもない。日本でも、新興写真として同時代的に輸入された写真をめぐる新しいこの動向は、ジガ・ヴェルトフが「キノグラース」（映画眼）という言葉で表現したように、カメラ・レンズによるアングルの自由な操作と創造性を、人間の目にも実現させるというもくろみだった。このカメラ・レンズが挿入された人間の眼＝カメラ・アイを手法とするニュービジョンによって、都市と身体がどのように映し出されたかを追いかけることで、第一次世界大戦後のカタストロフィーから連続して堆積した二〇年代視覚文化の最後の地層面を、眺めてみよう。

『ベルリン――大都市のシンフォニー』におけるポツダム広場

ヴァルター・ルットマン監督（一八八七―一九四一）による映画『ベルリン――大都市のシンフォニー』[24]は、シンフォニーという副題のとおり、五つの楽章としての五場面から編成されている。ルットマン自身はエッゲリングやリヒターと同じく映画でのリズムやフォルムを重要視し、実験的な抽象映画を制作していた人物である。このことは、映画の最初に登場する白い直線の運動をはじめ、登場する人々や動物、工場やタイプライターの動きにオーバーラップしていく、直線や曲線の回転といった映像技術のなかに垣間見える。のちに亡命する多くの映画人と異なり、ナチスの映画作りに協力したという負の側面はひとまずおいておいて、ここではまさにベルリンという一つの巨大な都市の、その朝から晩までの移ろいを映像化した貴重な視覚文化的挑戦として、この作品を見てみたい。

まずあらすじを確認しておこう。第一楽章は列車がベルリンへと向かうシーンで始まる。「ベルリン15㎞」という表示とともに、列車の向こうで流れる自然が残る景色は、徐々に工場を映し出す。長距離列車の終着地点であるアンハルター駅に列車が着くと、まだ朝早い人通りがない街の中心部が映し出される。赤い市庁舎の時計は五時を指す。リトファス柱の広告を貼り付ける人、職場へと出勤する人々が徐々に通りに見えてくる。工場の扉が開き、製造ラインが稼働する。第二章では、ベルリンは八時を回り、子どもたちが元気に登校し、人々が路地を掃除する。店が開店し、交通は次第に増え、乗客たちがバスを乗り降りし、地下鉄の車内では、乗客たちが忙しく新聞を読む。第三章はいままさに昼時を迎えようとするベルリンである。路上でけんかする男たち、それを見物する人々。さらにイベントも目白押しである。結婚式が執り行われ、同時にパウル・フォン・ヒンデンブルク大統領が外国使節団の訪問を受けている。交通はますます混乱し、馬車同士がぶつかり合う。アンハルター駅には、マンハイムやカールスルーへと向かう列車が発車し、チューリッヒやルツェルン、ミラノからの列車が到

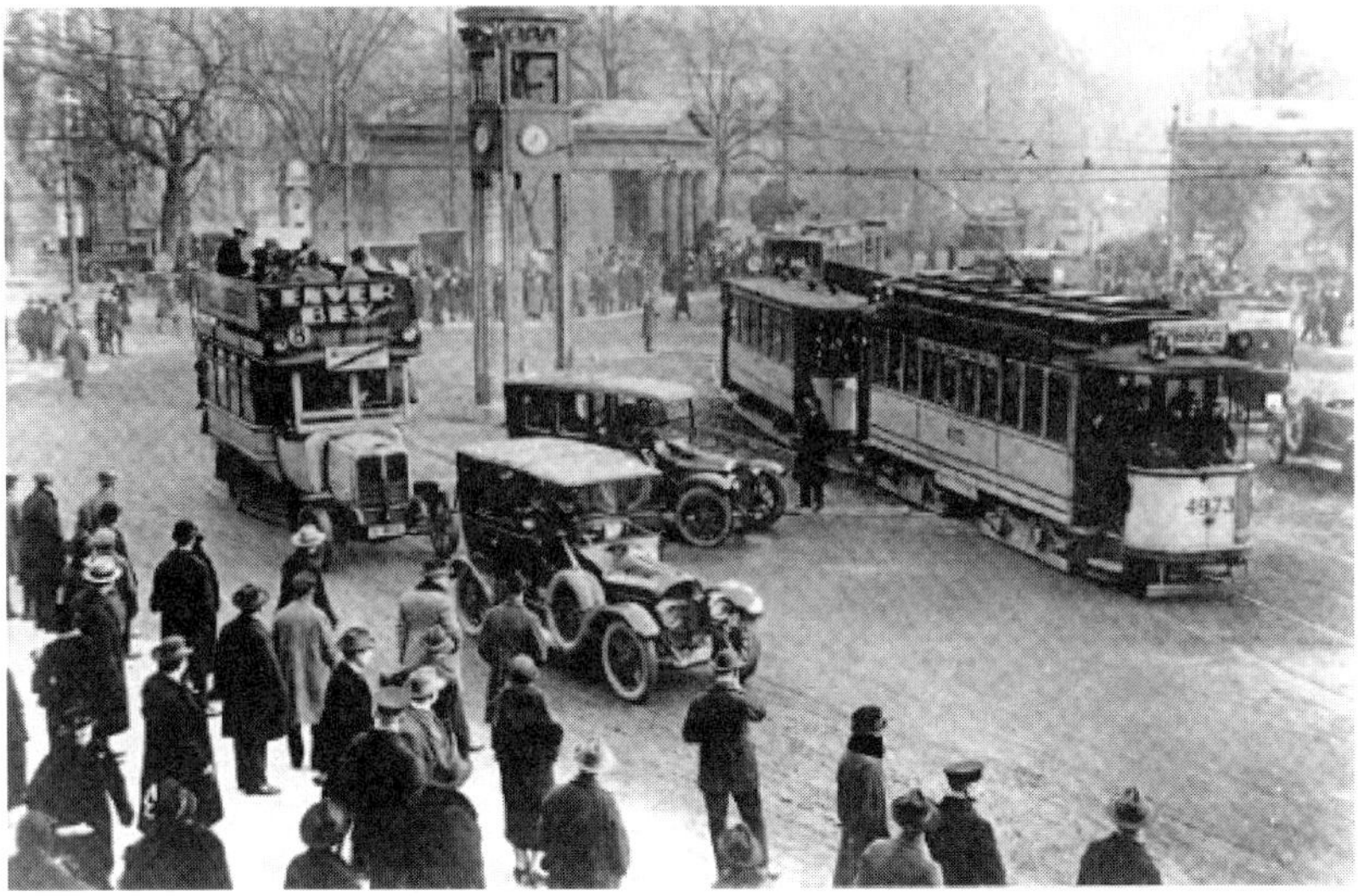

図18　1925年頃のポツダム広場の信号塔を取り巻く５差路の賑わい。撮影者不明
（出典：Sergiusz Michalski, a.a.O., S.9.）

着し、観光客がベルリンの街中へと消えていく。

第四章は昼食と休憩のシーンで始まる。馬車は水を飲み、人間たちも水を飲み昼食を取り、休憩する。汽船が静かにシュプレー川を渡る。子どもたちが楽しく遊ぶ風景。次第に馬車も動きだし、印刷所も夕刊に向けて動きだす。「危機」「殺人」「為替」「結婚」「金」の見出しが躍る。橋から飛び降り自殺する女。仕事の片づけ作業が始まり、工場は閉まる。ボートを漕ぎ、水遊びし、テニスやダンスと、日が暮れるまでのひとときを楽しむ人々の姿。第五章は眠らない街ベルリンの夜の姿が、映画館やショーウィンドーのネオンサインで映される。キャバレーの舞台に喝采を送る人々。夜の通りに、客を乗せて走るタクシーと路面電車。アイスホッケー競技とベルリン六日間レース（屋内自転車競技）、ボクシングといった夜のエンターテインメントとしてのスポーツ試合が映し出されると、最後はビアホールで盛り上がる人々の喧噪でフィナーレを迎える。

喧噪が次第に花火となり、ベルリンの夜の空に放たれるラストシーンは、いささか不要な大団円のようにも思えるが、列車によって、徐々にベルリンという身体に入っていくような視覚的イメージや、工場の稼働や路上の循環、人々の暮らしのリズムは、まさにベルリンという体内のなかで起きている血流のようなイメージを知覚的に呼び覚ます。同時に、時折発生するトラブル、あるいは起こりそうな交通事故や事件（女が急に飛び降り自殺をするなど）、けんかや言い争いといった衝突などの映像もまた、あたかも血栓のように、身体の自然な詰まりという生理現象として描かれている。そして、このベルリンという巨大な体内で、血管として多くの人々を移送するもろもろの交通のなかでも、最も多くの血流を運ぶ大動脈としてたびたび登場するハブ駅こそポツダム広場駅であり、ここはいわばベルリンの心臓部に該当する（図18）。

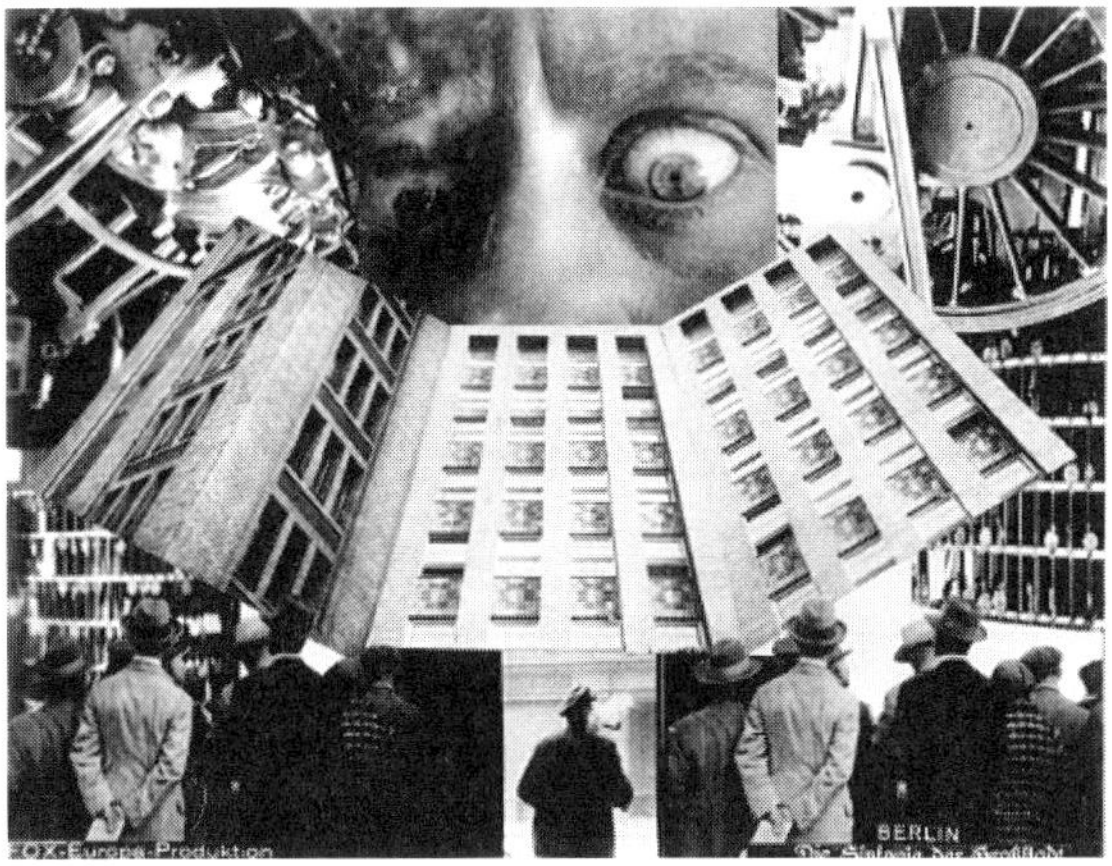

図19『ベルリン――大都市のシンフォニー』の広告用フォトモンタージュ。1927年制作
（出典：Peter Olaf Hrsg. Berlin Metropolis 1918-1933, Prestel Verlag, Munich, London, New York, 2015, S.234.）

ポツダム広場は十八世紀にすでにポツダム門として、保養地ポツダムへ王侯貴族たちが出入りする門として重要な意味を持っていた。一八三八年にこの地にベルリン―ポツダム間を結ぶ鉄道が整備され駅が設けられると、十九世紀には飲食店やホテルも立ち並ぶ宿場街になっていった。二十世紀に入り三階建てのデパート、ヴェルトハイムが建てられる。また、クーダム通りのカフェ・デス・ヴェステンスの閉店により、文化人たちの溜まり場が、このポツダム広場前にあるカフェ・ヨスティーへと移動したことも、人の流れが集中することに拍車をかけた。ただし、ポツダム広場が大都市ベルリンを象徴する場所として決定づけられたのは、五差路が交差する臍の部分に位置するこの広場中央に、一九二四年に建てられた信号塔によるものである。ドイツで初めての信号となった電光が中央に聳え立ち、車と人の流れを絶えずコントロールするこの場所は、ベルリンを単なるメガシティーとしての大都市ではなく、ヨーロッパ最大の主要ハブ都市としての交通を象徴するメトロポリスへと押し上げた。

ところで、『ベルリン――大都市のシンフォニー』には何点かの映画ポスターが存在する。この映画ポスターは、映画に登場するアイテムを切り抜いて貼り合わせているという点と、単一的なメッセージを発しているような単純なモンタージュではないという点で、ベルリン・ダダイストたちが第一回ダダ国際見本市で華々しく展示したフォトモンタージュの直系のような作品でもある。とはいえ、そこには大きな変化も見て取れる。それは、都市に対するアングルのカメラ・アイ的なアングルの自由度と、そのための構図のダイナミックさである。乱立する巨大ビルをときに見上げ、ときに見下ろすアングル（図19）や、他の広告にも見られるような、曲芸のようにビルの谷間を浮遊し、ぶら下がるようなアングルの先にモンタージュされるのは、拡大された人間の目である。この、常に変化しサルやタイヤあるいは時計に置き換わる「目」こそが、撮影するカメラ・レンズに置き換えられた人間の「目」である。カメラ・アイを身体に内在化させることで、脱人間的な視点を持ち、新たな視覚世界の構築とともに新たなベルリンの身体を描き出すこと――それが、ルットマンの『ベルリン――大都市のシンフォニー』とは何かを示すこのフォトモンタージュによって、視覚的に説明されていることなのである。

モホイ＝ナジとシャルロッテンブルクの電波塔

さて、最後の作品として取り上げるのがラースロー・モホイ＝ナジ（一八九五―一九四六）の写真である。モホイ＝ナジが、故郷ハンガリーでのアヴァンギャルド運動MAでの活動を経て、ウィーンを経由しベルリンにやってきたのは一九二〇年のことである。その後、二三年にベルリンから東に離れた古都ヴァイマールに建てられたバウハウスのメタル工房にヨハネス・イッテンの後継者として着任。移転先のデッサウを含めた二八年までの五年間、マイスター兼予備教育責任担当者として、造形デザインの育成現場で視覚教育を統率した。その間の二五年に出された『絵画・写真・映画』は、フォトモンタージュからフォトプラスティークへと至る彼の光の造形である写真、そして映画へと向かう理論と実践の集大成であり、芸術理論家としてのモホイ＝ナジの存在を確立するものとなった。

しかし、本節ではバウハウスを去り、再びベルリンに戻ってきた後、アトリエを構え、企業のプロダクトデザインやポスターデザイン、舞台デザインなどを請け負う広告代理店を経営し活躍した一九二八年以後、三四年にアメリカへ亡命するまでの六年間という、これまであまり注目されることがなかった時代の写真作品『電波塔から』に注目したい。(25) モホイ＝ナジが再び戻ってきたベルリンでアトリエを構えた場所はシャルロッテンブルク区なのだが、この地区はベルリン・ミッテから徐々に西のクーダム通りへ、さらには南のポッダム広場前へと人と物の流れが移動していく、ベルリン二〇年代の地理的な状況を最終的に縁取る「最西部」に位置する。シャルロッテンブルク宮殿の名によって象徴されるように、宮廷の身近な保養地だったこの地域は、二〇年代後半には都市中心部を囲う新興住宅街となり、また新たにベルリンに進出する企業の拠点ともなった。当時はまだ都心部ほど密集した地域ではなく賃料が安いこの地にモホイ＝ナジがアトリエを構えたのも不思議ではない。二三年にドイツを襲った強烈なインフレですぐにベルリンを後にした亡命ロシア人とは別に、長期的にベルリンに居を据えたロシア人たちの多くが住んでいたのも、このシャルロッテンブルク地区であった。(26)

こうして、いわば第一次世界大戦後のベルリンが生み出した最後の視覚世界の舞台となったともいえるこのシャルロッテンブルク区を最も輝かせたのは、なんといっても一九二六年に完成した電波塔である。百四十六・七八メートルの高さのこのタワーは、いまでこそベルリンを真反対から囲うように建てられた、ベルリン東部に位置するアレクサンダー広場前に立つテレビ塔にすっかりお株を奪われてしまったが、当時の主要メディアであるラジオ電波送信塔としての役割を果たしたばかりか、三〇年代初めに世界で最初のテレビ放送を発信した電波塔でもある。

図20　ラースロー・モホイ＝ナジ『電波塔から』1928年
（出典：Peter Olaf Hrsg. a.a.O., S.209.）

この電波塔をタイトルにしたモホイ＝ナジの写真は九枚あったという[27]。そのどれもが塔の上から垂直に地面を捉えていた。写真に現れるのは、この垂直落下的な視点と、その視点からだけ捉えることができる、電波塔入り口のカフェに並べられた座席や、カフェを取り囲むフェンスの幾何学的な模様である（図20）。この作品を、モホイ＝ナジは彼の視覚実験を示すものとしてきわめて重要視し、アメリカやロシア、スイスとの共同企画として大々的に開催された国際的な展覧会「映画と写真」展（一九二九年開催）でも展示した[28]。モホイ＝ナジにはエッフェル塔を写した写真も存在するが、そこではむしろエッフェル塔を見上げるアングルが選択されている。この差はおそらく何が視覚対象なのかという点以上に、カメラレンズをどのように位置づけるのかというコンセプトの違いによるのだろう。『電波塔から』では電気通信という時代の最先端の技術を象徴するこの塔もまた、ルットマンが『ベルリン――大都市のシンフォニー』で示したカメラ・アイと同じく、被写体としての都市ベルリンという身体に新たに内蔵されたカメラ・アイとなったのである。

6　再び消えゆく都市と人間の身体

モホイ＝ナジが主体的に関わった「映画と写真」展をはじめ、ベルリンでのニュービジョンを発信する重要なアンテナとなった場所がベルリン国立芸術図書館である。この国立芸術図書館はその後のナチス統治下にはゲシュタポの本拠地となり、第二次世界大戦時の廃墟の後再び息を吹き返したポツダム広場近くの、ソニーセンターをはじめ高層ビルがひしめき合う地域に建つカルチャーフォーラムに移転している。この国立芸術図書館で二〇〇五年に開催された「ベルリンのニュービジョン――二〇年代の写真」展のカタログには、一九二四年から三三年までに国立芸術図書館を中心に開催されたすべての展覧会名とその内容が掲載されている。モホイ＝ナジの『絵画・写真・映画』（一九二五年）をはじめ、カール・ブロスフェルトの『芸術の原形』（一九二八年）や、アルフレート・レンガー＝パッチュの『世界は美しい』（一九二八年）がそこでは時差なく紹介され、当然ながらザーシャ・ストーンによる『写真で見るベルリン』（一九二九年）やヴェルナー・グレーフの『新しいカメラマンがやってきた』（一九二九年）のような、ベルリンの日常世界をテーマにした写真集ももれなく紹介されていた。なかでも三一年に開催された「フォトモンタージュ」展は、二〇年の夏に開催された第一回ダダ国際見本市から十年という節目にもあたり、第一次世界大戦後ベルリンの大地に視覚文化の地層がどれほどの厚みで積み重なったかを改めて告げ知らせる展覧会ともなった。

一九二〇代から三〇年代へと堆積したベルリンの視覚文化的地層――それは、リトファス柱に始まった十九世紀的な視覚文化的土壌を根にし、フリードリッヒ通りからクーダム通り、そしてポツダム広場からシャルロッテンブルクへと拡大する都市ベルリンというフィールドを背景に、路上のグロテスクを追いかける視線から、都市を天空から俯瞰する視線へと向かう系譜へと枝を伸ばしていった。そこで、第一次世界大戦という根源的なカタストロフィーを過去の養分として、その後十年で急速な都市像を構築し発信することに成功したといえるだろう。それは、破壊された身体のゼロ地点としての肉芽に幾重にも重なり合うようにして内側から急速に積み重ねられた視覚文化の地層であり、その厚みの先に浮かび上がる都市像は、急速に発展したヴァイマル共和国の首都ベルリンという都市文化の繁栄の歴史そのもののイメージと重なり合った。たとえこの地層が、歴史という物語的視点からは「束の間の黄金の二〇年代」という名で呼ばれようが、「ナチズム前夜の光景」と揶揄されようが、第一次世界大戦後から二〇年代後半までの都市ベルリンに堆積された視覚文化の営みは、これまでの人類の視覚文化の歴史上類例がないほどの強烈な色彩を発していた。この強烈さの背景には、第一次世界大戦というカタストロフィーがもたらした身体の破壊と喪失を伴う地殻変動があり、そのなかに人間の知覚の側からの再生ビジョンを創出せんとする切実なる救済願望が潜んでいたのかもしれない。しかしそれは、崩壊を経た極限の人間と都市

図21　1933年11月、電波塔内展覧会場で開催された「カメラ」展ポスター
（出典：Bernd Evers Hrsg. a.a.O., S.265.）

の身体を美化と忘却によってごまかすことなく捉え映し出そうとする美学と、それを現在形で発信し続けようとする試みのなかでこそ成し遂げられた芸術家たちの営為である。そこには、ベルリンという都市が持つテクノロジーとの高度なハイブリッド性と、「ロシア人のベルリン」をはじめ、ハンガリーやウィーンからの移民、そしてベルリン外部の都市からの移住者たちといった、そこで暮らす人間たちのハイブリッド性がまさに絶妙に混ざり合っていた。

「ベルリンのニュービジョン」展カタログの最後に挙げられているのが、一九三三年十一月に開催されたベルリン最後のニュービジョン関連の展覧会ポスターである。「カメラ――写真、印刷、複製展」というタイトルのこの展覧会ポスター（図21）には「後見人帝国大臣ゲッペルス」とともに、特別料金として「ユニフォームを見につけたSA（突撃隊）、SS（親衛隊）、St（ドイツ学生連盟）は五十ペニヒ」という文字が突如として登場する。展覧会会場は、モホイ＝ナジがニュービジョンを提示したあの電波塔の一室。このポスターの上半分を占めるのはかわいらしい熊の横向きの姿である。[29] 古からベルリンの紋章だった熊のイラストレーションの不穏な愛らしさの陰で、ニュービジョンのアーティストたちの都市ベルリンのイメージをめぐる模索と挑戦は、間もなく長きにわたる中断を余儀なくされるのである。

注

（1）一九七九年のケナンの著書『ヨーロッパ・ビスマルク体制の崩壊――フランコ・ロシアの同盟』で使用された表現であり、この言葉はドイツ語では一語で Urkatastrophe と訳されて以降、今日に至るまで第一次世界大戦を形容する言葉として広く用いられている。Vgl., Kennan, George F., *The Decline of Bismarck's European Order. Franco-Russian Relations*, 1875-1890, Princeton 1979, S. 3.

（2）Spencer Tucker Hrsg. *The Encyclopedia of World War I. A Political, Social and Military History.* Verlag ABC-Clio, Santa Barbara 2005, S.273.

（3）視覚文化をめぐる議論としては、ひとまず以下の二点を参照されたい。ドイツの思想家ヴァルター・ベンヤミンはヨーロッパの人々の身体にもたらした知覚変容を写真から映画へと向かう視覚メディア史の革命的な変化のなかに模索し、「触覚的要素（の復活）」という表現で、そこにある種の身体性の回復を見いだした。Vgl., Walter Benjamin,*Das Kunstwerk im Zeitalter seiner technischen Reproduzierbarkeit,* in: Rolf Tiedemann, Hermann Schweppenhäuser Hrsg. *Gesammelte Schriften von Walter Benjamin.* Bd. 1.2, Suhrkamp, Frankfurt a. M., 1997, S.502. 一方アメリカの思想家ジョナサン・クレーリーは、さらにさかのぼりカメラ・オブスキュラという視覚装置で観察者の身体を周縁へ追いやった近代の視覚が、十九世紀半ばフェナキスティスコープの発明以降、徐々に観察者の様態を変化させながら、身体にやがて「厚み」をもたらすという、一つの視覚文化の方向性を示した。ジョナサン・クレーリー『観察者の系譜——視覚空間の変容とモダニティ』遠藤知巳訳（以文叢書）、以文社、二〇〇五年。いずれの論でも、こうした主体的身体性の獲得はあくまで、権力操作に御しやすいヴィジュアルテクノロジーのもう一つの方向性とパラレルにあることが強調されている。

（4）Gerd Heinrich, Joachim Robert Moeschl Hrsg. *Kulturatlas Berlin Ein Stadtschicksal in Karten und Texten,* Scantinental, S.18f.

（5）Steffen Damm, Klaus Siebenhaar Hrsg. *Ernst Litfa? und sein Erbe,* Bostelmann&Siebenhaar, Berlin, 2005, S.88f.

（6）Ebd., S.89f.

（7）グロテスク（grotesque）という語の美術史および美学的な背景と、二十世紀におけるその表現可能性については以下の文献に詳しい。Frances S. Connelly ed., *Modern Art and the Grotesque,* Cambridge University Press, 2003. フランセス・S・コネリーによれば、グロテスクという語はそもそもイタリア語の洞窟（grotta）を語源とし、十六世紀半ばに地中から発見された古代ローマの室内装飾を指していたという経緯からしても、この言葉が実際の対象の本質からずれた場所で誕生していること、そしてまたその後また現在も何か恐ろしいものを指す言葉として広範囲にずれた意味で使用されていることを指摘しながら、改めてモダンアートの中心に位置する概念として重要視している。Ibid.,5.

（8）Gerhard Wahrig Hrsg.*Brockhaus Wahrig Deutsches Wörterbuch*, F.A.Brockhaus Wiesbaden, Stuttgart, 1982, S.584.

（9）Karen J. Kenkel, *Das Gesicht der Masse*, in: Claudia Schmölders, Sander l. Gilman Hrsg. Gesichter der Weimarer Republik, dumont, Köln, 2000, S.206.

（10）Rolf Tiedemann, Herman Schweppenhäser Hrsg. *Walter Benjamin Gesammelte Schriften*, IV, I, Suhrkamp Verlag, Frankfurt am Main, 1981, S. 239f. 映画館がベルリンにも登場し始めた時代に、すでに廃れていたパノラマ館の最後の目撃者である子どもたちの一人として、ここでベンヤミンはパノラマを覗き込む自らの記憶を振り返っている。

（11）ユルゲン・シュベラ『ベルリンのカフェ——黄金の一九二〇年代』和泉雅人／矢野久訳、大修館書店、二〇〇〇年、六六ページ

（12）Sander L. Gilman, *Das Gesicht wahren Zur ästhetischen Chirurgie*, in: Claudia Schmölders, Sander l. Gilman Hrsg. a.a.O., S.96-112.

（13）Ebd., S.101.

（14）新即物主義という用語は、一九二五年にマンハイム美術館長であり美術史家だったグスタフ・フリードリッヒ・ハルトラウプによって開催された「新即物主義——表現主義以降のドイツ絵画」展で用いられた。ハルトラウプは二三年にはすでに開催に向けて企画を進めていて、その際に記された企画意図をつづった文書の一部抜粋をここに記しておく。「わたしは右と左に羽ばたく翼を見る。保守的な作品から古典的な作品まで、時代を超えた軸にまとめられたほうの翼は、いかほどの極限やカオスの後を、健康的なもの、身体的可塑的なものを、自然への純粋なスケッチのなかに、あるいは大地的、円熟的な誇張によって、再び癒そうとする。ミケランジェロ、アングルやゲネリ、それにナザレ派でさえもが、その証明となるだろう。もう一方の翼は、きわめて同時代的な、芸術を信じることはほぼなく、むしろ芸術の否定から生まれ、原始的な確認への欲求や、自己を神経質に暴き出そうとする欲求において、カオスの真の姿、あるいは我々の時代の本当の感情を探す翼である」（Vgl., Sergiusz Michalski, *Neue Sachlichkei*, Taschen,

Köln, 1992, S.18.)。ただし、ここで引用したカタログのように、ハルトラウプの展覧会とは異なり、この用語は現在はアヴァンギャルドとは距離を置き、むしろヴァイマール共和国という時代を包括する芸術潮流としてあらゆる芸術ジャンルを横断して用いられている。ジョージ・グロスやオットー・ディックスの作品をはじめ、ニュービジョンの写真家たちの作品がこのカタログに収められている。

(15) Eberhard Roters, *fabricatio nihili oder Die Herstellung von Nichts Dada Meditationen*, Argon, Berlin, 1990, S.19.

(16) Hanne Bergius, *Montage und Metamechanik*, Gebr. Mann Verlag, Berlin, 2000, S.236.

(17) 英語では Russian Berlin、ドイツ語では Das Russische Berlin の日語訳として、ここでは亀山郁夫氏の「ロシア人のベルリン」を用いている。サイモン・カーリンスキー『知られざるマリーナ・ツヴェターエワ』亀山郁夫訳（バイオグラフィー・女たちの世紀）、晶文社、一九九二年、一五三ページ

(18) Gottfried Kratz, *Russische Verlage in Berlin nach dem Ersten Weltkrieg*. In: Thomas R. Bayer, Gottfried Kratz, Xenier Werner Hrsg.*Russische Autoren und Verlage in Berlin nach dem Ersten Weltkrieg*, Berlin, 1987, S.39-150. 一九一八年から二八年の間に実に百八十五のロシアの出版社がベルリンに営業登録している。

(19) 諫早勇一『ロシア人たちのベルリン――革命と大量亡命の時代』東洋書店、二〇一四年、四八―四九ページ

(20) 平井正『ベルリン1918-1922　悲劇と幻影の時代』せりか書房、一九八〇年、三五二ページ

(21) 亀山郁夫『ロシア・アヴァンギャルド』（岩波新書）、岩波書店、一九九六年、七四―七五ページ

(22) Hanna Bergius, a.a.O., S. 188.

(23) ジョン・バージャー『イメージ――視覚とメディア』伊藤俊治訳（PARCO picture backs）、ＰＡＲＣＯ出版、一九八六年、一〇三ページ

(24) Walter Ruttmann (Regisseur), *Berlin, die Symphonie der Großstadt*, 1927.

(25) プロダクトデザイナーとしての、この時期のモホイ＝ナジの仕事について、特にイェーナーに本社を置くガラス会社ショット（世界初のブラウン管テレビ用のガラスを生産）とのコラボレーションについて、オーストリア（ウィーン）のオットー・ワーグナー美術館で近年興味深い展覧会が開催された（「透視――イェーナー・ガラス、バウハウ

スと工房としての台所」展、会期二〇一二年五月十五日―八月十八日)。バウハウスの弟子たちを率いたモホイ＝ナジの、ベルリンのアトリエでの仕事についての詳細がわかるカタログもある。Monika Wenzl-Bachmayer Hrsg. *Durchblick. Jenaer Glas, Bauhaus und die Küche als Labor*, Wien, 2012.

(26) 前掲『ロシア人たちのベルリン』五一ページ。ちなみに、ラウール・ハウスマンが、ベルリン・ダダでともに活動したハンナ・ヘーヒと別れた後、再婚したヘトヴィッヒ・マンキーヴィッツと暮らした住所もシャルロッテンブルク区のカイザー・フリードリッヒ通りであり、そこで革命派の亡命ロシア人エヴァ・ブロイッドの娘ヴェラとの共同生活を送っている。Vgl., Berlinische Galerie Hrsg. *Der deutsche Spiesser ärgert sich Raoul Hausmann 1886-1971*, Hatje, Berlin, 1994, S.283.

(27) The Art Institute of Chicago Hrsg. *The Essential Guide*, 2013, S.291.

(28) Bernd Evers Hrsg. *Neues Sehen in Berlin Fotografie der Zwanziger Jahre*, Staatliche Museen zu Berlin, Berlin, 2005, S.186. シュトゥットゥガルトで口火を切り、ウィーン、それから国立芸術図書館（旧ベルリン工芸美術館）で開催された後、ドイツの主要都市の美術館を巡回。ちなみにこの大展覧会は日本へも巡回している。

(29) Ebd., S.263f.

第7章　〈関東大震災〉の記号学
——秋田雨雀「骸骨の舞跳」をめぐって

日高昭二

はじめに

一九二三年（大正十二年）九月一日午前十一時五十八分、神奈川県相模湾北西沖を震源として関東地方を大震災が襲った。この大震災は、マグニチュード七・九とされる激しい地震動に加えて、地震直後に起こった同時多発火災によって死者・行方不明者十万五千余名を数える、まさに未曾有の大災害となった。しかもその大災害の報道は、東京の新聞社がことごとく焼けたために（ただし「東京日日新聞」を除く）、それに代わって地方紙が矢継ぎ早に「号外」を発行し、被害の甚大さをいっそう強烈に全国民に伝えることになった。

九月三日の「大阪朝日新聞」には、「飛電至る毎に東京の災害は凄愴を極む」「帝都に戒厳令」「阿鼻叫喚の帝都」とあり、四日には「帝都は見渡す限り焦土」の見出しのもと、政府が「非常徴発令」を発布し、入京を禁止したことが告げられる。また五日の同紙は「帝都震災画報」として、大震災後二日目の光景を生々しく紙面に写し出し、そして六日には、全滅の箱根から奇跡的に脱出した谷崎潤一郎の「眩しくない血の色の太陽が天変地異といふ感じを強く与へた」という「手記」が掲げられていた。以後、文学者たちは、十月号、十一月号の雑誌に次々と震災体験記を掲げることになる。(1)

しかし、一九二三年の大震災は、単なる自然災害の猛威の記憶にとどまるものではなかった。つとに三宅雪嶺「三つの虐殺事件」(「改造」一九二三年十一月号、改造社)が記したように、朝鮮人の虐殺事件、大杉栄らの甘粕事件、平澤計七らの亀戸事件という凄惨な事件が、天災としての大災害のさなかに起きていたのである。すなわち、関東大震災は、都市そのものを目にみえて無残な焦土と化した自然の災厄ということにとどまらないどころか、逆に都市が抱えた闇が歴史を先取る徴候ともなった、まさに「いまわしい序曲」(中島健蔵『昭和時代』〔岩波新書〕、岩波書店、一九五七年)でもあった。

都市の闇は、朝鮮人の暴動や襲来などのいわゆる流言蜚語から始まっていた。早くも九月二日には、「不逞鮮人跋扈」「数百の不逞鮮人が隊伍を組みて蜂起暴戻」などという記事が各新聞の紙面に登場する。それについて、かつて稲垣達郎「関東大震火災と文壇」(「国文学　解釈と教材の研究」一九六四年十月号、学燈社)は、三宅雪嶺の論文に触れながら、次のように記していた。

ところが、多くの作家は、これについての適確正当な対処をほとんど示さなかった。震災雑文のなかに、かれみずからもこの流言蜚語に動揺し、おどっていることはしばしば書かれる(例・久米正雄『鎌倉震災日記』そのほか)。が、それへの批判となると、あたかも発言圏外のこととして厳重に遮断機をおろし、もっぱら社会評論家に委ねているがごとくである。ふしぎな節度の感じである。(2)

この稲垣の観察は、小田切進「関東大震火災と文学――現代文学の源流3」(「文学」一九六三年二月号、岩波書店）、三好行雄「地震と文学――関東大震災をめぐって」（林健太郎ほか『地震』〔東京大学公開講座〕所収、東京大学出版会、一九七六年）でも、同じように指摘されていた。小田切は、そのなかで唯一、内田魯庵の「自警団と殺傷事件」（山本美編『大正大震火災誌』所収、改造社、一九二四年）を挙げるにとどまっているが、一方、三好は「どの雑誌を見ても、文学者で、この三種の虐殺事件の不当性に対して、まともな抗議や批判を行ったものはほとんどな」く、これは「当時の権力構造と文学との関係のもつ陰湿さをしめすもの」だと述べていた。

もとより、そこで記された「ふしぎな節度の感じ」や、「権力構造と文学との陰湿さ」については、それ以上の言及はないが、「三つの虐殺事件」を捉えた数少ないテクストの存在は掲げられていた。ここでは、その数少ないテクストが示した「痕跡」を、改めて大震災の文化記号として振り返る余地は残されているのである。それら痕跡の一つひとつを丁寧にたどり直すことによって、大震災の記憶を再審に付してみたいと思う。

1 あなたも然んなことを信じてゐるんですか

その数少ないテクストの一つに、秋田雨雀の戯曲「骸骨の舞跳」（「演劇新潮」一九二四年四月号、新潮社）がある。舞台は、震災の数日後「東京から百五十里も離れた」東北の「M駅」の「救護班のテント内」。そこで避難民の老人と青年が次のような会話をしている。

老人　（略）朝鮮人が火を放けて歩いてゐるといふ噂さぢやありませんか…ほんとに怖ろしいことですね…

青年　（語気を強めて）あなたも然んなことを信じてゐるんですか？　僕等はもう少し自信を持ちませう。僕は出来るだけの事を調べてゐるんです。

老人　然うですか？　でも嘘にしては大変な嘘をこしらえたものですね…何でもそのためにこの汽車の沿道でも大分朝鮮人が殺されてゐるといふ話ですが、真実でせうか？
青年　それは真実です。僕は昨日から色々な事を見せられて来ました…僕は日本人がつくづく嫌やになりました。(略)僕は国民として日本人には失望しましたが、人間としての日本人には失望してゐません。何処の国民でも、人間としてはみんな善良で無邪気なものです。

まさしく、三宅雪嶺が挙げたなかの一つ「朝鮮人の大虐殺」に触れた戯曲である。この二人の対話に続く場面では、「朝鮮人が大勢で師団へ押し寄せて来るという噂」が救護班員から告げられて避難民が動揺するが、青年は「朝鮮人は武器一つ持つてないんです。武器も与へられてゐない民族にそんな大胆な事ができますか？」と言う。そこに医長が登場して、「帝国の軍隊は諸君に指一本もささせん…」と述べて、避難民の動揺を抑えていく。しかし、「不逞鮮人」の追求はやむことなく、在郷軍人や甲冑や陣羽織の姿をした自警団員が現れ、手には槍や刀を携えて「ある男」を尋問する。男は、自分は「日本人」だと抗弁するが、自警団員は「年は幾つだへ」「何年生まれだへ」と聞くと、男は「非常に苦し」みながら、「僕…僕…僕…」と言葉に詰まる。見かねて青年が「一体諸君に他人の身元調べをする権利がありますか？」と言うと、彼らはこう答える。

在郷軍人　君は生意気なことを言ふが、僕等は確実なところからその権利を得てゐるんですよ。県警察だつて立派にその権利を容認してゐるんだ。
甲冑　それに、僕等は単に法律の条文なぞに拘束されて行動してゐるんぢやねいんだ。…僕等は要するに国家に対する赤誠で働いてゐるんだ。

青年は、その答えに怒りを爆発させて、「甲冑、陣羽織、柔道着…。君達には一体着る衣服がないのか？」というセリフに続けて、さらにこう述べる。

もし諸君の心臓の中に血が流れてゐるならば、
諸君は諸君自身の着物が要る筈だ。（略）
諸君は生命のない操り人形だ！
死蠟だ！
木乃伊だ！
骸骨だ！

それに対して自警団員は、「不逞日本人だ」「主義者だ」「危険人物だ」と口々に罵るが、青年は「卑劣なる祖先崇拝の虚偽と英雄主義と、民族主義との仮面をはぎとつて、醜い骸骨の舞跳をおどらせよ」と、静かに、だが力強く言う。すると自警団員は「全部化石」し、「テントに入りかけた医長も化石する」。さらに青年が「醜い骸骨共よ、跳りながら消え失せよ！」と叫ぶと、骸骨は「各関節から身体をへし折つて地上に倒れてしまふ」。

戯曲「骸骨の舞跳」が、いわゆる表現派的な舞台になっていることは、冒頭の「ト書」に「立体派風の舞台装置を可とする。所謂マヴォ式の試みも面白いであらう」とあることによっても知られる。[3] しかし、戯曲に設定された「場所」が「救護班のテント内」と指定されているのは、十分に写実的でもあった。例えば、当時、「臨時震災救護事務所」の名で、次のような「告」が出されていたからである（図1）。

告

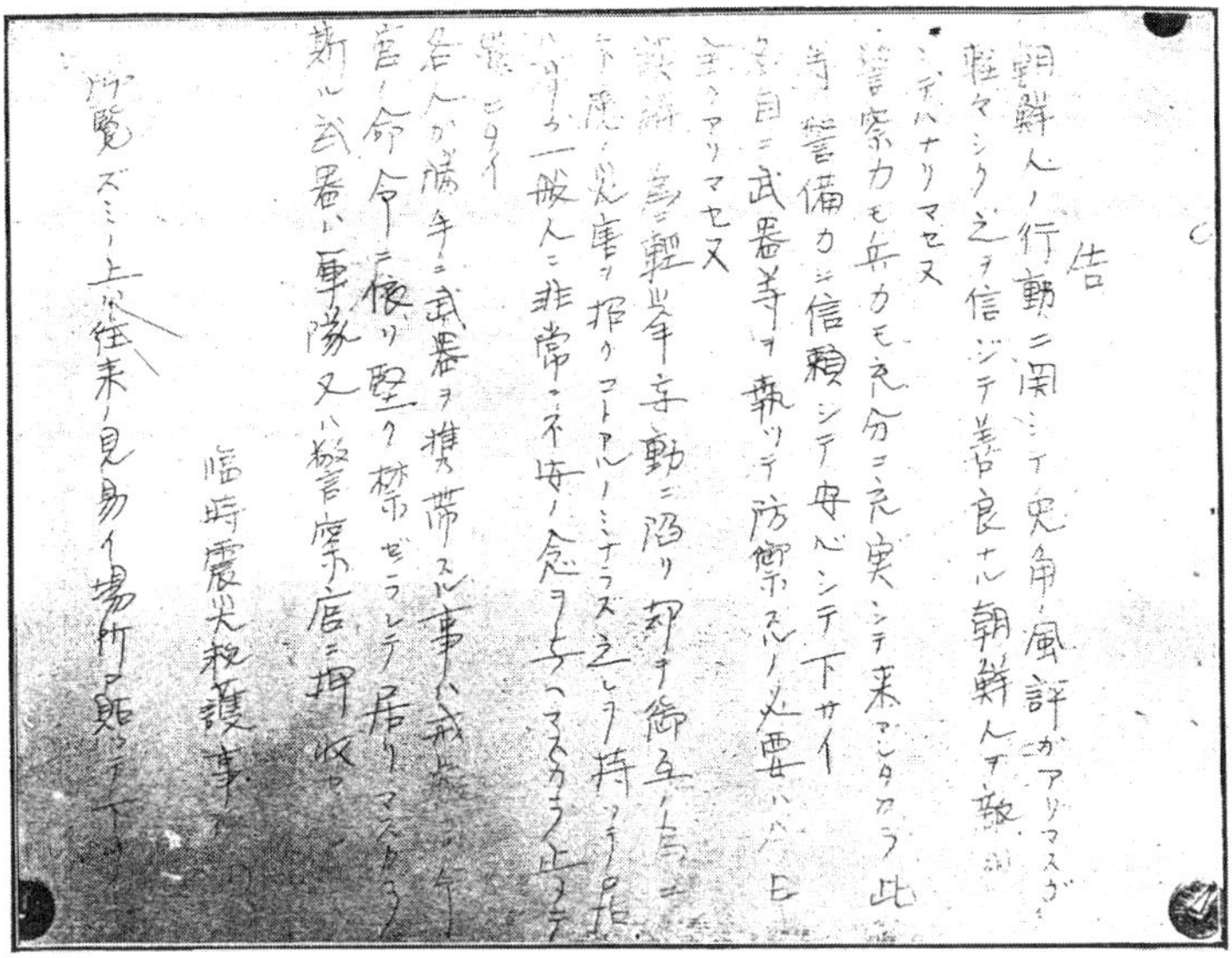

図1　救護事務局の張り札
（出典：山本美編『大正大震火災誌』改造社、1924年）

朝鮮人ノ行動ニ関シテ兎角風評ガアリマスガ
軽々シク之を信ジテ善良ナル朝鮮人ヲ敵ニ
シテハナリマセヌ
警察力モ兵力モ充分ニ充実シテ来マシタカラ此
等
警備力ニ信頼シテ安心シテ下サイ
各自ニ武器等ヲ執ツテ防御スルノ必要ハ今日
全クアリマセヌ
（略）
各人ガ勝手ニ武器ヲ携帯スル事ハ戒厳司令
官ノ命令に依リ堅ク禁ゼラレテ居リマスカラ
斯ル武器ハ軍隊又ハ警察官ニ押収セラレマス
臨時震災救護事務所
御覧ズミノ上ハ往来ノ見易イ場所ニ貼ツテ下
サイ[4]

一方、警視庁も、同じように「朝鮮人の凶暴や、大地震が再来する、囚人が脱監した」など「有りもせぬ事を言触らすと、処罰されます」という「注意」書きを貼り出していた。このうち「囚人」の

「脱監」については、吉村昭『関東大震災』(〔文春文庫〕、文藝春秋、一九七七年)に詳しい記述がなされている。

さらに、こうした貼り紙を東京駅のガード下で見たと夢野久作は書いている。当時「九州日報」の記者だった彼は、大阪から震災救助船の備後丸に便乗して、九月六日の朝に芝浦に上陸し、東京の惨状を震災記やスケッチに捉えていた。そのうちの一つが「特派員　杉山泰道」の名で書かれた「変わつた東京の姿――焼跡細見記」(「九州日報」一九二三年十月七日―十日付)で、そのなかで「鮮人暴行」の「風説」は「国家の体面上から云つても甚だ遺憾」であり、「此際よろしく大国民の襟度を示して、同胞の愛情を傾けられたい」との「当局」の通知を写し取っていた(5)。

このように、いたるところに貼り出された公式文書には、「兎角風評ガ」「有もせぬ事を言触らす」「風説」などの言葉が見える。まさしく、こうした「告」や「注意」が貼り出されるほどに、当時の人々が「朝鮮人の暴動」の噂に翻弄されていたことがうかがわれるが、逆にいえば、人々に蔓延した風評・風説は、実はこれらの「告」や「注意」によって認知されていたともいえる。震災後の七日目、政府は三大緊急勅令、すなわち暴利取締勅令、支払猶予の緊急勅令とともに流言浮説取締令を公布し、即日施行した。その流言浮説取締令とは、次のようなものだった。

出版通信其他何等ノ方法ヲ以テスルヲ問ハス暴行騒憂ソノ他生命身体若クハ財産ニ危害ヲ及スヘキ犯罪ヲ扇動シ安寧秩序ヲ紊乱スルノ目的ヲ以テ治安ヲ害スル事項ヲ流布シ又ハ人心ヲ攪乱スルノ目的ヲ以テ流言浮説ヲナシタル者ハ十年以下ノ懲役若クハ禁固又ハ三千円以下ノ罰金ニ処ス

ここに「出版通信其他何等ノ方法ヲ以テスルヲ問ハス」とあるが、むろん通信・電話・新聞が機能を麻痺させていたからこその「流言浮説」なのである。それは、「出版通信」という方法によるよりも、むしろ口から耳へ、耳から口へと次々に広まっていたとみるべきだろう。だが、同時にこの「取締令」は、緊急勅令第四百三号「治安維持ノ為ニスル罰則ニ関スル件」として発令されたことでもわかるように、二年後の三月に成立をみる治安維持法へとつながる応急的な要素をも含んでいたのである。歴史的な徴候の一つが、ここに明らかに見えているだろう。

当時の目撃証言によれば、「不逞鮮人」に対する「流言浮説」は、九月二日からなされていたという。それについて、里見弴「噂する本能」(「改造」一九二三年十月号、改造社)は、人間の「噂する」本能を「原始的通信機関」と呼び、それが「よいあたまばかりを通って来た」ものならいいが、今度の「流言蜚語」は「無智無恥なあたまばかりを通り抜けて来た」もので、「罹災者のあたまの程度」には「感心できない」と記している。皮肉と穿ちがたっぷり含まれた感想ともいえるが、そこにはまた言外に「流言蜚語」と「文学」との比較が隠されてもいる。にもかかわらずその流言蜚語に多くの文学者たちが実に安易にかつ無造作に引っかかり、また確かな認識も鋭い批判もない震災体験記を、こぞって記していたという事実は残るのである。稲垣は、その一例として久米正雄の「鎌倉震災記」(前掲「改造」一九二三年十月号)を挙げていたが、事柄の「異常さ」を知るためには、もっと多くの記録を検証しておくべきだろう。

例えば、田中貢太郎の「死体の匂ひ」に、次のような記述がある。

私はその日から街路の警備に立たされた。地震に乗じて朝鮮人が陰謀を企て、今晩は竹早町の小学校を中心にして放火を企ててゐるから警戒せよと云ふような貼紙をする者があつたので、各戸から一人づつ小銃、刀、手槍など思ひ思ひの得物を持ちだして附近を警戒することになつた。三日には戒厳令。(6)

これで見ると、九月三日の「戒厳令」の前に「貼紙」があって、人々が「小銃、刀、手槍など思ひ思ひの得物」＝「武器」を持って警戒に駆り出されていたことがわかるのである。雨雀は、その「思ひ思ひの得物」とともに「甲冑」や「陣羽織」という異様な姿を加えたことになるわけだが、それらの衣装によって舞台上にはよりいっそう時代錯誤のイメージがくっきりと写し出されていたはずである。

もう一つ、長田幹彦『大地は震ふ』も見ておこう。これは、雑誌に掲載された体験記とは異なって、いちはやく単行本として刊行された震災記だが、そのなかに「四昼夜の間」に「〇〇〇〇が九人も捕えられた」とある。むろん伏せ字の部分には「不逞鮮人」の四文字が入る。その前に長田は、多くの日本人が被害の甚大さを感得したという被服廠跡地の「焚殺」による「腐肉の臭ひ」を挙げている。これはすなわち陸軍被服廠跡の悲惨事で、最も安全な避難場所として警察官が人々を誘導したその空き地に熱火のための旋風が起こり、一時に三万八千人が焼死したという大惨事である。それに続いて長田は、さらに「食糧絶無の兇報」がもたらした「不安と恐怖」に言及し、その渦中で「男は武装して集合せよ」との触れがあり、声の主を振り返ると夜警で知り合いになった「大学生」で、彼から「怪しいものが十人程拳銃と凶器をもつて潜入」したからと告げられ、自分も「軍刀を腰に」警護に当たったという。

連日の不眠と極度の昂奮とで精神が異常な変調を呈してゐるので、却つて残忍な、野獣のやうな凶暴性ばかりが無上に突き上げてくる。斬らば斬れ、殺さば殺せといふやうな絶望的な無謀さも手伝つて、全くの処制なぞといふものは薬にし度くもなかつた。(7)

つまり長田は、被服廠跡での集合死の驚愕(8)と、食料供給への集団的な不安を前提にして、「不逞の徒」はすべて殺戮してもいいという「凶暴性」に至ったというのである。「斬らば斬れ、殺さば殺せ」など、芝居がかった反応としかいいようがないが、だが問題は、そうした反応が、すでに震災下の現実と倒錯的な混成をなしているというだけにはとどまらない。注目すべきは、「軍刀」を腰にした彼自身の芝居がかった振る舞いは、やがて陸・海軍の目覚ましいはたらきによって凌駕されて、その歓喜が「人体における新鮮なる血液」を注入してくれたという、いわば身体的な反転にまで高揚していくという事実だろう。

そうした高揚を媒介していたのが、いわゆる「自警団」なのである。それは田中や長田の体験記に明瞭に現れているように、「集合」の声がどこからか聞こえ、その声が「武器」の携帯をも使嗾して「夜警」に赴かせるという、まさしく震災下の群衆を組織的に統率していたのである。すなわち自警団という存在は、われわれが属するコミュニティーにはたらいている社会的・道徳的・イデオロギー的な意味を改めて再審に付すものとして、雨雀の戯曲の主役にまで躍り出る存在だったのである。

2 この顔を見て呉れ給へ

その「自警団」は、九月二日の夜にはすでに組織されていたという。――「「誰か」といふ鋭い誰何の声が、至るところの暗闇や十字路で発せられた。勿論それは竹槍を持った自警団が、挙動不審の通行人を検問する声であつた[9]」。

自警団の「検問」は、「誰何の声」に依るところから「誰何検問」ともいわれるが、その「誰何」の対象は、いうまでもなく朝鮮人だった。そして、その朝鮮人を区別するためには、「日本人」も厳しく検問されたという。千田是也の回想によれば、千駄ヶ谷の駅に近い土手で検問を受け、「アイウエオ」を言ってみろ、「教育勅語」を暗唱してみろ、「歴代天皇の名前」を言えなど大変な目に遭ったというが、その事件をふまえて友人が彼の芸名を「千駄ヶ谷のコリヤ」＝「千田是也」と付けたという[10]。

こうして、瞬く間に震災下の主役に躍り出た自警団の検問は、子どもの遊戯にまで取り入れられていく。東京では「鮮人糾問のまね」が流行し、また横浜では「分捕りゴッコ」と称して「略奪のまね」をしたという(11)。また、そうした「まね」や「ゴッコ」は、当時の漫画にも描かれている。それについてはジェニファー・ワイゼンフェルドが『関東大震災の想像力――災害と復興の視覚文化論』(篠儀直子訳、青土社、二〇一四年)で言及するように、「都新聞」九月十九日付に掲載された竹久夢二の「自警団遊び」がまず挙げられる。加えてワイゼンフェルドは、池田永治や中澤弘光、井川洗厓、宮武外骨らの図像表象を提示し、武装した「自警団」の野蛮さと無法性を、まさしく目に見えるように捉えていた。とはいえ、「検問」の具体性は、いうまでもなく「誰何」というれたかまでは触れられていない。しかもその声や言葉には、都市の闇のなかから不意に発せられるという、目に見えない恐怖がつきまとってもいたのである。

一方、雨雀の戯曲のそれは白昼の「救護テント」のなかだったが、その検問には具体性があった。自警団がまず「名前」を聞き、次いで「年齢」を聞き、それに対して「ある男」が(非常に苦しみながら)、「僕」という言葉だけを繰り返す。それは、「ある男」が、まさしく「朝鮮人」であることを示すには十分だが、しかし戯曲はこの「ある男」を、最初から「朝鮮人」として設定してはいない。それは、通常なら「ある男」として匿名性を担保されている人間だが、ここでの「誰何検問」によって彼の民族性が識別され、日本人ではないことが拘束・弾圧されることの正当性になるという異常な仕組みを示すためにほかならない。もとより「名前」を聞くことは、「誰何」を問う基本的な行為だろうが、同時に、朝鮮人が自衛のために「日本名」を名乗っていたという事例もまた、多くの震災記が取り上げている。さらに「年齢」については、彼らが日本人とは違う数え方をするから、見分けがつくとされていたのである。

この朝鮮人/日本人の区別の付け方について、「奇異な尋問」の事例を書き留めた一編がある。壺井繁治の小説「十五円五十銭」(「戦旗」一九二八年九月号、戦旗社)がそれで、朝鮮人がうまく発音できない「濁音のある言葉」を言わせ、「ジュウゴエンゴジッセン」という発音を満足に言えなかった彼らを、たちまち捕らえたという事例である。濁音一つの差異で「日本語」共同体から差別・除外されるという、その暴力性がこれほど皮相的に露呈された現実も稀だろう。これについてはまた、ノエル・F・ブッシュ『正午二分前——外国人記者の見た関東大震災』(向後英一訳、早川書房、二〇〇五年)に記述があるが、ここではその「濁音」による見分け方に加えて、二人のろうあ学校の子どもたちがうまく口をきけずに犠牲になったという「哀れ」なエピソードが加えられている。ブッシュにとっては、悲劇的な「哀話」を併記することで、震災下の民族差別の喜劇性を浮き彫りにする仕掛けであったともいえるだろう。

ところで、雨雀の戯曲では、「朝鮮人が火をつけて歩いてゐるといふ噂」と「朝鮮人が殺されてゐる」ということが、時間をおかずに起きた出来事として、老人と青年の対話に示されている。しかし朝鮮人殺害という暴虐が、震災下の人々に明確に示されたのは、十月に入ってからである。

十月十八日付の「東京朝日新聞」には、「流言の出所は横浜」の記事とともに、「神奈川県下の暴虐団尽く検挙さる」の記事が出る。そして十月二十日付の「東京朝日新聞号外」によってはじめて、「虐殺」の報道禁止が解かれたことが報じられた。「関東一帯に亙る朝鮮人虐殺事件」の報道がそれで、詳細は犯人が検挙され予審中だが、この事件について「〇〇若しくは邦人名に変えて報道」してはきたが、「本日その禁止が解かれた」とある。当局の隠蔽工作がいかにすさまじいものであったかがわかる内容だが、この報道の解禁は、朝鮮人虐殺の様子を一挙に生々しく浮かび上がらせることになった。「神奈川では鮮人死体を悉く線路へ」「鶴見　七、八人殺さる」「署長に救はれた川崎の四百名　四名だけ殺さる」とあり、また「中仙道本庄町」の「三十二名」「東京から熊谷本町通りに辿り着いた五十八名」を惨殺し「翌朝までに焼却」と続き、さらに「群馬では十六名」「千葉では三十七名」などの記事が一斉になされる。朝鮮人の暴動という「流言蜚語」が、またたくまに「虐殺」へと転じ、それが埼玉、群馬、千葉など東京近辺で最も「激烈を極め」たことが次々と明るみに出されたのである。すなわち、「関東大震災」という呼称は、震災と火災との災厄報道を超えて、「関東一帯」にわたる「朝鮮人虐殺」という事実を、まさしく歴史的事件として共示していたことを見逃すことはできないのである。逆に、こうした報道が、朝鮮人の虐殺をさらに誘因・扇動していたともいえるだろう。

すべては「流言蜚語」に端を発していたのだが、もちろん、それについての懐疑や追及がなされなかったわけではない。例えば、雑誌「変態心理」一九二三年十一月号（日本精神医学会）は、森田正馬による長文の「流言蜚語の心理」をいちはやく掲げ、爆弾の投下、井戸への毒薬混入など、朝鮮人の暴動とされる噂を一つひとつ吟味しながら、その無根拠性を丹念に追及していた。また、「流言の出所は横浜」という報道をめぐっては、吉野作造「朝鮮人虐殺事件に就いて」（「中央公論」一九二三年十一月号、中央公論社）が、同じくその根拠の不明性・作為性を鋭く指摘してもいた。吉野は、このとき自宅に朝鮮人学生をかくまい、被害者調査活動にも従事したのであり[12]、そのために「流言」の出所にひそむ虚構性に対して執拗に切り込んでいたのである。

いうまでもなく、「流言蜚語」の厄介さは、その出所が不明なことにある。近年では、その流言の発生、流言の伝播工作などの詳細が、姜徳相『関東大震災』（〔中公新書〕、中央公論社、一九七五年）などをはじめとして明らかにされてきたが、出所を突き止める厄介さはいまだ解消されていない[13]。もとより文学者の体験記は、九月中旬に入稿、十月号の誌面に現れたから、報道解禁以前の「流言」の次元にとどまっていたともいえるが、しかし報道解禁後も沈黙し続ける姿勢に変わりはなかった。それから一年後、寺田寅彦「流言蜚語」（「東京日日新聞」一九二四年九月一日付[14]）は、暴徒が東京中の井戸に毒薬を投じたという噂について、その濃度、その分量などの「科学的常識」からして「少しおかしい」ぐらいの想像力がなぜはたらかないのかと述べている。雨雀の戯曲でも、この「井戸に毒薬」の噂は捉えられているが、ここでは青年が自警団に向かって、「この顔を見て呉れ給へ」、「この人が罪のない人を殺したり、井に毒を投げ入れたりするだらうか」という疑念として表されていて、それは「流言蜚語」の無根拠性の告発というより、青年の「正義と友情」による抗議の一途さが前景化された表現といえるだろう。

もちろん、朝鮮人の暴動については、単に「流言蜚語」の探索に終始したわけではない。九月三日に発令された戒厳令は、明らかに「流言蜚語」を超えた暴動鎮圧が目的で、このとき習志野騎兵連隊からの出動命令によって従軍した経験を、越中谷利一が「一兵卒の震災手記」(「解放」一九二七年九月号、解放社)や「戒厳令と兵卒」(前掲「戦旗」一九二八年九月号)などで示していた。むろん、ここで「朝鮮人」はことごとく「×××」の伏字になっているが、自分たちの出動が「流言蜚語」を好餌として、事実上は「内乱鎮圧のための演習」であったことが鋭く暴露されていた。これもまた、震災表象を示した数少ないテクストとして看過できないものであるだろう。

3 何も知らされてゐない。また何も知ろうと思つてゐない

雨雀の戯曲には、医長が「軍隊の威力」を語る場面がある。看護婦が「朝鮮人の噂で皆さんが騒ぎだしたんですの」と言うと、医長は「朝鮮人に何が出来ますか? 諸君は帝国の勇敢なる軍隊の威力を疑うのですか?」と答える。それに続けてさらに「当市には、一個師団が出動の命令を待つてゐる」と言うと、それを聞いた避難民が安堵し、感嘆もするという場面になっていた。

医長がいう「軍隊の威力」をめぐっては、民衆やメディアなどによってレベルが異なるさまざまな反応があるが、震災下の「軍隊の威力」には、両義性がある。顕在化されたそれと、隠蔽されたそれとの二つである。そして、その両義性が微妙に交錯する瞬間が、震災下の報道には見られた。――「食糧供給が焦眉の急であつたとき、

帝国軍艦が大阪から米を六十万石調達」「宮城前広場には陸軍が携帯用天幕六千張を提供」「不逞鮮人の襲来に脅された罹災民は、軍隊の力の偉大なる事を深く印象された」——これは、時事新報社編『大正大震災記』（時事新報社、一九二三年）での記述である。だが、「然るに」とこの震災記は続け、「九月二十日、陸軍当局から左の奇怪な発表があつて、人々の疑惑は軍隊の上に注がれた」と述べていく。

いうまでもなく、この「奇怪な発表」とは、三宅雪嶺がいう「三つの虐殺」のうちの一つ、大杉栄らが虐殺された甘粕事件のことだが、それが「奇怪」というのは、この事件が当初、大杉栄らの虐殺を隠蔽していたためである。初めは大杉の名前を秘して発表され、やがて虐殺されたのが「大杉栄（その他二名）」とされたものの、その「二名」（大杉の妻・野枝と甥の宗一）の公表を渋ったところにも当局の姿勢が表れていた。さらに、こうした隠蔽は、東京・亀戸署内で平澤計七らが虐殺された亀戸事件に及んでもいて、鈴木文治「亀戸事件の真相」（前掲「改造」一九二三年十一月号）が多くの疑念を糺し、また種蒔き社による『種蒔き雑記——亀戸の殉難者を哀悼するために』（一九二四年）も凄惨な事件の記録を記すことになるが[15]、その亀戸に真っ先に駆け付けたのは、越中谷らの習志野騎兵連隊であって、そこでの命令が「不逞鮮人の襲来」という流言蜚語に対処するためであったことはすでに述べた。

流言蜚語から、自警団の尋問へ、そして軍隊の発令へと、事態は拡大していった。雨雀の戯曲は、それを凝縮して伝えたものだが、しかし時事新報社が掲げたような「軍隊」に注がれた「人々の疑惑」が、おそらく震災下の日本人には届いていないと雨雀は思ったのだろう。戯曲の青年は、次のように言う。

日本人を苦しめてゐるのは、朝鮮人でなく日本人自身だ！
そんな簡単な事実が諸君には解つてゐないのか？

（略）

君達には解つてゐない。
何も知らない。
何も知らされてゐない。
また何も知ろうと思つてゐない。

おそらく、君たちは「何も知らない」から「何も知らされてゐない」の間には、単に朝鮮人殺害のことにとどまらず、甘粕事件や亀戸事件の知識が投影していたとみてもいいだろう。と同時に、「何も知ろうと思つてゐない」というセリフには、文学者たちの震災体験記への批判が込められていたともいえるだろう。例えば、九月二十五日付の「東京日日新聞」に載った甘粕大尉についての「第一師団軍法会議検察官談」を読んで、「私は今日まで此くの如き奇怪千万なる公訴理由文を見たことはない」と記したのも、「改造」大震災号（一九二三年十月号、改造社）での福田徳三「虐殺者と其の曲庇者、讃美者」であった。その「改造」は翌十一月号に「大杉栄追想」を掲げ、安成二郎「かたみの灰皿を前に」や内田魯庵「第三者から見た大杉」などを掲げていたが、事件への切り込みという点では吉野作造「甘粕事件の論点」が白眉といえるだろう。ちなみに、震災特集号の発行は女性雑誌にも及んでいるが、大杉事件に言及していたのは「女性改造」一九二三年十月号（改造社）の藤森成吉と豊島与志雄の二人だけで、ほかの「四誌にはない」(16)というありさまだった。

一方、朝鮮人虐殺については、おそらくそうした「事実」を知っているとみられる者が生み出した夢物語がある。「改造」十一月号の岩谷四郎「自警団夢物語」で、ここでは朝鮮人が「エスキモー人」として書かれているが、「四日か五日の晩」に「流暢な日本語」を話す一人が軍隊に連れていかれる経緯が描かれていた。「異郷の空で」震災に遭遇し、「死を覚悟した」彼らを、なすすべもなく見送った「私」が、やがて彼が助かるという「夢」を見るという物語である。このなかで岩谷は、自警団が携帯した「竹槍」という武器について触れ、それがまるで「太功記もどき」のいでたちだとしているが、それは雨雀の「甲冑」や「陣羽織」にも通じる見方だろう。

しかし、若い朝鮮人が「助かる」夢といえば、これは虐殺事件をめぐる一種のカタルシスともいえるだろう。「物語」の仮構によって、日本人としての心理的な負い目を取り除くものである。他方、そうしたカタルシスは、おびただしい「美談佳話」として取り上げられていく。(17) 例えば、大日本雄弁会講談社が刊行した『大正大震災大火災』(一九二三年)には「人情美の発露!美談佳話」の章があるが、注目すべきは田中貢太郎・高山辰三編著『叙情日本大震災史』(教文社、一九二四年)で、ここには講談社版にはなかった朝鮮人をめぐる「美談」が書き留められていた。例えば、「「鮮人も日本人です」とドラ焼を売る玉子さん」をはじめ、「百余名の鮮人を危地から救つた江口氏」「鮮人二十七名を救つた在郷軍人」など、題名からだけでもその内容がわかる実話的な美談が集められていて、それらが「剣道の達人が同じ自警団員二人を袈裟斬り」などの「異聞集」と並んで掲げられていたのである。「不逞の徒の噂」に人々が殺気立つなかで、朝鮮人を「救った」話——編者にとってそれは、あなたがたはこうした「美談佳話」のあることを知っていますかという問いかけでもあるが、それが「虐殺」を耳にした日本人のカタルシスになったかどうかは、むろん定かではない。そのために、「君達は何も知らない」という雨雀のセリフが、舞台上でいっそう輝くのである。

4 骸骨よ、跳り出せ!

もちろん、雨雀の戯曲は、それらの美談とは一切無縁である。それどころか雨雀は、救護テントのなかにずかずかと入り込んで、「祖国のために朝鮮人をやっつけ」ると叫ぶ自警団だけでなく、救護班の医長までも「骸骨」に「化石」化して、舞台上で「輪舞」させているのである。

この二つの「化石」化でも推測可能なように、雨雀の「骸骨」には二つのイメージが込められている。第一は、医長の「化石」化の理由で、そこには震災の犠牲者としての「死」のイメージがある。災害救助のテントのなかで看護婦が、いまにも「死にさう」になっている避難民の子どもに「応急手当」をすることを訴えたにもかかわらず、医長は「もう駄目ぢや」と突き放し、あげく、この子どもが「朝の光り」のなかで死んでいたという結末になっていた。観客の耳には、避難民の母の「泣き声」をあとに、往来を通る「兵士の列を組んで歩む音」に呼応するかのようにテントを出た医長の「剣の音」が聞こえる。医長の「骸骨」＝「化石化」は、そうした軍靴の「音」に訴えの「声」や「言葉」をかき消された避難民や看護婦の無念さに対応しているといっていいだろう。戯曲の末尾で看護婦が「お気の毒でした…でもやつぱり…」というのがその証左であり、[18] ここには看護婦＝天使の必死の願いを裏切る医長＝悪魔という表象があるとみることができる。

周知のように、「骸骨」の表象といえば、まず地下に眠る死者が思い浮かぶ。西洋図像のなかでは、虚無と不滅性との争闘のなかに現れ、それはしばしば翼を持った天使と、冷笑を浮かべる悪魔という対照としても描かれてきた。例えばフィリップ・アリエス『図説　死の文化史』は、西洋中世における「骸骨」があたかも「領主のような態度を保持し」て、「みずからの時間を差配」し、ときに「諦観」の表情さえ浮かべて、「死にとらえられた犠牲者」の「しるし」を表象していたという。[19] だが、十六世紀の骸骨ともなると、解剖の標本や図像から抜け出し、とりわけ民衆版画のなかでは「死よりも生命ある存在」として、「肉体やこの地上のさもしい気色など打ちすてた、文字どおり乾いた骸骨」になるという。例えば「死と若い娘」や「騎士・女・死」などの図像がそれで、ここでの骸骨はその姿も、その意図も隠すことなく、宴のさなかから誰にも気づかれずに幼児や若い娘らを拉致していく。そうした「誘拐し凌辱する」骸骨は、かつての「おぞましい」死者のイメージを脱して、むしろ「永遠の愛という欲望」の表現ともいえる、いわば「ロマン主義的な先駆け」としての姿さえ見せているとしながら、アリエスはさらにその動きを次のように指摘する。

もはや行列のときのような歩調では歩かずに、走り、跳び、天空を駆けり、たえず動きまわっています。この骸骨は、地上のものでもなければ、天のものでもなく、地獄のものでもありません。それは定義しがたいような独自の世界をみずからもち、この劇場的な世界でみずからが主人公にして、唯一の役者なのです。[20]

まさしく、「歩く」骸骨から、「跳ぶ」骸骨への転換である。しかもそれは「定義しがたい」存在であり、「劇場的な世界」での「主人公」であり「役者」であるともいう。雨雀の「骸骨」を読み解く、足場の一つがここにある。

その「跳ぶ」骸骨について、『秋田雨雀日記』第一巻(尾崎宏次編、未来社、一九六五年)の一九二四年一月二日の項は、東京・神田の画房で「画房の娘さんと若い青年がダンスをやつた。着想に自信を得た」と書き、次いで一月十日に「骸骨の舞跳」の題名とともに、「国民思想の空虚を裸体にしたようなものにしよう。一人の甲冑を着た武士を出して、その甲冑を脱がせると、中が骸骨でいるという着想にしよう。反動思想の嘲笑」と記し、さらに十四日には「骸骨にワルツをおどらせる着想が出来た」ことも記されていた。[21] むろん、ここでの問題は、そうした着想決定の経緯などではなく、「国民思想の空虚」=「裸体」=「骸骨」という演劇的な記号表象の内実である。

この「国民思想の空虚」については、震災後すぐに発表された雨雀の詩「眠から覚めよ」(前掲「改造」一九二三年十月号)にも示されていた。「征服と屈従と野蛮と無反省とを美徳として教えたものは誰だ」という言葉に続いて、詩人は「市民」に向かって「お前の敵はお前の迷信を利用してゐる」「お前の追つてゐるものはお前自身の憐れな影にすぎないのだ」と言い、「聴け、あの悲壮な挽歌を!」「すてよ、その槍と剣を!」と訴えていた。

この「お前自身の憐れな影」をめぐる眠りから覚醒へという構図が、「骸骨」のイリュージョンへとつながっていることはいうまでもない。

すなわち、戯曲「骸骨の舞跳」は、「お前自身の憐れな影」が「骸骨」という表象に、また「悲壮な挽歌」が「ワルツ」にと、それぞれ記号的な転換を遂げていたのである。それにしても、それはあざやかな変換であった。「お前自身の憐れな影」＝「国民思想の空虚」という言語的な表象に代わって、まず彼らに甲冑や陣羽織などの「衣装」をまとわせたことに始まり、さらにそうした衣装を着せたままでオーケストラの『死の狂想曲』に合わせてダンスまでさせてしまう。それは言い換えれば、「憐れな影」という言語記号の隠喩性が演劇的な記号性へと変換された一瞬であって、しかもその演出は、「光線一変」するとテントのなかが「暗黒」となり、そこに「燐光色の光線」の照明が当てられると「十人の骸骨」が現れるというものだった。もとより、骸骨と化した甲冑や陣羽織とは、形だけが武士の、あるいは武士の魂をも失った「空虚」な「国民」の表象であることはいうまでもない。もともと甲冑や陣羽織が持っている「武の装い」という意味が、俳優の「衣装」による舞台上の記号媒体としての役割に転換し、その記号媒体が表象する二次的な意味（例えば王冠では威厳、刀では戦闘など）の転換を観客に見せつけるという演劇的な身ぶりである。[22]第一、衣装の着方次第では、かつての武士と現在の市民が担う「武」の記号媒体性のちぐはぐさがひときわ喚起されるというのはもちろんのこと、そこでの観客／俳優双方に引き起こされる「武」の演劇的な共示作用の違和に、さらに作劇上の楔を打ち込んだのが「骸骨」というイリュージョンであったことは念を押すまでもない。西洋中世の歩く骸骨が「死の勝利」を誇示していたとすれば、雨雀の躍る骸骨は、他者の虐殺をも厭わない「民族の勝利」の陰惨な顕示であったともいえるだろう。

もとより、躍る骸骨は、中世末期のヨーロッパに流布した図像群のなかに見えていた。小池寿子『死者たちの回廊――よみがえる「死の舞踏」』（福武書店、一九九〇年）によれば、死神にとりつかれてもがき苦しんだ断末魔の姿が「踊っているように見えた[23]」からだという。そうした「死の舞踏」は、むろん文学の世界でも表現されていた。例えば、ヨハン・アウグスト・ストリンドベルクの『死の舞踏』（一九〇〇年）がその代表作としてあげられる。訳者の山本有三によれば、ドイツ語のTotentanzは「骸骨踊」と訳すべきだろうが、わが国ではこの言葉は「滑稽の感じを呼びおこして、深い死の恐怖を暗示」させないため、英語訳の題名Danse of Deathを採用したという（ストリンドベルク『死の舞踏』山本有三訳、洛陽堂、一九一六年）（図2）。そのうえで山本は、「人物の意識下に潜在している「徴候動作」としての「死」を、近代の俳優がどう舞台上で表現するかが求められる」という。なぜなら、『死の舞踏』でのエドガーとアリスの夫婦生活には、盲者が人間の生血を吸いに出るというVampir＝血吸亡者、すなわち「他人に寄生して他人の生血を吸う」存在についての民俗譚がひそんでおり、夫婦がともに相手を憎悪しながら結婚を続けるというストリンドベルクの執拗なテーマが重なっているからである。

図2　ストリンドベルク『死の舞踏』（山本有三訳、洛陽堂、1916年）の扉。絵はハンス・ホルバインの『死の舞踏』

同じく「死の舞踏」をテーマとした同時代の作でいえば、表現主義の劇作家レオ・ワイスマンテルの『死の舞踏　一九二一年』（『生と死の戯曲――生と死の戯曲』桜田常久／北村喜八訳、中央美術社、一九二三年）なども想起される。しかし雨雀の『骸骨の舞跳』に限っていえば、よく指摘されるドイツ表現主義との関係よりも、むしろ山本訳のストリンドベルクの「解説」が多くの示唆を与えているように見える。例えば「滑稽」に見えかねないという「骸骨踊」という表題への注目をはじめ、血吸亡者の存在やオーケストラの演奏などがそれである。おそらく雨雀にとっては、結婚の憎悪というテーマは関連しないものではあるが、他方で自警団や医長らが「他人に寄生して他人の生血を吸う」血吸亡者として映っていたにちがいない。すなわち、日本の民族という幻想に「寄生」して、他民族の「血を吸う」亡霊としてである。

それに加えて、第一次世界大戦とともに現れた新たな骸骨の表象がある。エヴァ・シュースター「二十世紀の死の舞踏」によれば、この大戦の経験は「あらゆる時代を通じてもっとも豊かな死の舞踏が生まれた」[24]きっかけとなったが、例えばその代表作、メルヒオール・グロセクの版画『死の姿、第一次大戦の死の舞踏』（一九二三年）（図３）では、戦争の恐怖やその無意味さをまさしく踊る「骸骨」たちが導いている象徴的な図像をみることができる[25]。雨雀の戯曲は、そうした戦争の恐怖や無意味さを、関東大震災のなかの「民族」的なものの突出に見いだしていたといっていいだろう。

図３　メルヒオール・グロセク『死の姿　第１次世界大戦の死の舞踏』連作中の「行進」
（出典：『死の舞踏——中世末期から現代まで：デュッセルドルフ大学版画素描コレクションによる』国立西洋美術館、2000年）

改めて戯曲での青年のセリフに戻れば、彼らは「民族の着物を着る以外に自信がない」と言い、「他人の着せた衣服を大事に着てゐるだけです」と語っていた。「民族の着物」といえば、救護テントのなかで食糧の配給をする市長の奥様にも「白襟紋付」を着せるという念の入れようだった。その「民族の着物」について青年は、さらに「祖先崇拝をやめよ」と叫ぶが、ただしそれを大震災の記号学として再審に付すとなれば、これにはいささか留意がいる。

「祖先崇拝」については、地震後の九月十二日に出された「帝都復興ニ関スル詔書」にまず目が留まる。すなわち「神聖ナル祖宗ノ洪範ヲ紹キ光輝アル国史ノ成跡ニ鑑ミ」帝都復興に当たれというそれだが、さらにその復興の具体像については、東京市が編纂した『帝都復興叢書第八輯　十一時五十八分』（帝都復興叢書刊行会、一九二四年）での一つのエピソードにも触れておく必要があるだろう。そのエピソードとは「気の毒な鮮人朱某」のことで、ここで「朱某」は、巣鴨の方面へ避難する途中、六人の友人が民衆警察に捉えられたが、彼は辛くも付近の交番へ駆け込んで危い命を助かったというのである。そして、こういう。

即ち、支那人、鮮人とさへ見れば、宛も、野兎を狩る如く、野良犬を追ふが如く、只是れ、騒ぎ廻はると云ふやうな軽挙な行動に対しては、此の上もなく不満を感ずる者である。事に処して冷静大事を誤らないのが祖先此方伝来の精神ではなかつたか、世界の青年として大国民の襟度は何処に求められよう。(26)

つまり東洋の「大国民」たる日本人は、「祖先此方伝来の精神」を忘れるなという警告だが、しかしその「大国民」の「襟度」には見逃すことのできない含意があった。例えば「朱某」は、すでに日本語も日本人以上にじょうずな「鮮人」で、日本には彼と同様な「大多数の在内鮮人」がいるのであって、それは植民地でのそれとは区別しなければいけないという提言なのである。これが、震災復興に向けての「世界の青年」たる者の務めだというのだが、ここには、「在内鮮人」＝「日本人化」の政策が見え隠れしているのである。いささか穿った見方にはなるが、雨雀の青年が「ある男」に対して示した一途な同情には、無意識のそれがなかったか、と問うことも可能だろう。

むろん、戯曲の青年は、「野兎を狩る如」き「軽率な行動」に「不満」を感じる者ではない。青年の背後に「小犬」のようにしゃがむ「ある男」＝朝鮮人を「おい、犬」と呼ぶ自警団には、すでに「大国民の襟度」など求めるべくもなく、もはや彼らを骸骨＝化石化せずにはおかぬという義憤に満ちている。アリエスは、バロック芸術での骸骨が「目に見えるものと、もはやよく見えないがまったく見えないわけでもないものとの、中間にある想像上の空間」に登場していて、しかも彼らは、あろうことか「人間狩りをする狩猟者」であって、それはまた「将来の感性が芽吹くあらたな空間」を象徴していたと指摘する。一方、雨雀にとっての関東大震災での「人間狩り」は、バロック芸術が対象とした幼児や若い娘に対するそれをはるかに超えて、「民族」の名による「人間狩り」だった。まさに「いまわしい」歴史の徴候が「芽吹くあらたな空間」が、そこから始まっていたのである。――骸骨よ、跳り出せ！

［付記］引用文中には不適切な表現があるが、歴史的な資料という観点から了解されたい。

注

(1) 総合雑誌では、「中央公論」(中央公論社)、「改造」(改造社)、「太陽」(博文館)など、文芸誌では「新潮」(新潮社)、「文章倶楽部」(新潮社)などが多数の文学者を動員して震災記を書かせている。
(2) ただし引用は、『稲垣達郎学芸文集』第三巻(筑摩書房、一九八二年)四二七―四二八ページによる。
(3) 雨雀と表現主義の関係については、藤田龍雄『秋田雨雀研究』(津軽書房、一九七二年)、大笹吉雄『ドラマの精神史』(新水社、一九八三年)、井上理恵「秋田雨雀『骸骨の舞跳』登場の意義」(「社会文学」第八号、日本社会文学会、一九九四年)、中沢弥「「死の舞踏」を踊る人々――秋田雨雀と表現主義演劇」(「湘南国際女子短期大学紀要」第十号、湘南国際女子短期大学、二〇〇三年)などに言及がある。
(4) 引用は、山本美編『大正大震火災誌』(改造社、一九二四年)冒頭の写真版による。
(5) 引用は、西原和海編『夢野久作著作集2 東京人の堕落時代』(葦書房、一九七九年)三七九ページによる。なお久作の経歴については、巻末の西原和海「解題」を参照した。
(6) 田中貢太郎「死体の匂ひ」「中央公論」一九二三年十月号、中央公論社(のち田中貢太郎『貢太郎見聞録』大阪毎

日新聞社／東京日日新聞社、一九二六年）、三三四ページ

（7）長田幹彦『大地は震ふ』春陽堂、一九二三年、四九ページ

（8）「被服廠」のそれに次ぐ「集合死」としてはさらに、吉原遊郭の娼妓たちの逃亡を恐れて大門を開けずに大量の死者を出した惨事があり、これが「焼失遊郭再興不許可に関する決議案」および公娼廃止期成同盟会となる経緯を、井手文子／江刺昭子「関東大震災」（『大正デモクラシーと女性』〔歴史と女性シリーズ〕、合同出版、一九七七年）が捉えている。

（9）信定瀧太郎編『写生図解 大震記』日本評論社出版部、一九二三年、八―九ページ

（10）千田是也『もうひとつの新劇史―千田是也自伝』筑摩書房、一九七五年、五八ページ

（11）横浜市役所市史編纂係編『横浜市震災誌』第四冊、一九二七年、未見。ただし引用は、鶴見俊輔ほか『震災にゆらぐ』（〔「日本の百年」5〕、筑摩書房、一九六二年）による。

（12）松尾尊兊「解説」（松尾尊兊編集・解説『吉野作造集』〔「近代日本思想大系」第十七巻〕所収、筑摩書房、一九七六年）による。

（13）朝鮮人虐殺については、関東大震災五十周年朝鮮人犠牲者追悼行事実行委員会編『関東大震災と朝鮮人虐殺――歴史の真実』（現代史出版会、一九七五年）、山岸秀『関東大震災と朝鮮人虐殺――80年後の徹底検証』（早稲田出版、二〇〇二年）、山田昭次『関東大震災時の朝鮮人虐殺――その国家責任と民衆責任』（創史社、二〇〇三年）、関東大震災八十五周年シンポジウム実行委員会編『震災・戒厳令・虐殺――事件の真相糾明と被害者の名誉回復を求めて』（三一書房、二〇〇八年）など、多くの取り組みがなされている。

（14）引用は、千葉俊二／細川光洋編『地震雑感 津浪と人間――寺田寅彦随筆選集』（〔中公文庫〕、中央公論新社、二〇一一年）四一ページによる。

（15）この記録については、『日本プロレタリア文学集』第三十四巻（新日本出版社、一九八八年）の今崎暁巳「解説」と、北条常久「関東大震災と『種蒔く人』」（〔「社会文学」第八号、日本社会文学会、一九九四年、六五―六八ページ）に詳細な言及がある。

(16)北原糸子「女性雑誌の関東大震災特集号」(『関東大震災の社会史』〔朝日選書〕、朝日新聞出版、二〇一一年)の調査による。
(17)大震災での美談については、成田龍一「関東大震災のメタヒストリーのために――報道・哀話・美談」(「思想」一九九六年八月号、岩波書店、六一―九〇ページ)に言及がある。
(18)この看護婦のセリフについて、津久井隆「関東大震災を描くということ――秋田雨雀「骸骨の舞跳」を読む」(早稲田大学国文学会編「国文学研究」第百五十号、早稲田大学国文学会、二〇〇六年、八一―九一ページ)は、彼女の〈声〉は医長や青年の「男性」的な〈指揮〉によって「かき消され」るが、同時に「彼ら男性たちが紡ごうとする大きな物語を相対化する」と述べ、ジェンダー的な読みをしている。
(19)フィリップ・アリエス『図説　死の文化史――ひとは死をどのように生きたか』福井憲彦訳、日本エディタースクール出版部、一九九〇年、二七四―二七五ページ
(20)同書二七四ページ
(21)この経緯については、藤木宏幸「秋田雨雀「骸骨の舞跳」(一幕)」(日本近代演劇史研究会編『20世紀の戯曲――日本近代戯曲の世界』所収、社会評論社、一九九八年)があって、戯曲の後半部分は「すべて眠りについた青年の見た〈夢〉」であり、それは〈イリュジョンの中に於てのみ現実〉という雨雀の劇の方法だったと指摘していた。本章では「劇の方法」ではなく、詩「眠から覚めよ」の言語記号(戯曲後半の散文詩風のセリフはここに基づく)から、いかに演劇的な記号に変換されるかに焦点を当てた。
(22)演劇の記号学については、K・イーラム『演劇の記号論』(山内登美雄/徳永哲訳、勁草書房、一九九五年)から教示を得た。
(23)西洋の「死の舞踏」については、このほかに木間瀬精三『死の舞踏――西欧における死の表現』(〔中公新書〕、中央公論社、一九七四年)、藤代幸一『「死の舞踏」への旅』(八坂書房、二〇〇二年)、小池寿子『「死の舞踏」への旅――踊る骸骨たちをたずねて』(中央公論新社、二〇一〇年)などがある。
(24)図録『死の舞踏――中世末期から現代まで：デュッセルドルフ大学版画素描コレクションによる』国立西洋美術館、

二〇〇〇年）
(25) 注（24）に同じ。
(26) 東京市編纂『帝都復興叢書第八輯　十一時五十八分』帝都復興叢書刊行会、一九二四年、五一ページ

第8章　二十世紀ローマの二つのカタストロフィー（?）

――モラヴィアが見たファシズムの崩壊とアントニオーニが見た「奇跡の経済成長」

鳥越輝昭

はじめに

「カタストロフィー」という表現は、誰の眼にも大惨事と見えるような出来事を指すのが普通だが、人間の内面との関係から見直してみれば、一見大惨事とは見えない出来事も「カタストロフィー」として作用することがあるのではないか。二十世紀のローマについていうなら、一見大惨事とは見えない「カタストロフィー」の一つはファシズム政権の崩壊、もう一つは「奇跡の経済成長」ということになるだろう。

一九四三年七月二十五日、ベニート・ムッソリーニが王により首相の職を解かれ、ファシズム政権が一旦崩壊した。その夜、ローマの広場と街路は喜びに満ちあふれる群衆に埋め尽くされ、群衆は「ムッソリーニが逮捕されたぞ」「われわれは自由だ」などと叫び、ムッソリーニの胸像の頭部やその他のファシズムのシンボルなどを路上で引きずり回したという。(1)しかし、その十四年前、二九年五月にムッソリーニがその政策について国民投票を実施したときには、賛成票が八百五十万票を超え、反対票はわずかに十三万五千票にすぎなかった。[2] つまり、ムッソリーニ政権の誕生から没落に至る間には、その方針や政策を、積極的であれ消極的であれ、支持したイタリア人は多数いたということである。本章では、そのような人物を主人公に設定したアルベルト・モラヴィア（Alberto Moravia, 一九〇七—九〇）の小説 *Il conformista*（一九五一年）を取り上げてみたい。これは、ムッソリーニのファシズム政権を支持した人間の心理に深い洞察を見せる作品である。

さて、ムッソリーニは一旦政権を失い幽閉されたが、アドルフ・ヒットラーによって助け出され、その後ろ盾により政府を北イタリアに再興する。他方、ムッソリーニの後を引き継いだイタリア新政府は連合国と講和したものの、迫り来るナチス・ドイツ軍を前にして、王とともにローマから逃げ去った。後に残されたローマはその後一年の間、ドイツ軍の支配下に置かれることになる。一般には、このナチス・ドイツの軍政がカタストロフィーと見なされ、ロベルト・ロッセリーニの映画『無防備都市 *Roma, città aperta*』（一九四五年）に見られるような英雄的な抵抗運動の舞台として描かれている。しかし、実は、それ以前にもう一つのカタストロフィーがあったのである。それが、すなわちファシスト政権の崩壊であり、その事情を物語るのがモラヴィアの小説 *Il conformista* である。しかも、この小説の主人公にとってファシスト政権の崩壊がカタストロフィーとなったのは、のちに見るとおり、彼が「体制順応主義」（conformism）の実践者だったからである。日本は、近年でも「KY」（空気が読めない）という俗語が流行したり（二〇〇七年、ユーキャン新語・流行語大賞）、「世間ずれ」を半数以上の人々が「世間の考えから外れること」だと解釈（二〇一三年、文化庁調査）したりする体制順応主義の優勢な社会である。この小説がえぐり出している問題は直接現在の日本社会の問題につながるものでもある。

二十世紀ローマにとって、一見大惨事とは見えなかったもう一つのカタストロフィーは、「奇跡の経済成長」（miracolo economico）と呼ばれるイタリアの飛躍的な経済成長だった。イタリア人の一人あたりの収入は、一九五二年を一〇〇とした場合に、七〇年には二三四・一にまでなった。二・三倍以上にも増加したのである。それに比べ、同時期のフランスでは、一〇〇から一三六へ、イギリスでは一〇〇から一三二へ増加しただけだった。[3] イタリアの経済成長がどれほど目覚ましいものだったかがわかる。飛躍的な経済成長が始まる前、五一年のイタリアはまだ後進国だった。電気・水道・トイレを備えた家庭は、全体の七・四パーセントにすぎなかった。[4] しかし、五八年には全世帯のわずか一二パーセントしか所有していなかったテレビを、六五年には四九パーセントの家庭が所有するようになった。やはり同期間に、冷蔵庫を所有する家庭は一三パーセントから五五パーセントへ、食洗機を所有する家庭は三パーセントから二三パーセントへ増加した。自家用車の所有台数も、五〇年の三十四万二千台から、六四年には四百六十七万台へと激増した。[5] イタリアは、「奇跡の経済成長」を経由することによって、後進国から一躍世界の先進国となったのである。

そのような急速な経済状態の変化は、映画作品でいえば、主題の設定の仕方についても現地ロケーションで映し出される映像についても、ヴィットリオ・デ・シーカ作の『自転車泥棒 *Ladri di bicicletta*』（一九四八年）から、フェデリコ・フェリーニ作の『甘い生活 *La dolce vita*』（一九六〇年）への変化に、あざやかに反映されている。これら二つの作品では、同じ都市ローマを映しているとは思えないほど異なる映像を、観客は見ることになったのである。

フェリーニの『甘い生活』には、「奇跡の経済成長」を大きな原因として生じた精神的荒廃が描き出されていると考えられるが、本章では、むしろ同年に公開されたミケランジェロ・アントニオーニ（Michelangelo Antonioni、一九一二―二〇〇七）の『情事 *L'avventura*』（一九六〇年）を分析対象にしたい。なぜなら、この作品は、おそらく『甘い生活』以上に、カタストロフィーとしての「奇跡の経済成長」がイタリアの社会とイタリア人の精神の深部に与えた悪影響を描き出しているからである。

経済的な荒廃から出発して、高度経済成長を経てついにバブル経済に至った点では、日本社会もまたイタリアと同様だった。映画『情事』を分析してみることは、その意味では、日本社会でも起きた類似の事態を省みることにもなるだろう。

1 *Il conformista*と「正常さ」の問題

モラヴィアの小説*Il conformista*(一九五一年)は邦訳されたことがあり、そのときの書名は『孤独な青年』(大久保昭男訳〔ハヤカワ・ノヴェルズ〕、早川書房、一九六六年。千種堅訳〔ハヤカワ文庫〕、ハヤカワ書房、一九八四年)だった。また、小説*Il conformista*はベルナルド・ベルトルッチ(Bernardo Bertolucci、一九四一―)監督の手により原題のまま映画化されたが(*Il conformista*、一九七〇年)、日本では『暗殺の森』という邦題に変えて公開された(図1)。邦訳された小説の題名は、主題を全く伝えていないのに加えて、不正確である。この小説は、すでに大学を終えて政府機関に勤務している男の話であり、男が回想する時期も「青年」期ではなく少年期である。一方、映画の邦題は、結末の衝撃的な暗殺場面だけに焦点を当てたもので、吸引力はあるが、作品の主題を完全に無視している。そのため、本章では、あえて原題の*Il conformista*のままにしておく。

イタリア語の"conformista"は英語の"conformist"、すなわち「体制順応主義者」を指す。小説(そして映画)の*Il conformista*は、文字どおり体制順応主義の男を主人公にしていて、題名が主題を明瞭に表している。物語は、ファシズム政権下のローマを中心舞台として展開する。主人公は、中産上層家庭の生まれである。主人公の父親は、主人公の少年時代に、母親がお抱え運転手と愛人関係になったのをきっかけに発狂し、以後精神病院に収容されたままである。母親は、運転手を愛人としたまま自堕落に暮らしている。主人公は小学校ではいじめに遭うひ弱な少年である。主人公は、精神異常の同性愛者に付け狙われる。拳銃に関心を持っている主人公は、自分の拳銃を見せてやるという、この男の誘いに応じる。この男は、富裕な婦人のお抱え運転手をしており、主人公はその自動車に乗せられ、婦人の邸宅のなかのこの男の部屋に連れ込まれる。そこで主人公は男から性的関係を迫られるが、主人公が拳銃を手にすると、男から「犬のようにぶち殺してほしい」といわれる。[6] 主人公は男を撃ち、その場から逃げ去る。主人公は、男を撃ち殺したと思い込み、事件後の新聞報道でも男は死亡したと報道される。ストーリーの結末近くで、実はこの男は生きていたことがわかるのだが、主人公はそのときまでずっと男を殺害したと思い続けるのである。

　主人公は、父親の発狂と母親の堕落に加えて、性的な受難と殺人（未遂事件）という少年期の出来事がトラウマとなり、その後、「正常さ」（normalità）を徹底的に追求する人間に育っていく。主人公の「正常さへの願望」は、殺人未遂事件以前からすでに、「一般に認められている規則に合わせようとする意志、他のみんなと同じであろうとし、みんなと異なった途端に罪を犯したと見なしてしまう[7]」ほどのものだった。その傾向は、殺人未遂事件以後にいっそう強まり、成人したのちも、主人公は、婚約者から、「みんなは、他の人たちとは異なろうとするのに、……あなたは、みんなと同じであろうとするのね[8]」と言われるような人間になる。

図1　モラヴィアと *Il conformista* の主演女優のひとり
（出　典：Alberto Moravia & Alain Elkann, *Vita di Moravia.*, RCS Libri, 1990; 2007.）

　しかし、主人公による「正常さ」のこの追求は、皮肉な方向へ進んでいく。皮肉な展開の一つは、主人公の結婚である。主人公は、「正常」な結婚相手を求め、豊満な肉体を持つ、「正常で、ごくありきたりの」娘を結婚相手に選ぶ[9]。娘は、国家公務員の娘で、父親には早く死に別れ、近所の家々と同様の「世間体と正常さ」を体現したような[10]、ありきたりの質素な家で育った女性である。娘が、結婚の披露宴に招く客たちも、中低層の中産階級の人たちや、専門職、国家公務員というような人たちばかりである。主人公は、このような「正常な」娘を妻にすることを喜ぶのである。ところが皮肉なことに、主人公は新婚旅行の途上で、この娘が「正常な」育ち方をしてこなかったことを知らされる。この娘は、父親が死んで一週間後のまだ十五歳のときに、父親の友人で資産管理を担当していた六十歳台の男に強姦され、その後、主人公から婚約を申し込まれるまで五年の間、その男の愛人にさせられていたのである。

しかし、主人公による「正常さ」の追求が最も皮肉な展開を見せるのは、暗殺幇助事件に関してである。主人公は大学卒業後に秘密情報局に勤めている。主人公はある日、上司と内務大臣と首相から、大学時代の指導教授の暗殺を手助けするよう依頼される。この指導教授は反ファシズムの思想家で、パリへ逃れ、反イタリア政府活動を指導している。教授の影響力が大きく邪魔になるので、ファシスト政府は教授の暗殺を計画し、暗殺の実行者のために殺害対象の教授がどの人物であるかを指し示す役目を主人公に依頼するのである。

主人公は、大学在学中からファシスト政府支持派であることをこの指導教授に知られていた。そのため主人公は、反ファシストの立場に転向したふりをしてこの元指導教授に接近するよう提案されるが、それにしても接近するにあたっては疑いを持たれないようにする必要がある。「何かいい口実はないか」と問われた主人公は、即座に「パリへ新婚旅行に行くのを口実にしましょう」と答えて、依頼者たちからさえも顰蹙を買う。「ファシズムへのひどい狂信だ」「体制へのひどいへつらいぶりだ」と見なされたからである。[11] こうして、「正常さ」をひたすら求めた主人公は、殺人幇助という異常な行動を自ら積極的に推進してしまうのである。

さて、結局のところ、主人公のこの殺人幇助の任務は成功し、かつての指導教授はその若妻と一緒に自動車で別荘へ向かう途上、暗殺実行者たちの手によって殺害される。一方、主人公はローマの住宅街に「普通の」家を建てて暮らし、妻との間には娘も生まれ、「正常な」生活を営む。

しかし、やがて、一九四三年七月二十五日にムッソリーニのファシスト政権が倒れる。身の危険を感じた主人公一家は、自動車で田舎《いなか》の叔母の家に逃れようとするが、その途上、連合軍の航空機による飛行場空襲の巻き添えとなり、路上で親子三人とも機銃掃射によって落命する。こうして、ファシスト政権に「体制順応主義者」として積極的に協力したこの人物は、ファシスト政権の崩壊によって生命・職業・住居・家族のすべてを失うのである。この人物にとって、ファシスト政権の崩壊は明らかにカタストロフィーとして作用したといえるだろう。それを敷衍するならば、ファシスト政権下でこの人物と似た行動をした多くのイタリア人にとっても、ファシスト政権の崩壊がカタストロフィーとなったとみていいはずである。

この主人公は、倫理的にきわめて問題がある政治指導体制のもとで、その体制に過剰に順応的に行動したために、作者の手によって因果応報の罰を与えられている、とひとまず解釈することが可能である。のちにモラヴィアは、小説 *Il conformista* は、反政府活動に従事していた二人の叔父ロッセッリ兄弟がファシスト政府によって暗殺された事件（一九三七年）を暗殺した側から描いたものだと述べている。(12) 終始反ファシズムの立場をとり続けたモラヴィアとしては、この小説の主人公を罰したのは当然のことだったろう。しかし、この小説のなかで主人公が何度も自分の行動は「運命の定め」によるものだと感じていることには、のちにふれるように、自己弁護以上の深い問題が含まれているだろう。

モラヴィアのこの小説には、倫理的に誤った行動とそれへの罰という因果を超える重要な洞察と問題提起が含まれている。注目すべきは、モラヴィアが、ファシズム体制について、支配した側の暴力的強制といった側面よりも、むしろそれに協力した側の「体制順応主義」(conformism) を「正常さ」と関連づけながらえぐり出していることである。

ファシズム体制下に置かれた人々の「体制順応主義」と「正常さ」の問題については、モラヴィア晩年の小説『一九三四年 *1934*』（一九八二年）でも再び取り上げられていて、そのなかに見られるモラヴィアのファシズム認識を確認してから再度 *Il conformista* を見直すと、彼の洞察と問題の深度がより明瞭になる。この小説の題名にいう一九三四年は、ドイツでヒットラー内閣が成立した翌年という意味である。それより先、イタリアではすでに二二年にムッソリーニ内閣が成立していた。小説は、イタリア・ドイツ両国がファシズム体制になっていた年の精神的雰囲気とそのなかに生きた人々の様子を描いていく。

この小説のなかでは、*Il conformista* の場合よりも直接的に「体制順応主義」と「正常さ」についてのモラヴィアの認識が示されるが、認識の根本は旧作と変わっていない。この小説は、反ファシズムの思想を抱く若いイタリア男が、カプリ島で若いドイツ娘と恋仲になる話で、女優を職業とするこの娘はナチス支配下の社会環境のなかで、俗悪であるほどに「正常な」「体制順応主義者」を演じている様子である。

このイタリア男のファシズムに対する認識は次のようなものである。

ファシズムは確かに大衆の政体だ。というか、そうだろうとぼくは信じているんだ。だから、ぼくは反ファシズムなんだ。(略) 大衆とは正常なものだ、ぼくは正常でない。ぼくは、生まれつき、大衆との共存が難しい。[13] (傍点は引用者)

また、このイタリア男は、自らも知識人であるはずの恋仲のドイツ娘 (名はトルーデ) が、別の知識人であるドイツ人 (「傭兵」とあだ名されている男) を、ドイツの知識人たち (教授たちとその夫人たち) に向かって激しく非難したことについて、次のように省察する。

知識人たちに対してトルーデがあのように体制順応的な態度を取った後で、ぼくは別なふうにも省察してみた。恐怖政体のなかでは、偽物から本物を区別することだけでなく、偽物の本性を認識することも、あるいはこんな言葉遊びをしてよければ、本物の本性を認識することもできないのだ。例えば、あの「傭兵」氏もひょっとするとわれわれが用心しなければならない政府側の扇動者で、最大限に正統的な体制順応主義者を装っているだけなのかもしれない。こんなふうに考えながらも、これがすべて正しいとは全然いえないことを認めなければならないのだけれども、こんなふうに考えてしまうことが、恐怖に基づくあらゆる社会に特有の、曖昧で分裂的な状況に典型的だとぼくは考えた。[14]（傍点は引用者）

これは、つまりファシズムのような恐怖政治がおこなわれている状況下では、あらゆる人々が生き延びるために自分を偽り自分をだますのだ、ということである。振り返ってみれば、*Il conformista* の主人公も、恐怖政治の環境のなかで生き延びるために自分を偽りだましていたとみることができる。作品のなかの曖昧な「運命の定め」という言葉が表現していたのは、そのような状態だったのだといえる。

恐怖政治という状態をやや緩やかに捉えて、強力な組織的圧力のある環境と解釈するなら、小説 *Il conformista* や『一九三四年』に描かれているような状況とそのなかでの人間の行動は、実はさまざまな社会と組織でこれまで繰り返し起きてきた事柄である。最近でも、日本やドイツの自動車会社で起きた検査データの改竄、あるいはまた電気製品製造会社の粉飾決算問題なども、すべてこれら二つの小説と似た環境のなかで、小説と同様の行動がなされたとみることができる。それらの会社でも、倫理的に問題がある指導体制のなかで、大多数の社員は体制順応主義をとった。そして、問題が明るみに出て、会社の経営が危うくなると、社員たちに対して希望退職や配置転換などを名目とするリストラの嵐が吹き荒れた。社員たちにとっては、それが *Il conformista* の場合と同様のカタストロフィーとして機能したのである。その意味では、モラヴィアが二つの小説でえぐり出した問題は、われわれにとっても身近な問題だといえるだろう。

2 『情事』と「奇跡の経済成長」

アントニオーニの映画『情事』（一九六〇年）（図2）のストーリーは単純なものである。婚約関係にある若い男女のうちの女のほうが行方知れずになる。女の親友である別の若い女が、親友の婚約者であるこの男と一緒に女の行方を探索しているうちに、この男を愛するようになる。

アントニオーニは、日本では「愛の不毛」を描く映画監督としてプロモートされてきた。「愛の不毛」という表現は曖昧なものだが、互いに愛をはぐくむことができない状態、というくらいの意味だろう。確かに、アントニオーニ監督の『情事』や『太陽はひとりぼっち *L'eclisse*』（一九六二年）では、互いに愛をはぐくむことができない人間たちが描き出されている。

これらの映画をぼんやり見ると、人間同士が愛をはぐくめない状態を現代人特有の精神状態として描いているらしいと漠然と捉えてしまいがちである。しかし、実はアントニオーニは、なぜ現代人が愛をはぐくめない状態になるのか、その原因をはっきり画面に見せているのである。アントニオーニはドキュメンタリー映画の制作から出発したことからも推測できるように、自分が生きている社会のその時々の重要問題に敏感に反応して映像化した人である。アントニオーニにとっての時々の問題は、『太陽はひとりぼっち』の場合には株式投資だったたし、『赤い砂漠 *Il deserto rosso*』（一九六四年）の場合には重工業化だったし、『砂丘 *Zabriskie Point*』（一九七〇年）の場合には学生運動だった。

では、『情事』の場合に問題として取り上げられているのは何なのか。その問題は不動産開発である。『情事』は冒頭からこの問題を視覚的に観客に提示する。この映画は、ローマ郊外の邸宅から出てくる若い女性を映し出すところから始まる。女性は引退した外交官の娘であり、庭園が付いたこの古びた邸宅は、いかにも中産上層階級の住まいらしい、豊かさとゆとりとを感じさせる広壮なものである。ところが、邸宅を一歩出ると、あたり一帯でコンクリートを使った一戸建て住宅やマンションの建設が進んでいる。かつては森だったというこの邸宅の周囲では、急ピッチで不動産開発が進行しているのである。近代的で無機的なこれらの新しい建物は、女性が住む伝統的で落ち着いた邸宅と明らかな対照をなしている。

図2　アントニオーニと『情事』のふたりの主演女優（出典：Carlo di Carlo (ed.), *Il cinema di Michelangelo Antonioni,* La Biennale di Venezia/Editrice Il Castro, 2002.）

映画の画面は、その後、右側に女性の邸宅を映し、道路を挟んだ左側に新しい建築群を映し出しながら左右対照的な構図で進行していくのだが、われわれは、道路の奥の遠方に小さく映し出されている建造物にも注目するのを忘れてはならない。この小さな建造物は、ヴァチカンの聖ピエトロ大聖堂の丸屋根である。ローマでは、確かにさまざまな地点から聖ピエトロ大聖堂の丸屋根が見えるけれども、映画が冒頭のこの場面で遠くに聖堂の屋根を小さく見せるのは明らかに意図的で、カトリック・キリスト教の救済力が後退していることを視覚的に見せていると考えていいだろう。この左右対照的な画面の構図のなかでは、初老の父親と若い娘がとげとげしく対立した会話をする。右側の邸宅に長らく暮らしてきた元外交官は、伝統的なキリスト教の救済力を当然の支えとして生きてきた人物らしく、のちに娘が行方知れずになった際に、娘の遺留品のなかに『聖書』があることを喜び、それまでキリスト教に関心を示さなかった娘が『聖書』を読み始めようとしたのだから、自殺したのではあるまい、というふうに自分と周囲の人たちを納得させようとする。しかし、この人物がすでに現役を退いて過去の存在となっているのと呼応するかのように、キリスト教もすでに過去の遠い存在になっているのである。遠くに位置する大聖堂の映像は、そのことを表している。近代的な建築群と同様の精神を持っているらしい若い娘には、父親も、父親の世代までのキリスト教も自分とは無縁の過去の存在になってしまっているのである。

この映画の結末は、冒頭の場面と一対をなしている。映画の結末も画像としては冒頭と同じく、左右が対照的な構図になっていて、画面の右半分には建物の壁が映し出され、左半分には遠方のエトナ山が映し出されている。画面の手前には、観客に背中を向けてベンチに座って泣いている男と、その背後に立って男の髪の毛に手を差し伸べて慰めようとしている女が映し出されている。

ここで重要なのは、画面の右側の建物が何なのかということである。この建物は、この場面に先立って映し出された建物の内部構造や入り口のプレートのホテル名から推察されるように、元はドミニコ会修道院の建物だったものを世俗の用途に転用して、高級ホテルにしたものである。すなわち、この場面でも、映画が問題とした不動産開発がおこなわれているのである。ただし、修道院の建物がホテルに転用されたのは古く十九世紀末からだが、この場面ではその点を問題にする必要はないだろう。かつてのドミニコ修道会の会則は、「清貧」と「禁欲」を重視していた。しかし、まことに皮肉なことに、高級ホテルへと転用されたこの建物のなかでは、「清貧」とは正反対に、富裕な客たちが歓楽を追求しているし、「禁欲」とは正反対の行動もなされる。ベンチに座って泣いている男は、後ろに立っている女が愛している男なのだが、一緒に宿泊しているこのホテルのなかで、部屋で女が眠っている間に、ホテルにいた高級娼婦と性交するのである。女はそれを目撃して愕然とするのだが、最終的には、そのような男に哀れみを感じたらしい。このように、映画『情事』は冒頭で暗示したカトリック・キリスト教の救済力の後退を、かつてはその救済力の重要な中心の一つだった修道院を場として起きた出来事によって、即物的に証明してみせるのである。そして、再び強調しておこう。この映画では、冒頭でも結末でも、キリスト教の救済力の後退は、不動産開発と関連づけて映像化されている。

不動産開発と関連するかたちでのキリスト教の救済力の後退というこのテーマは、映画の冒頭に続く重要な場面でも繰り返されている。冒頭で登場した娘は、この場面で婚約者のマンションを訪れるのだが、娘はこの婚約者が自分を愛してくれていないことに気づいていて、そのことにいらだっている。見落としてしまうかもしれないが、この婚約者が住んでいるマンションも、かつては修道院だった建物を改装したものである。それは、かつての装飾を平らに削り落としたファサードに残る十字架の跡や、男の部屋の天井や壁の形から明瞭にわかる。修道院というかつては「禁欲」の場であった部屋のなかで、娘と婚約者は愛を伴わない性交をする。

ローマのこのかつての修道院のなかでおこなわれる性交は、映画の結末直前の場面で同じ男がやはりかつての修道院のなかで高級娼婦とおこなう性交と対になっている。つまり、この映画は、冒頭の場面と結末の場面が対になっているばかりでなく、冒頭に続く場面と結末の直前の場面も対になっていて、構造がきわめてシンメトリカルであり、シンメトリカルに不動産開発とキリスト教の救済力の後退とを関連づけている。

不動産開発と関連するかたちでのキリスト教の救済力の後退というテーマは、映画の結末の場面の中心となる男女二人が、自動車でシチリア島を移動する途中で立ち寄る、ゴーストタウンとなっている村によっても示される。この村の建物は、近代的な意匠のコンクリート造りだから、近年の不動産開発により建てられたものである。村には近代的なコンクリート造りの教会もある。ところが、理由は明らかにされないけれども、村には誰も住んでいない。この教会には、そもそも救済力をはたらかせる人間という対象さえ存在していないのである。

映画『情事』が問題として取り上げた不動産開発は、いうまでもなく、一九五〇年代から六〇年代にかけてのイタリアで起きた「奇跡の経済成長」が見せた現象でもあり、要因でもあった。

『情事』は、不動産開発が「愛の不毛」、つまり愛をはぐくめない人間を生み出す原因の一つであることを、すこぶるわかりやすく提示している。不動産開発に携わったために愛をはぐくめなくなった人間がこの映画の主人公、すなわち結末で、自分を愛する女友達と一緒に宿泊しながら、高級娼婦と性交した男である。『情事』のなかでは、この男よりも、前半で行方知れずになってしまう婚約者——元外交官の娘——のほうが存在感が強いし、この娘の友達で、男と一緒に娘の行方を探索しているうちに男を愛してしまう女はさらに存在感が強い。その結果として、主人公の男は観客の注目を引きにくい。しかし、実はこの映画の中心的な存在は二人の女たちよりもむしろこの存在感が薄い男の方であり、映画は男が空虚で存在感の希薄な存在であることをひたすら描き続け、なぜ男がそのような空虚な存在になったのかに注目するのである。

この男の職業は建築家である。本来ならば、「奇跡の経済成長」の一環をなす不動産開発ブームの花形でありえた存在である。しかし、この男は建築家という職業に伴う創造者という本質的な側面を切り捨ててしまい、知り合いの建築家が設計する建物の構造計算だけを請け負い、その作業によって高額の報酬を得ている。男が経済的に豊かな人物であることは、映画の冒頭近くで高級スポーツカーを所有する人物としてわかりやすく示されるし、男はのちの会話のなかで、自分は思いがけず富裕になり、ローマとミラノに家を持つようになったと語る。しかしこの男は、経済的には豊かであっても、精神的には満たされず、劣等感を抱いていて、いらだちやすい。男のいらだちやすさは、建築を学んでいるらしい若者が教会建築の壁龕を描き出したスケッチを見たときに爆発し、まことに大人げなく、置いてあったスケッチをインクで汚すという行動に表れる。この男はそのような空虚な存在であるからこそ、婚約者との間で愛をはぐくむことができず婚約者をいらだたせるし、自分を愛した女との間でも「情事」以上の関係を築けず、女を落胆させる。すなわち、この男は、不動産開発に関連する創造的側面を切り捨てて経済的側面だけを選択することによって、不毛な存在となってしまったのである。

このように捉え直せば、『情事』は、現代人の「愛の不毛」の雰囲気を描き出した映画では毛頭なく、むしろ経済的側面だけを追求することによって人間は不毛の存在になることを明確に示し、女はそのような男と関わっても不毛な関係しか体験できないことを明確に示していることになる。

この点に注目するなら、『情事』の二年後のアントニオーニの作品『太陽はひとりぼっち』も、同一のテーマをさらに先鋭に描いたものであることがわかる。『太陽はひとりぼっち』の主人公は、証券取引所に勤めるやり手の仲買人である。映画が見せる証券取引所は、『情事』の不動産開発にはまだかすかに伴っていた創造的側面など全くない場所である。証券取引所は「奇跡の経済成長」がこのうえなく純粋に発現される場である。そこは、きわめて純粋なマモンの神が絶対的に支配している。『情事』では、救済力を失った存在としてのキリスト教が強く意識されていたが、『太陽はひとりぼっち』は、ローマの町の風景としてのキリスト教会しか垣間見せない。そして、『太陽はひとりぼっち』のマモンの神は、人間の魂を犠牲として要求する神である。ここで仕事をする人たちも、そこを訪れる投資家たちも、明らかに魂を失ってしまっている。この証券取引所で働く人たちは、仕事仲間が死んだときにも、一分間の黙禱の時間も惜しんで金儲けをしようとする。映画のなかで描き出される当時の証券取引所は、現在のような仲買人たちがそれぞれのコンピューターに向かっている場所ではなく、多数の仲買人たちが我先に大声で自分の求める株式の銘柄と価格とをわめき立て、走り回る場所だった。その様子はまさしく「パンデモニアム」——喧噪の場という意味でもあり、元来は地獄を指す語でもあった——と呼ぶのにふさわしい場所だった。

この映画の主人公は、魂をマモンの神に吸い取られた空虚な存在なのだが、『情事』の主人公と異なり、自分が人間として不全な存在なのだということさえ意識していない。男は美男だが魂のない存在であるのだから、そのような男と関わっても女は不毛な体験しかできない。この男女は肉体関係になるが、まもなく別れてしまう。そもそも男のほうに魂がないのだから、二人の間には、初めから人間としての関係は成立していなかったのである。その意味では、この二人は「別れた」とさえいえない関係だったのである。『太陽はひとりぼっち』も『情事』と同様に、現代人の「愛の不毛」を雰囲気的に描き出した作品では全くない。これもまた、経済的側面だけを追求する人間が空虚な存在になることを即物的に映像で表した作品なのである。

こうして見ると、アントニオーニは、『情事』と『太陽はひとりぼっち』という映画によって、「奇跡の経済成長」とたたえられることが多い急速な経済成長が人間の魂を奪い取ったり破壊したりする危険に、すでに経済成長の最中に気づき、それを映像化してみせたのだということができる。言い換えれば、急速な経済成長に内在していたカタストロフィー性を画面に浮かび上がらせていたのである。

おわりに

本章では、まず、ファシズムという暴力的な恐怖統治体制のなかに置かれた人間が、自分を偽りだましながら「体制順応主義者」であろうと努める様子を見事にえぐり出した小説 *Il conformista* を取り上げた。一般には自己主張がきわめて強いと見なされているイタリア人の間でもこのような現象が起こるということは衝撃的だが、作品には十分な説得力がある。そして、繰り返していえば、「体制順応主義」をとらざるをえなかった人々にとっては、ファシズム体制の崩壊という一般的には喜ばしく受け止められる出来事こそが「カタストロフィー」となったのである。ちなみに、ファシズムとそれに対する「体制順応主義」、そしてファシズムの崩壊と「体制順応主義者」にとってのそのカタストロフィー化、というのは一種の究極的モデルと見なすことができる。似た現象は、どの時代のどの社会のなかでも、子どもたちから大人たちまで、公的・私的な大小のさまざまな組織でこれまで繰り返し起きてきた事柄であり、いまもわれわれのまわりで起こりつつある。だからこそ、モラヴィアが *Il conformista* で見せる洞察は貴重なのである。

本章では、もう一つ、「奇跡の経済成長」に潜在していたカタストロフィー性を映像化してみせた映画『情事』にも注目してみた。この映画は、経済的利益だけを追求すると、人は魂を失い空虚な存在になることをありありと見せていた。さらにいえば、『情事』は、経済的利益の追求だけでなく、富裕そのものが魂を失わせることも暗示している。この映画に登場する主な人々のなかでただ一人、一方的ながら愛をはぐくめた人間がいる。それが、主人公を愛した女――主人公の婚約者の親友――である。この女は貧しい家に育ち、いまも裕福ではない人なのである。「金持ちが天の国に入るのは、らくだが針の穴を通るのよりもむずかしい」のが、二千年前から変わらない普遍的真実だということである。

最後に一言付け加えよう。二人のすぐれた創作者が作り出した *Il conformista* と『情事』は、直接取り扱っているテーマの背後で、「カタストロフィー」は、絶対的なものであるよりもむしろ人間側のありかたのなかで「カタストロフィー」になるものだということを暗示しているといえるだろう。ファシズムに批判的だった人たちにとってファシズムの崩壊は喜ばしい出来事だったが、それに協力した人たちにとっては「カタストロフィー」となった。「奇跡の経済成長」は、多くの人たちを貧困から抜け出させた喜ばしい出来事だったが、それによって魂を喪失した人たちにとっては「カタストロフィー」となった。つまりは、客観的には同一の出来事が、それに関わる人々との関係次第で、喜ばしい出来事になったり「カタストロフィー」になったりするということである。

それを一歩進めていえば、一般的には「カタストロフィー」と見える出来事も、それに関わる人々のありかた次第では、喜ばしい出来事にもなりうる可能性があるということである。人間にとっては、そこに小さな希望が残されているのである。

注

（1）Alberto Moravia and Alain Elkann, *Vita di Moravia*, RCS Libri, [1990; 2007], p.138.
（2）R. J. B. Bosworth, *Mussolini*, new edition, Bloomsbury Academic, [2010] p.197.
（3）Paul Ginsborg, *Storia d'Italia dal dopoguerra a oggi*, [1989; 2006], Einaudi, p.325.
（4）*Ibid.*, p.283.
（5）*Ibid.*, p.325.
（6）Alberto Moravia, *Il conformista*, RCS Libri, [1991; 2010], p.58.
（7）*Ibid.*, p.29.
（8）*Ibid.*, p.88.
（9）*Ibid.*, p.84.
（10）*Ibid.*, p.86.
（11）*Ibid.*, p.78.
（12）Moravia and Elkann, *op.cit.*, p.109.
（13）Alberto Moravia, *1934*, RCS Libri, [1982; 1984; 1998], p.265.
（14）*Ibid.*, p. 249.

第9章　〈廃品《ジャンク》〉からの創造

――S・ロディアのワッツ・タワーとブラック・ロスアンジェルス

土屋和代

はじめに

鋼でつくられた精緻なタワーにちりばめられた装飾ガラスとタイル、貝殻のモザイクが、南カリフォルニアの太陽を反射していろいろに光を放つ。ロスアンジェルスのダウンタウンから南に十三マイル、メトロ・ブルーラインの一〇三ストリート／ワッツ・タワー駅の近くに聳え立つタワー。下層労働者だったイタリア系移民のサバト（あるいはサミュエル、サム、サイモン）・ロディアが三十四年の年月をかけ、独力で自宅庭につくったものである。一九六三年にロスアンジェルス市の文化歴史記念碑に、九〇年にはカリフォルニア州立歴史公園と国定歴史建造物に認定された。紛れもなくカリフォルニアを代表するアート建築の一つであり、観光スポットとしても注目されていいはずなのだが、アナハイムにあるディズニーランドに比べて知名度は低く、訪れる人の数は年間約四万人と圧倒的に少ない。ルイサ・デル・ギウディスによれば、タワーは「世界中で称賛を得ているのに、地元では目立たない場所[1]」である。

このワッツ・タワー（図1・2）は、一部の批評家から「アウトサイダー・アート」の典型として注目されてきた。アートのトレーニングを何ら受けていない、「無名の」人が作り出すアート（「ノンアカデミック・アート」）は、ギャラリーや美術館で国民の文化遺産として大事に保管・展示される「アカデミック・アート」と対

図1　「ワッツ・タワー」――3つの尖塔　筆者撮影（2016年8月7日）

置される。「アウトサイダー・アート」はしばしば斬新で奇抜であり、周縁的であるために興味をそそるモノとされる。「アート」であることが自明でないために論争を巻き起こし、既存の価値基準ではかることができないからこそ、「アート」の概念そのものに修正を迫る。[2] ワッツ・タワーはまさにそうした存在として注目されてきた。

図2 「ワッツ・タワー」――私たちの街／人々（Nuestro Pueblo） 筆者撮影（2016年8月7日）

本章では、研究の視点を、ロディア（およびロディアの作品）からタワーを取り巻く人々へ広げたい。タワーを、ロスアンジェルスというメガロポリスに近接したワッツという空間とそこで生きる人々との関係のなかで捉え直し、タワーが一九六五年の蜂起以降いかに「コミュニティー」再生と文化創造の〈場〉になったのかを探る試みである。ワッツの住民からすれば、「アウトサイダー」とはむしろ、「外」からワッツという有色人種の居住区にやってきて、タワーという「アート」に関心を示すものの居住区が置かれた社会状況には目をつむる白人中産階級の「よそ者」を指す。つまり、ワッツの住民――ロディアを含む――こそが「インサイダー」となる。こうした視点は、ロディアを「アウトサイダー」と見なす力学をあぶり出し、そこに内在する価値観を転覆させる可能性を持つ。

一九七三年から二十年にわたってロスアンジェルス市長を務めたトーマス・ブラッドレーの言葉を借りれば、ワッツは「アート（art）よりも放火（arson）で知られた場所」である。[3] 黒人青年マーケット・フライとその家族に対する警察官の暴行に端を発した六五年の「ワッツ暴動」、黒人青年ロドニー・キングの殴打事件で起訴された警官に無罪判決が下されたことへの抗議として起きた九二年の「ロスアンジェルス暴動」により、「ワッツ」という言葉を人々が耳にすれば暴動の記憶がよみがえり、だからこそ地元住民はタワーを訪れようとしない。この「ワッツ」という〈場〉の記憶とその歴史的変容を無視して、ワッツ・タワーを論じることはできない。[4]

ワッツ・タワーには何層もの記憶が重なり合う。タワーは「イタリア系アメリカ人の文化遺産」の一つとして語られてきた。[5] 一方、ロスアンジェルスの黒人史で、ワッツ・タワーが正面から論じられることはない。[6] タワーが「ブラック・ロスアンジェルス」の象徴としても、地域住民との実質的な関わりでもきわめて重要な役割を果たしてきたにもかかわらず、その存在は影を潜める。本章が特に注目するのは、タワーが一九六五年の蜂起後に黒人「コミュニティー」復興のシンボルとなり、ロディアに触発され、黒人のアーティストが瓦礫を材料に作品を生み出した点である。「イタリア系アメリカ人の文化遺産」を強調する研究でも、ロスアンジェルスの黒人史の文脈でもこぼれ落ちてしまう、こうした重なり合う歴史とその変容に光を当てたい。多人種都市ロスアンジェルスの歴史を紐解くにあたって、集団「ごと」の歴史ではなく、集団「間」の歴史――記憶が重なり合う〈場〉――を探求することも本章の目的の一つである。[7]

1 サバト（あるいはサミュエル、サム、サイモン）・ロディアの生涯

サバト・ロディアは一八七九年、イタリア南部カンパニア州の農村リボットリで生まれた。両親の強い勧めにより、先に渡米し鉱山労働者として働いていた兄のリカルドを追って、十五歳のときにフィラデルフィアに渡っ

た。しかし、アメリカで頼みの綱だった兄が鉱山事故で命を落とすと、その後は西海岸の街を転々とするようになる。この間にロディアは、アメリカでの生活に適応するため、サミュエル、サム、サイモンなどとファースト・ネームを変えている。一九〇二年、二十三歳のときにルシア・ウッチと結婚し、息子のフランクが翌年に誕生した。その後家族でオークランドへ移住し、そこで次男のアルフレッドと長女のベルが誕生した。しかしベルは幼くして病死してしまう（のちに、この娘の死によってロディアの飲酒に溺れる生活が始まったのではないかといわれる）。酒浸りのロディアとルシアの結婚生活はまもなく破綻し、ロディアは妻子を捨て（または捨てられ）、オークランドを去った。一二年に離婚が確定した後は、テキサス州エルパソに移住し、そこで出会ったメキシコ人女性のベニタと暮らした後、二人でロスアンジェルス近郊の街ロングビーチに移住するが、関係は破綻し、別のメキシコ人女性カルメンと暮らし始める。そして、カルメンとともにワッツ市一〇七通り沿いに裏庭付きの三角形の土地と家を購入し、そこで暮らし始めた。[8]

図3　タワー下階段に腰を下ろすS・ロディア（1951年）
（出典：Photo by Getty Images / Getty Images (#51239975)）

ロディアがこの土地を選んだのには理由

があった。この三角形の形をした敷地のすぐ北側を、二本の路面電車が走っていて、さらに敷地から少し離れた場所を五本の列車が日に二百本走っていた。三角形の土地は、線路に接しているため、騒音に加え、ほこりと泥が舞い散り、決して居住に適した場所ではなかったが、通勤でダウンタウンと自宅を行き来する電車の乗客から注目を集めるという点では絶好のロケーションだった。そしてこの人々の注目を引く、という点こそロディアが最も重視した点だった(9)。

一九二一年、四十二歳のときに、ロディアはこの自宅敷地内に次々と「彫刻」をつくり出した。最終的に完成するのは五五年であり、実に三十四年間かけて、三つの尖塔、二つの壁、展望台、舟を含む十七の作品群を作り上げることになる。電車に接する敷地の喧噪に嫌気がさしたからか、週末も夜間も自らの作品づくりに夢中になるロディアに呆れたからか、カルメンはまもなく家を出た。ロディアは、セメント工として昼間働きながら、セメントや鋼を集めた。タワーを建てる際に必要不可欠であるはずのボルトやリベットを用いず、金属の溶接もなしに、灼熱の太陽に照らされ高温になった線路の熱を利用して鋼を曲げて、それを針金で包み込み、自身で配合したセメントで固定した。そこに、線路やストリート、海岸を歩き回って集めた空き瓶、瓦礫、タイルの破片、貝殻で飾りをつけ、作品に仕上げたのである。ロディアが作品の材料としたのは、無用の長物として「そこらへんに転がっているもの」だった。ロディアは「大量の廃棄物」を、「空に聳え立つ壮大な建築物に変えた」のだ(10)。

これらの作業を、ロディアは機械を使うことなく、たった一人で成し遂げた。来る日も来る日も作業を続けるロディアの手や腕には、小さなガラスの破片が埋め込まれていたという。単独で作業を進めたのは、人を雇うだけの資金がなかったからである。さらにロディアは語る。「もし人を雇ったとしても、その人は何をしていいかわからなかっただろう。自分だって何をしたらいいのか、何百万回もわからずにいたのだから。一晩中起きていたこともあった。だって、すべて私の頭のなかから出てきているのだから(11)」。近隣住民のなかには、突然庭にタワーを建て始め、夜間祝日を問わず必死に作品をつくり続けるロディアを「狂人」と見なす者もいた。

なぜロディアはタワーを制作しようと思ったのだろうか。ロディアの説明は、揺れ動き、その内容は相手によって変わる。その理由の一つはアルコール依存を断つためだった、というものである。「自分はアメリカに暮らす、ひどい男の一人だ。いつも飲んだくれて、酒に酔っていた。だからタワーをつくった。〔タワーをつくることで：引用者注〕酒を飲むのをやめたんだ」(12)。幼い娘の死や家族との離別、片言の英語しか話せないままでアメリカで暮らすことの息苦しさ、下層労働者としてぎりぎりの生活を強いられることの苦しさもあったのかもしれない。そうした苦境や危機を乗り越えるため、ロディアは自己の救済のためにタワーをつくったのかもしれない。しかし、一九四八年にロスアンジェルス市建築安全局から問い合わせを受けた際は、カリフォルニア州を走る幹線道路をたたえるために建築したと返答した(13)。最も高い百一フィートのタワーはルート一〇一を、九十九フィートはルート九九を、六十六フィートのタワーはルート六六に捧げられたものだ、というわけである。一方、五三年にインタビューされた際には、世界の人々に向けて制作したと答えている。タワーは、「あらゆる文化を表現するもの」であり、「自分たちの世界に貢献した」すべての人々に捧げられたものだという(14)。

制作の動機がどのようなものであれ、「そこらへんに転がっているもの」を作品の材料にしたロディアには、「素朴なもの」への強いこだわりがあった。一九五三年にタワーの見学に訪れロディアと会話したモリー・シーゲルによると、ロディアは「豪華なものを手にし、大げさなうわべだけの装いをして、自己中心的で他人のことを気にかけない」人々を声高に批判していたという(15)。こうした「素朴なもの」を重んじ華美を嫌う姿勢は、ロディアの階級意識と響き合う。「世界には三つの階級に属する人々がいる。億万長者、中産階級、貧民階級だ。世界の貧民階級は解放されないままだ」(16)。ロディアはたびたび、その日暮らしを迫られる貧しい労働者の怒りを口にした。そして、のちにタワーが世界中から注目され、支援者から資金援助の申し出があってもそれを受け取ろうとせず、亡くなるまで慎ましい生活を送った(17)。

タワーを完成させた後、ロディアは隣人のルイ・サウセイダにタワーを託し、一九五五年にワッツを立ち去り、妹夫妻とその子どもたちが住むサンフランシスコ湾岸のマーティネズに移住した。ロディアはその後、かつて住んでいたワッツの地を二度と訪れることはなかった。ロディアにとって、タワーを制作すること自体に意味があったのであり、完成したタワーはもはや輝きを失っていたのかもしれない。(18)

2 ワッツ・タワーを救え！——愛国者のアートとして

ロディアからタワーを託されたルイ・サウセイダは、五百ドルに満たない金額で隣人のジョセフ・モントヤにタワーを売却した。譲り受けたモントヤは当初タワーをタコスの販売所にして商売を営むことを検討するものの断念し、タワーを放置した。その間に、タワーに侵入して破損行為に及ぶ人々が現れた。タワーに埋め込まれ、宝石のように輝くガラスや磁器の破片、タイル、貝殻に魅せられた子どもたちが、敷地内で宝探しに興じることもあったという。一九五六年にはかつてロディアが住んでいた家屋が放火で焼け落ち、見るも無残な姿となった。(19)

ところが、一九五九年初頭になって事態が急転する。映画監督のウィリアム・カートライトと俳優のニコラス・キングが、タワーを後世に残そうとモントヤを探し出し、二十ドルの頭金でこれを譲り受けた。カートライトらはタワーのこれ以上の破損を防ぐため、タワー横に管理者用の小屋をつくろうとした。市の許可を得るため、カートライトの友人で建築家のエドワード・ファレルが市庁舎を訪れると、許可を得るどころか、タワーに取り壊しの命令が下されていたことを知る。旧ロディア邸の放火に危機感を抱いたロスアンジェルス市の建築安全局は、「放火によって被害を受けた住居を取り壊し、危険なタワーを撤去するよう」通達を出すものの、所有者を特定できないまま年月が過ぎていた。(20)そこへ、ファレルが小屋設置の許可を求めてやってきたというわけである。

建築安全局は改めて取り壊しの命令を下した。建築安全局にとっていちばんの問題は、タワーが建築計画なしに建てられていて、建築基準に従っているのかが不明だという点であった。[21] ワッツ・タワーはガラスの破片や割れた陶器など、ストリートや線路脇や海岸に散らばる廃品《ジャンク》からつくられているだけではない。タワーそのものがいまや廃品《ジャンク》の烙印を押され、処分の対象となっていた。

こうした建築安全局の見解に黙っていなかったのがカートライトやキングらだった。彼らは「ワッツにおけるサイモン・ロディアのタワー委員会」を組織した。[22]「タワーの会」の活動がメディアで取り上げられるにつれ、会の主張を支持する声がロスアンジェルス住民の間からも矢継ぎ早に上がった。例えば、一九五九年五月二十五日付の「ロスアンジェルス・タイムズ」には、なぜ建築安全局が取り壊しという「荒っぽい」手段に出るのか、厳しく問う投書が載せられた。[23]

一九五九年七月六日から市庁舎でおこなわれた二週間にわたる市裁判所の公聴会では、建築安全局はタワーは建築計画も許可も市政府の視察もなくつくられたものであり、危険なため取り壊すべきだと改めて力説した。[24] 一方、委員会はタワーはそもそも建造物ではなくアート（彫刻）であると主張した。彫刻であるならば、建築基準になど従う必要はない。委員会は「サイモン・ロディアの芸術品――人々から「ワッツ・タワー」と呼ばれるもの」は市のモニュメントとして保存されるべきだと強調した。[25]

委員会はワッツ・タワーを、ロディアという愛国者がアメリカをたたえるために制作したアートと位置づけた。委員会が作成したパンフレットには、ロディアの以下のことばが掲載された。「ここで育ったからアメリカ合衆国のために何かをしたかったのです――わかるでしょう？[26]」。また、タワーを救う活動への支持を集めるため、委員会は次のような歌まで作曲した。

私が愛するこの国に捧げたタワーを壊さないで、どうか壊さないでください。ずっと前に、まだ少年だったころに、イタリアからやってきました。お金もない、廃品回収者だった私は、きれいな色のガラスや針金や鉄を見つけたのです。皆親切で、何もかもがすばらしくて、私はそれらを並べ、つなぎ合わせて、美しい壁をつくりました（略）私が住むことになった大好きなこの国のために。[27]

こうした愛国心をくすぐる訴えは一部のアーティストや住民の琴線に触れた。当時クレアモント大学夏期講座で教えていた画家のウルファート・ウィルケは、タワー敷地内にある舟の形をした作品を、アメリカ新大陸を「発見」した際にコロンブスが乗っていた舟、および移民たちがアメリカに渡る際に乗り込んだ舟に例え、そこにはロディアの「情熱に満ちた、アメリカへの感謝の思い」が込められていると学生に語りかけた。そして、ワッツという「荒廃地」で、引き続きこの舟が航海を続けるのを助けるよう、タワーを訪れ、タワーの絵を描くよう求めたのである。[28]

一方、タワーは近隣のメキシコ系住民に捧げられたものだと主張する人々もいた。ロディアが二人のメキシコ系女性と暮らしてきたこと、ワッツを去る際にメキシコ系の隣人にタワーを託したこと、何よりもロディアがこのタワーをスペイン語で「私たちの街／人々」（Nuestro Pueblo）と名付けたことがその「証拠」だった。[29]タワーを支えてきたのはわれわれメキシコ系住民であり、委員会はその点への理解が欠如している、と訴えたのである。

タワーが「愛国者のアート」として、あるいはメキシコ系隣人に捧げられた作品として表象される一方で、市の建設安全局は撤去の方針を覆さなかった。両者の主張が膠着状態に陥るなか、会のメンバーの一人で技術者のバド・ゴールドストーンは、建築安全局局長のマンリーに、タワーの負荷試験をおこなうことを持ちかけた。その結果次第でタワーを取り壊すか、残すかを決めないかと提案したのである。当時ノース・アメリカン航空で航空構造物の専門家として働いていたゴールドストーンは、タワーが負荷に耐えられるだけの構造を持っているとすぐに確信したという。しかし、これを疑問視する技術者もいた。例えば、カリフォルニア大学ロスアンジェルス校工学部教授のJ・M・イングリッシュは、タワーに負荷を加えることで「何らかの損傷の兆し」が現れたとしても全く不思議ではない、と指摘した。こうしたイングリッシュの懸念を共有するタワーの支援者から、負荷実験があまりにも無謀で危険すぎるという声も上がった。実際、負荷実験の実施は、ゴールドストーンらにとっても「一種の賭け」であったにちがいない(30)。

ゴールドストーンらは、支援者からの募金をもとに、最も高く聳え立つタワーの北側に足場を作り、鋼のヒモをタワーに何重にも巻き付け、結合部や柱には保護材を取り付けた。総勢二十人を超える技術者が参加した壮大な実験は、一九五九年十月十日に地元のテレビ局や新聞記者を含む千人以上が見守るなかでおこなわれた。油圧シリンダによって約四・五トン（一万ポンド）の猛烈な力――風速百三十キロ（八十マイル）に匹敵する――で引っ張られた百フィート近いタワーは、ビクともせず、そこに立ち続けた。この「勝利」はメディアによって大々的に報じられ、負荷実験に耐えたことで市は撤去命令を撤回した(31)。こうして、取り壊し寸前の状態にあったタワーは、市民団体のはたらきかけによって見事救済されることになった。

負荷実験後、コミュニティー・アートの発掘・展示に力を入れてきたロスアンジェルス市芸術局がタワーの支援に乗り出した。一九六三年三月、市は、タワーを市の文化歴史記念碑に指定した。その後ワッツ・タワーの写真展がロスアンジェルス・カウンティ美術館、サンフランシスコ美術館など各地で開催され、タワーは廃品《ジャンク》ではなく価値ある「アート」としての評価を確かなものにしていった。

しかし、タワーを救う運動が成功を収め、タワーが「アート」の仲間入りをする一方で、ワッツという〈場〉は後景に退いていく。一九六二年五月十六日から六月二十四日にかけて開催されたロスアンジェルス・カウンティ美術館（ＬＡＣＭＡ）での展示では、タワーの魅力をさまざまな角度から捉えた写真が展示されたが、そのほとんどはタワーを足元から見上げるものや細部を写し出すカットで、タワーを取り巻く人々は捨象された(32)。「サイモン・ロディアのタワー」は、ワッツという「荒廃地」から切り離されることで、「アート」として評価を確立したのだ。

3 舞台としてのワッツ

ではワッツとはロスアンジェルスのなかでどのような位置を占めている場所なのだろうか。ワッツはもともとは「ランチョ・タユタ」という名の農村だった。(33) 一八八〇年代にこの地区の土地所有者であった不動産業者の名を取って「ワッツ」と呼ばれるようになった。

一九〇二年、パシフィック電鉄が、ワッツ地区の一〇三通りとグラハム通りの交差点に新駅を設置し、ワッツは四方面（サンタ・アナ、ロング・ビーチ、サン・ペドロ、ルドンド）からダウンタウンに向かう線路の分岐点となった。ワッツは近郊の街から急激に拡大を遂げるLAに仕事や通学で向かう人々が通過する街となっていく。ワッツ商工会議所の言葉を借りれば、このワッツ駅の開発とともに、地域一帯は「LA世界の中心地」（図4）となったのだ。

その後、ワッツは「労働者向けの街」として開発が進んだ。一九〇六年には千四百人の人口を抱え、翌年に自治体となった。「ロスアンジェルス・タイムズ」（一九一〇年九月十一日付）によれば、そこは「自動車が行き交い、道は何マイルにもわたって舗装され、家族向けのよきホーム・タウンであり、アルファーファやビートなどを育てるのに適した土壌、リーズナブルな地価、活気ある商工会議所、快適な気候、ピュアで豊富な水に恵まれ、LAからすぐ近い街(34)」だった。特に駅がある一〇三通り沿いには教会や商店、酒場などがたち並び、コミュニティーの中心として栄えていた。ワッツの人口はその後も膨らみ続け、二〇年には四千五百二十九人に達した。この当時、ワッツは多様な人種・エスニック集団に属する人々が織りなす居住区だった。ドイツ系、スコットランド系、メキシコ系、ユダヤ系、ギリシャ系、ロディアのようなイタリア系、日系、黒人たちが移り住んだ。なかでもアラバマ、ルイジアナ、ミシシッピ、テキサス諸州から移り住んだ黒人たちは、鉄道でのウェイターやポーター、家事使用人の仕事を得ていった。ワッツがそうであったように、ロスアンジェルス地域全体で見てもこの時期はまだ居住区の隔離が強固なものとはなっておらず、黒人は他の人種・エスニック集団に属する人々とともに生活していたのである。

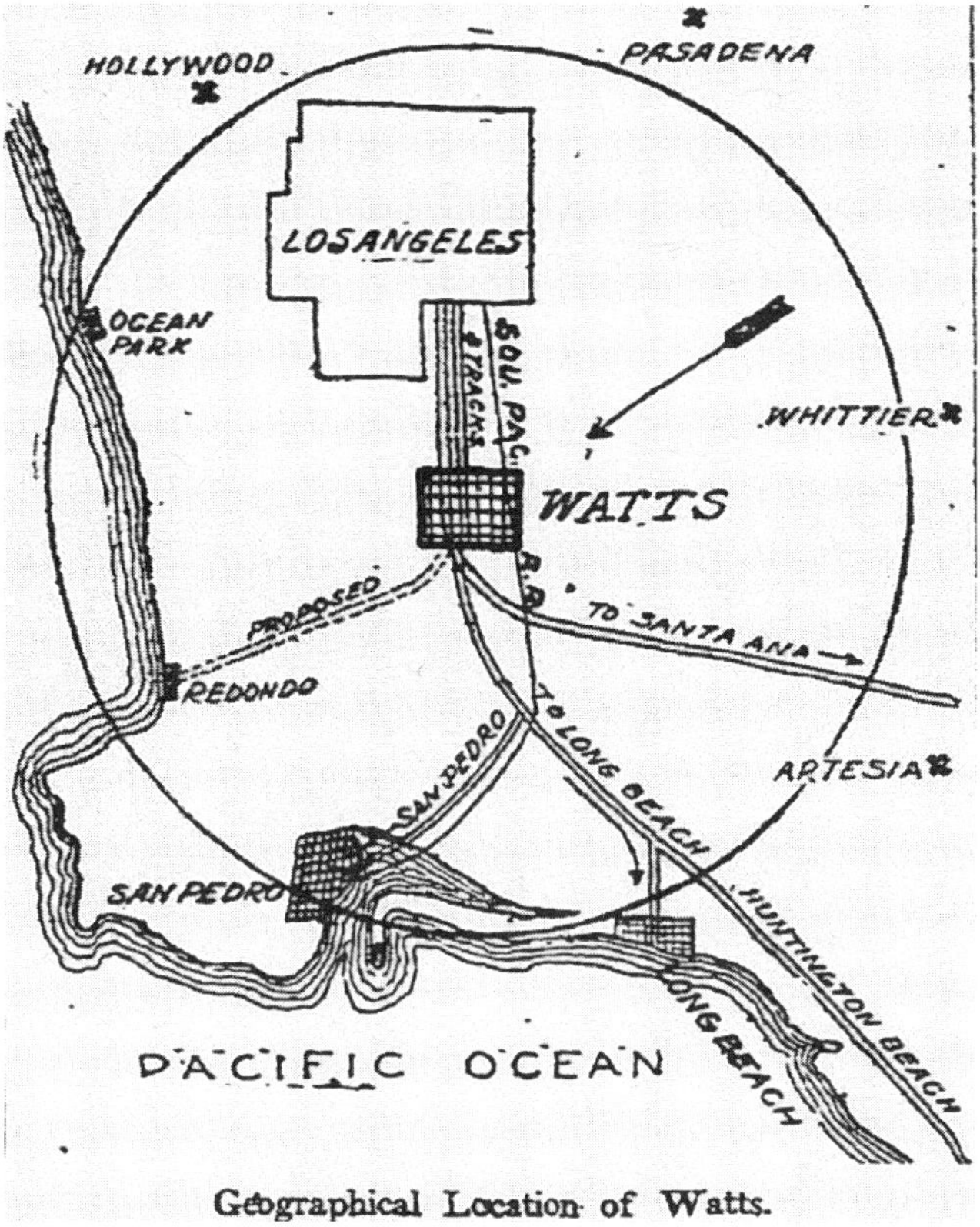

Geographical Location of Watts.

図4 「LA 世界の中心地」ワッツ（1910年）
（出典："What Publicity Did for Watts," *Los Angeles Times*, September 11, 1910.）

一九三〇年代には、大恐慌によって失業した人々がカリフォルニアにチャンスを求めて移住し、市の黒人人口は急増した。続いて第二次世界大戦の勃発により、ロスアンジェルスの軍事施設での職を求めて南部からの移住が相次いだ。四二年から四五年のわずか三年間にカリフォルニアには三十四万人の黒人が移住し、そのうち約二十万人がロスアンジェルス地域に居住したが、これらの移住者の大半は、制限約款によって居住先が限定された結果サウス・セントラルと呼ばれるセントラル通り沿いの地域に住居を構えた。四八年には制限約款を違憲とする最高裁判決が下るものの、その後も事実上の隔離は続いた。黒人人口が増加するなかで、白人は郊外へ、ラティーノはイースト・ロサンゼルス周辺へと移住していった。

ワッツも例外ではない。一九四〇年から六〇年にかけて、ワッツの黒人人口は八倍に脹れ上がった。ロディアがワッツを去ったように、多くの「白人化の途上にある人びと」が「郊外脱出」によってワッツを後にし、中産階級化した他の有色人種の人々もそれに続いた。その結果、六〇年の時点でのワッツの人種構成は、白人五・五パーセント、黒人八五・七パーセント、ラティーノ八・八パーセントとなり、六五年には三万四千人の人口のうち黒人住民は八七パーセントを占めるに至った。[35]

居住区が制限され、サウス・セントラルに黒人の集中が進む一方で、同地区では脱工業化が進行した。工場が都市中心部から去るなかで、黒人住民が職を見つけることは次第に困難になった。一九六〇年の統計では、市全体の失業率が五・三パーセントだったのに対して、市南部では一一・三パーセントにのぼっていた。この結果、六五年の時点で市南部の住民の二六・八パーセント、すなわち四分の一の家庭が、四人家族の年間家庭所得が三千百三十ドル以下という「貧困線」以下の生活を送っていた。なかでも特に貧困層が集中するワッツでは、「貧困線」以下の生活を送る人々の割合が四一・五パーセントにも達していた。[36] こうした失業とそれに伴う貧困こそが、六五年八月に起こった「ワッツ暴動」の引き金となったのである。

サウス・セントラルやワッツ地区の経済状況が悪化する一方で、そこから抜け出し、他の地域で仕事を見つけることはますます困難になった。交通手段が失われたからである。一九三〇年代、ゼネラル・モーターズ社やスタンダード・オイル・カリフォルニア、ファイヤーストーン・タイヤなどの企業が結託して市の鉄道を買い取って破壊し、フリーウェイ建設のための組織を設立した。その結果、鉄道の廃線、路線バスへの切り替えという事態となった。さらに五六年の連邦補助高速道路法が施行されて以降、急激に進んだフリーウェイの建設は、自動車を持たない、持てない層の移動を困難にする一方、郊外に住む中産・上流階級の人々が都市中心部に住む貧しい有色人種の人々と接することなく、その居住区の上を通過して、直接職場や学校にたどり着くことを可能にした。

一九五〇年代以前には、日に何百人もの人々が電車の窓からワッツ・タワーを目にすることが可能だったが、鉄道の廃線によってその「観客」は失われた。ロディアがワッツを去る決断を下したのは、加齢や近隣環境の変化に加えて、突然「観客」を失ったことも影響したのだろうか。ワッツやサウス・セントラルの孤立が進むなか、ワッツ・タワーもまた忘却の彼方へと追いやられようとしていた。

4 ワッツ蜂起後——〈廃品《ジャンク》〉からの創造

一九六五年七月十六日、ロディアはマーティネズで息を引き取った。[37] ロディアの死から一カ月もたたないうちに、アメリカ史上最大規模の「暴動」がロスアンジェルスのワッツ地区で起こった。二十一歳の黒人青年マーケット・フライが助手席に座っていた兄と現場に駆けつけた母とともに逮捕された事件に端を発し、八月十一日から十七日まで七日間に及んだ蜂起は、三十四人の死者、千三十二人の負傷者、三千五百九十二人の逮捕者を出し、略奪・破損・破壊などの被害を受けた建物は九百七十七に及び、被害総額は四千万ドルにも達した。[38]

群衆たちの怒りが沸点に達したのは、フライが警察の車で連行される際に、白人警官から蹴りつけられ車に押し込められたのを目の当たりにしたときだった。さらにその怒りの火に油を注いだのは、事件とは無関係の二十歳の黒人女性ジョイス・アン・ゲインズが暴力的な方法で逮捕されたことだった。ゲインズは、警官に唾を吐いたという罪で捕らえられ、首に腕を回されて「ほとんど息ができないほど」絞め付けられた状態で逮捕された。これを見守っていた人々は警官に投石し、そこから一気に蜂起へと発展していく(39)。

「暴動」の原因を調査した「ロサンゼルス暴動に関する州知事委員会(通称マッコーン委員会)」の報告書は、失業、教育施設の不十分さ、警察との対立、交通設備の不十分さといった問題を、「暴動」を引き起こした根本的な原因として指摘した。さらに、「法への不服従」、住宅公平立法を廃止する住民提案十四号が可決されたことへの失望と、一九六四年の経済機会法の制定に伴い開始された貧困対策事業が大々的に宣伝されていたにもかかわらず、実質的な改善が上がらないことへの不満が事態を悪化させたと示唆した。

黒人解放運動の指導者からは、マッコーン報告書が蜂起に関与した人々を「極端かつ不法な手段」に訴える「無法者」として捉え、ワッツ住民が抱える警察およびゲットーでの苦境に対する深い憤りを無視しているとの批判の声が上がった。しかし、蜂起後ロスアンジェルスを訪れたマーティン・ルーサー・キングが、サウス・セントラルでは白人だけでなく「黒人の中産階級と指導層に対する幻滅と憤懣が存在している」と指摘したように、中産階級の公民権運動家がどこまでサウス・セントラル地区の黒人労働者の声を代弁できるのか、疑問を呈する人々もいたのである(40)。

ワッツでの蜂起が全米に波及し政権の足下をすくいかねない事態になることに危機感を抱いたリンドン・B・ジョンソン大統領は、社会的・経済的な福祉事業を通じた改善策こそが必要であると訴え、計二千九百万ドルにのぼる資金をロスアンジェルス向けに承認した。ワッツでの蜂起を契機として、ジョンソン政権が「偉大な社会」の要に位置づけていた貧困対策事業の統括機関(ロスアンジェルス経済・青少年機会局)が設置され、ロスアンジェルスで「貧困との戦い」が開始されることになった。[41]

しかし「貧困との戦い」の最大の限界は、雇用の創出の努力が不十分だったことにある。「貧困との戦い」ではそもそも若年層が貧困に陥るのを防ぐことが狙いの一つとしてあった。その結果、児童や若年層の教育機会の向上と職業訓練に力が入れられたものの、すでに貧困に陥っている成人の雇用対策向けの事業は限られたものにすぎなかった。多額の資金が投じられたものの、肝心の職の創出が限られていたために仕事がない、職業訓練を受けてもそれを生かすことができない、という不満をサウス・セントラルの住民は抱くことになった。[42]

経済的に恵まれた層は、ワッツに見切りをつけて街を去った。蜂起以前は八パーセントだった空き家率は、一九六七年十月には二二パーセントにはね上がる。かつてワッツを訪れていた白人や日系人たちは蜂起後急速に足が遠のいたが、黒人たちのなかにもワッツを去る者が増えた。ブロードウェイ通りで金融業を営むピーター・W・ドートリヴは、蜂起の際に警察の管理下にあった地区にあるものはすべて偏見にさらされることになったという。ドートリヴの言葉を借りれば、蜂起後のワッツは「経済的には下り坂を転げ落ちた」[43]。小説家トマス・ピンチョンは、ワッツは六五年の蜂起により、無名の地から、人々が忘れたくても忘れられない「人種暴動の地(“Raceriotland”)」[44]へと変わったと述べた。ピンチョンによれば、ワッツはアナハイムにあるディズニーランドと対置される存在となったのである。ディズニーランドが人々の幻想と憧憬のなかで「ユートピア」となったとすれば、ワッツ・タワーは六五年の蜂起によって貧困と放火と略奪を想起させる「ディストピア」——黒人の憤懣の象徴となった。

人々が次々と去るなかで、市の中心部を走るウィルシャー大通りに移設することでワッツ・タワーを「救済」するべきだと口にする者も出てきた。[45] しかし、タワーを守った委員会は、ワッツの街がロスアンジェルス市民から目をそむけられるなか、タワーを取り巻く住民の支援へと目を向けることになる。

委員会は負荷実験後、タワーに隣接する小屋に張り出し屋根をつけて、その下にテーブルを置き、会のメンバーや支援者からアートの材料を募り、近隣の子どもたちに向けアートの授業を開講していた。寄付金やタワーのパンフレット販売で得られた利益をもとに、細々と始められた試みは人気を博した。一九六一年六月には、週に二回、計四度のアートの授業が開かれ、五歳から十三歳まで近隣の五十七人の子どもたちが参加した。[46]教師であり責任者を務めたルシール・クラスンはいう。「会はタワーを支えてきたコミュニティーのために何か特別なことがしたかった（略）創造力あふれる子どもたちの、アートへの関心を伸ばしていくこと以上に、ぴったりしたことはなかった」。子どもたちのアートとロディアの作品は「正直さと大胆さ」という点で重なると彼女はいう。[47]

一九六五年八月十三日、タワーの四ブロック先まで焼け落ちるなか、スタッフのノア・ピューリフォイは通常どおり授業を開講した。タワーに被害が出ていないか、世界中から問い合わせが寄せられたが、ピューリフォイは生徒たちに電話番をさせ、タワーが無事であること、そして自分たちは引き続きそこに集い、アートを学んでいると伝えさせた。

蜂起を契機として「人種暴動の街」ワッツとタワーが分かち難いものとなる一方で、委員会は住民の社会的・経済的支援にどこまで踏み込むべきか考えあぐねていた。会の事務局長ジェーン・モーガンは次のように語る。「八月の暴動以前からワッツ地区とわれわれの関係は複雑で難しいものだった。暴動によりその複雑さは大きく増した。ワッツはいま混乱のただなかにあり、われわれもその真ん中にいる」。モーガンは、「われわれは基本的に文化・教育施設として機能しているが、どの程度ワッツの社会的・経済的困難に向き合うことを望むのか？」と自問した。より具体的には、政府がおこなう貧困対策事業の資金や民間団体の基金を受け取ることに関心を持つべきなのか。[48]「子どもたちの食べるものも十分にないなかで、いったい誰がアートを必要とするのか？」ワッツの住民からそう問われたとき、モーガンには返す言葉がなかった。[49]

委員会が出した答えは、ワッツでの貧困と差別、社会的排除の問題から逃げるのではなく、タワーを地域復興の拠点とする、というものだった。センターは「貧困との戦い」のなかで「ティーン・ポスト」と呼ばれる十代向けレクリエーション事業のスポンサーとなり、資金をもとにアートの授業を拡大した。その決意を表明し、全米芸術基金（NEA）に資金援助を求める際に次のように語っている。自分たちはタワーを保存し、維持することに力を入れてきたが、自分たちの責任はそれ以上のものである。ワッツ地区は資力に乏しく、企業が提供するのは「ビリヤード場と酒場だけ」であり、自治体のサービスとしてあるのは「小さな図書館と最低限の施設を備えた公園だけ」である。タワーがワッツの中心になってきたのは、ただ最も高く人目を引く建造物だというだけではない。「何万人もの人々に尊ばれる宝物」だからだ。ワッツ・タワーでは、人種差別に満ちた争いの両側に立つ、傷を負った人々が出会う。「サイモン・ロディアの偉大な傑作の、アーチ状の助材と宝石で覆われた塔に包まれると、それぞれが畏敬の念と創造性をともに体験していることがわかる」。こうして差別される側もする側も、同じ人間であるという当たり前の事実をタワーが教えてくれるのだ。[50]

　ワッツ蜂起後タワーを訪れる人の数は急激に減り、入場料を主な財源としていたアート・センターの活動は一時的に休止を余儀なくされた。先述のピューリフォイと同僚のジャドソン・パウエルは、センターでの仕事を失うなか、蜂起の一年後に開催されるアート・フェスティバルで作品展示をおこなうことを決意する。彼らは全米芸術基金の支援のもと、六人の友人のアーティストの助けを得て、わずか三十日間で六十六の作品を完成させた。材料は蜂起後の街中にあふれた瓦礫だった。「六十六のネオンサイン」と命名されたその展示について、ピューリフォイは次のように語る。「八月の出来事〔ワッツ蜂起を指す：引用者注〕の間、われわれは暴動と略奪と放火を愕然とした思いで眺めていた。まだ瓦礫が燻るなか、焼け跡に入り、瓦礫を掘り出しては、なぜかそれに取り憑かれていた」。ワッツはあらゆる方向を見ても、「高く積み上げられた廃品《ジャンク》のただなか」にあった。「ワッツの主要な産業は廃品《ジャンク》だった！」[51]「ネオンサイン」と命名された作品では、溶けたネオン管のリード線を使ってアッサンブラージュを製作し、これらの廃品《ジャンク》が何を意味するのかを見ている側に問うた。ロディアがそこらへんに転がるもの――割れたガラスや壊れた陶器、貝殻などを用いてタワーを築いたように、ピューリフォイらは蜂起後の街に散乱していた瓦礫を材料に作品群を作り上げたのである。

それだけではない。ピューリフォイらは、ワッツの街そのものが「豊かな社会」となったアメリカのなかで廃品《ジャンク》のように扱われ、見捨てられてきたことを告発した。パウエルによれば、「六十六のネオンサイン」は、ワッツがあまりにも否定的なイメージで語られてきたことへの答えであり、破壊を創造の契機に変えるものだった。(52)住民の怒りと絶望と、血が刻まれた瓦礫を用いたアートは、ロスアンジェルスとアメリカ社会の恥部を白日のもとにさらすために、人々の心をとられるアートとなったのである。それはイタリア系アメリカ人のロディアが生み出したワッツ・タワーが、黒人住民たちのアート創造の場に変わるモメントでもあった。「廃品《ジャンク》」は翌年、翌々年のフェスティバルでも展示されることになった。

おわりに

蜂起後、ワッツ・タワーの訪問客数は急激に落ち、タワーの入場料に頼っていた委員会は単独でタワーを保存・修復するのが困難となった。一九七五年、委員会は十六年にわたる活動の末、タワーをロスアンジェルス市に譲渡した。(53)

一方、細々と続けられていたアートの授業は、一九七〇年にワッツ・タワー・アート・センター（WTAC）がつくられたことでスペースを確保し、今日まで活発な活動を続けている。また、ワッツ・タワーの守り役として、タワーを訪れた人々にロディアとタワーの歴史を紹介するツアーをおこなっている。(54)それだけではない。絵画や彫刻、写真、音楽、ダンスなど多岐にわたるアートの授業を提供し、毎年九月末には隣接する広場を会場にジャズ・フェスティバルを開催し、ロスアンジェルス内外から多数の人々が訪れている。センターの責任者を務めるロージー・リー・フックスは、二〇〇九年までに約四百人の視覚芸術家と五百人の音楽家が巣立っていったとその功績を語る。ワッツ出身の組合活動家によって創設された、雇用、住宅、教育、レクリエーションや公園建設などの事業など幅広い事業をおこなうワッツ労働コミュニティー活動委員会（WLCAC）と並び、WTACはワッツ住民にとって「灯」のような存在である。(55)半世紀にわたって文化の創造・発信の場としての役割を担ってきたセンターには、「社会的使命」がある、とフックスは述べる。「彼ら〔ワッツの人々：引用者注〕は子どもたちを送り込めばいつでも、そこで軽食を得られると知っている。子どもたちもそのことがわかっている」(56)

ワッツ・タワー・アート・センターでは二〇一五年二月二十二日から、「五十年、でもまだ息ができない（50 Years, and I Still Can't Breathe）」と題した展示が始まった。当初一年間の予定だったこの展示は、好評により延長となり、一六年八月七日まで一年半にわたり開催された。この展示会ではワッツ蜂起五十周年を記念する作品が展示されたが、その作品の半数近くは、実のところ近年大きな問題として取り上げられている、白人警官による黒人青年への残虐行為を問うものだった。(57)

コレクションのなかでおそらく最も人目を引くのは、正面入ってすぐの場所に横たわる黒い彫刻だろう。このトニ・スコットによる『警察の手による死』（二〇一五年）（図5）では、漆喰を塗られた黒人男性を思わせる身体が、木板の上に、手は頭の上で紐で縛られ、口にはテープが巻かれ、そのテープには「息ができない」という文字が書かれている。「息ができない」とは、二〇一四年七月十七日にニューヨーク市で、警察官によって背後から首締めにされて殺された四十三歳の黒人男性エリック・ガーナーが最期に何度も繰り返した言葉である。胸には、標的となる印（赤丸）が描かれる。木板には「警察に監禁されている間に命を落とした何名かの有色人種の人々、一九九九―二〇一四年」との文字があり、そこに八十二人の名前と年齢、亡くなった年が続く。七番目には一四年八月九日にミズーリ州ファーガソン市で白人警官の手によって殺された十八歳のマイケル・ブラウンの名が刻まれていた。一四年十一月二十四日、ブラウンを射殺したダレン・ウィルソンを不起訴とする決定が下されるや否や、三十七以上の州で大規模なデモが巻き起こり、その抗議デモ隊を、ライフル銃と防弾チョッキを纏い、催涙ガスを放つ重装備の警官が取り締まる姿は、「カラーブラインドな」はずのアメリカ社会がいかに人種によって形づくられているのかを再確認させたものとして記憶に新しい。[58]「黒人が警察の残虐行為の標的になっているかどうかは、ここに挙げられている人数を見て決めよ[59]」とスコットは見る者に迫る。

図5　トニ・スコット『警察の手による死』2015年　トニ・スコット氏提供（2016年9月26日）

スコットの作品を通して、ワッツ蜂起の歴史と、警察による黒人へのレイシャル・プロファイリングという現在が結び付く。イタリア系移民のロディアがタワーの建設に着手した頃、多様な人種集団に属する労働者が街を形づくっていたワッツ。一九六〇年代半ばには「人種暴動の地」となり、今日ではラティーノと黒人住民が織りなす街となった。(60) ワッツの街は時とともに変わり、タワーそのものは時を経て古びていく。しかしそのスピリットはワッツのアーティストや活動家、住民の手によって継承され、語り継がれ、〈いま〉と結び付く。ロディアのタワーに刻まれた歴史は、鋼に埋め込まれたガラスやタイルが陽光を反射して瞬くように、ワッツとワッツに生きる人々の〈いま〉を照らし出すのだ。

注

（1）"A Hidden Treasure Struggles in Los Angeles," *New York Times*, February 7, 2011.

（2）Roger Cardinal, *Outsider Art*, Studio Vista Publishers, 1972; John Maizels, *Raw Creation: Outsider Art and Beyond*, Phaidon, 1996. デイヴィド・マクラガン『アウトサイダー・アート——芸術のはじまる場所』松田和也訳、青土社、二〇一一年。フィリップ・ブルックマンとピーター・ボズウェルによれば、ワッツ・タワーは「カリフォルニアにおけるアッサンブラージュの先駆け」でもある。Philip Brookman, "California Assemblage: The Mixed Message," in *Forty Years of California Assemblage*, ed., Wight Art Gallery, University of California, Los Angeles, 1989, pp.72-88; Peter Boswell, "Beat and Beyond: The Rise of Assemblage Sculpture in California," *Ibid.*, pp.65-72.

（3）Luisa Del Giudice, "Sabato Rodia's Towers in Watts and the Search for Common Ground," in *Sabato Rodia's Towers in Watts: Art, Migrations, Development*, ed., Luisa Del Giudice, Fordham University Press, 2014, p.15.

（4）Sarah Schrank, *Art and the City: Civic Imagination and Cultural Authority in Los Angeles*, University of

Pennsylvania Press, 2009.

（5）Luisa Del Giudice, "Sabato Rodia's Towers in Watts: Art, Migration, and Italian Imaginaries," in *Sabato Rodia's Towers in Watts,* pp. 155-82; Joseph Sciorra, "Why a Man Makes the Shoes?: Italian American Art and Philosophy in Sabato Rodia's Watts Towers," in *Sabato Rodia's Towers in Watts,* pp.183-203. 二人の民俗学者I・シェルドン・ポーゼンとダニエル・フランクリン・ワードは、一九八五年の著作のなかで、ワッツ・タワーが南イタリアのノラで開催される祭り「ジーリ」に用いられるタワーと類似している、と指摘した。ロディアの出身地がノラに近いこと、ロディアがタワーとともに舟を制作したことから、ロディアは子ども時代に目にした「ジーリ」をワッツで再現しようと試みたのではないか、と推測した。ギウディィスらの研究はこの見解をふまえたものである。I Sheldo Posen and Daniel Franklin Ward, "Watts Towers and the Giglio Tradition," in *Folklife Annual 1985,* American Folklife Center at the Library of Congress, 1985, pp.143-157.

（6）Kazuyo Tsuchiya, *Reinventing Citizenship: Black Los Angeles, Korean Kawasaki, and Community Participation,* University of Minnesota Press, 2014, p.6, pp.179-180.

（7）Laura Pulido, *Black, Brown, Yellow, and Left: Radical Activism in Los Angeles,* University of California Press, 2006; Scott Kurashige, *The Shifting Grounds of Race: Black and Japanese Americans in the Making of Multiethnic Los Angeles,* Princeton University Press, 2008; Shana Bernstein, *Bridges of Reform: Interracial Civil Rights Activism in Twentieth-Century Los Angeles,* Oxford University Press, 2011; Natalia Molina, *How Race Is Made in America: Immigration, Citizenship, and the Historical Power of Racial Scripts,* University of California Press, 2014. なお、本章の執筆に先立ち、東京大学大学院総合文化研究科地域文化研究専攻主催研究集会（二〇一六年九月二十七日、東京大学駒場キャンパス）で報告した際にフロアの方々から有益なコメントをいただいた。ここに記して感謝の意を表したい。

（8）Bud Goldstone and Arloa Paquin Goldstone, *The Los Angeles Watts Towers,* Thames and Hudson, 1997, pp.27-42; Interview with Rodia's Neighbors, by Bud Goldstone, Long Beach, California, 1963, in *Sabato Rodia's Towers in*

Watts, p.412.

(9) Goldstone and Goldstone, *The Los Angeles Watts Tower*, p.35.

(10) "The Watts Towers," *Los Angeles Times*, April 24, 1960; Thomas Harrison, "Without Precedent: The Watts Towers," in *Sabato Rodia's Towers in Watts*, p.93; Goldstone and Goldstone, *The Los Angeles Watts Towers*, pp.11-12.

(11) Ibid., p.41.

(12) Edward Landler and Brad Byer, *I Build the Tower*, Bench Movies, 2006; Joseph Sciorra, "Why a Man Makes the Shoes?," p.196; Interviews with S. Rodia, by Norma Ashley-David (with Jonathan David), transcript, Martinez, California, March [1964?], in *Sabato Rodia's Towers in Watts*, p.398.

(13) Goldstone and Goldstone, *The Los Angeles Watts Tower*, p.37.

(14) Interview with Simon Rodia, by William Hale and Ray Winsniewsky at the Towers Site, Standing Outside Rodia's House, 1953, in *Sabato Rodia's Towers in Watts*, p.362.

(15) Mrs. Mollie Siegel to Mr. Paul Coates, KTTV, Channel 11, August 26, 1959, Folder 9, Box 1, Committee for Simon Rodia's Towers in Watts Records.

(16) Interview with S. Rodia, by Nicholas King, Martinez, California, September, 1960 in *Sabato Rodia's Towers in Watts*, p.416, p.418.

(17) Conversation with Sam Rodia, by Mae Babitz and Jeanne Morgan, Martinez, California, September 1960 in Ibid., p.367.

(18) Harrison, "Without Precedent: The Watts Towers," p.92. 行方不明だったロディアがカリフォルニア州コントラコスタ郡マーティネズで存命であることがわかり、委員会のメンバーのジーン・モーガンらがロディアを訪問したのは一九六〇年十月のことだった。

(19) Goldstone and Goldstone, *The Los Angeles Watts Towers*, p.84; Sarah Schrank, "Nuestro Puebl" in *Sabato Rodia's Towers in Watts*, p.266.

(20) W. G. Pearson, Principal Building Inspector to the Honorable Board of Building and Safety Commissioners, June 4, 1959, Folder 2, Box 2, Committee for Simon Rodia's Towers in Watts Records.

(21) タワーは「危険な建造物」であり、「公共の迷惑」であり、修繕の見込みもないことから取り壊しの対象とされるべきだ、と主任検査官のW・G・ピアソンは主張した。Ibid.

(22) Committee For Simon Rodia's Towers in Watts, *The Watts Towers,* Committee for Simon Rodia's Towers in Watts, n.d., p.10.

(23) Memo, Henry A. Kehler, Jr. to the editor of Los Angeles Times, May 25, 1959, Folder 9, Box 1, Committee for Simon Rodia's Towers in Watts Records. 住民のジューン・ウェインも「無意味なほど熱心で「おせっかいな」建築基準の解釈によって」市の財産が破壊されることに抗議する、と市議会議員のレモイン・ブランドハードに対して陳情をおこなった。Memo, June Wayne to Council man Lemoine Blanchard, July 3, 1959, Folder 9, Box 1, Committee for Simon Rodia's Towers in Watts Records.

(24) "Notice of Hearing, Regarding the property known as N. 1765-69 East 106th Street, File No. X46474," June 18, 1959, Folder 2, Box2, Committee for Simon Rodia's Towers in Watts Records.

(25) "Resolution," n.d., Folder 3, Box 1, Committee for Simon Rodia's Towers in Watts Records.

(26) Committee for Simon Rodia's Towers in Watts, *The Watts Towers,* p.1.

(27) "Please Don't Tear Down the Towers," n.d., Folder 3, Box 1, Committee for Simon Rodia's Towers in Watts Records.

(28) Ulfert Wilke, Visiting Professor, Claremont Summer Session, "To All Wilke Students," July 10, 1959, Folder 9, Box 1, Committee for Simon Rodia's Towers in Watts Records.

(29) Memo, July 1, 1959, Folder 3, Box 1, Committee for Simon Rodia's Towers in Watts Records.

(30) Goldstone and Goldstone, *The Los Angeles Watts Towers,* p.92; Memo, J. M. English to Watts Tower Committee, September 30, 1959, Folder 1, Box 29, Committee for Simon Rodia's Towers in Watts Records; Memo, Kenneth

Reiner, Friend of the Watts Towers, to the Watts Towers Committee, Sponsors and Friends, October 2, 1959, Folder 1, Box 29, Committee for Simon Rodia's Towers in Watts Records.

(31) Goldstone and Goldstone, *The Los Angeles Watts Towers,* pp.95-96; "Towers Are Articles of Simon Rodia's Faith," *Los Angeles Times,* October 11, 1959; "Bizarre Watts Towers to Be Opened to Public," *Los Angeles Times,* December 11, 1959.

(32) "Simon Rodia's Towers in Watts: A Photographic Exhibition by Seymour Rosen," Sponsored by the Contemporary Art Council and the Committee for Simon Rodia's Towers in Watts, Los Angeles County Museum of Art, 1962, Folder 6, Box 29, Committee for Simon Rodia's Towers in Watts Records; Schrank, "Nuestro Pueblo," p.262.

(33) ワッツ地区の歴史については、MaryEllen Bell Ray, *The City of Watts, California: 1970 to 1926,* Rising Publishing, 1985; Gerald Horne, *Fire This Time: The Watts Uprising and the 1960s,* Da Capo Press, 1997, pp.23-42; Nathan E. Cohen, "The Context of the Curfew Area," in *The Los Angeles Riots: A Socio-Psychological Study,* ed., Nathan Cohen, Praeger Publishers, 1970, pp.41-80を参照。

(34) "What Publicity Did for Watts," *Los Angeles Times,* September 11, 1910.

(35) Cohen, "The Context of the Curfew Area," 43-44; Horne, *Fire This Time,* 27.

(36) Welfare Planning Council, Los Angeles Region, *Social Profiles: Los Angeles County,* Welfare Planning Council, 1965, sc, sc-15.

(37) "Simon Rodia, 90, Builder of Fames Watts Towers, Dies in Martinez," *Los Angeles Times,* July 19, 1965; "Homage to Simon Rodia," *Los Angeles Free Press,* July 23, 1965.

(38) The Governor's Commission on the Los Angeles Riots [McCone Commission], "Violence in the City: An End or a Beginning?," in *The Los Angeles Riots: Mass Violence in America,* comp. Robert M. Fogelson, Arno Press and the New York Times, 1969; Robert M. Fogelson, "White on Black: A Critique of the McCone Commission Report on the Los Angeles Riots," in *The Los Angeles Riots: Mass Violence in America,* p.113.

(39) "DA Discloses New Riot Cause," *Los Angeles Times*, October 28, 1965.

(40) "Riot Leaves Sense of Hopelessness," *Los Angeles Times*, October 17, 1965.

(41) Tsuchiya, *Reinventing Citizenship*, pp.72-78.

(42) "Is Watts Being Helped? Yes --- but It's Hard to See," *Los Angeles Times*, August 11, 1966.

(43) "2 Years Later, Watts an Economic Wasteland," *Los Angeles Times*, October 8, 1967; "Watts Five Years Later --- Did Riots Change Conditions?," *Los Angeles Times*, August 30, 1970.

(44) Thomas Pynchon, "A Journey into the Mind of Watts," *New York Times*, June 12, 1966; Schrank, *Art and the City*, pp.156-157.

(45) Leon Whiteson, "International Forum for the Future of Sam Rodia's Towers in Watts," *Los Angeles Herald Examiner*, June 13-15, 1985.

(46) Committee for Simon Rodia's Towers in Watts, "Proposal to the National Endowment for Arts and Humanities," 1968?[sic], Folder 1, Box 2, Committee for Simon Rodia's Towers in Watts Records; "Second Bibliographical Newsletter Report about Current Events," June 1962, Folder 1, Box 2, Committee for Simon Rodia's Towers in Watts Records; "Children Exhibit Art to Help Watts Towers," *Los Angeles Times*, August 28, 1961.

(47) Ibid.; "Homage to Simon Rodia," *Los Angeles Free Press*, July 23, 1965.

(48) Memo, Jeanne Morgan, Executive Director to Board Members and Co-Workers of Sam's Committee, November 24, 1965, Folder 2, Box 30, Committee for Simon Rodia's Towers in Watts Records.

(49) Jeanne S. Morgan, "Fifty Years of Guardianship: The Committee for Simon Rodia's Towers in Watts (CSRTW)," in *Sabato Rodia's Towers in Watts*, p.229.

(50) Committee for Simon Rodia's Towers in Watts, "Proposal to the National Endowment for Arts and Humanities."

(51) 66 Signs of Neon with the assistance of American Cement Corporation for Los Angeles, "66 Signs of Neon," n.d., 66 Signs of Neon, Los Angeles, Folder 6, Box 2, Committee for Simon Rodia's Towers in Watts Records; Committee for

Simon Rodia's Towers in Watts, "Proposal to the National Endowment for Arts and Humanities."

(52) "Artists in Conversation: R. Judson Powell, John Outterbridge, Charles Dickson, Betye Saar, Kenzi Shiokava, Augustine Aguirre, Artist's Panel Moderated by Rosie Lee Hooks (Saturday, October 23, 2019, 121 Dodd Hall, UCLA)," in *Sabato Rodia's Towers in Watts,* p.315; Noah Purifoy, *African-American Artists of Los Angeles,* oral history transcript, interview by Karen Anne Mason, Oral History Program, UCLA, 1992, pp.43-44.

(53) Jeanne S. Morgan, "Fifty Years of Guardianship," in Ibid., pp.229-230; "Quick Facts on the Watts Towers," n.d., Department of Cultural Affairs, City of Los Angeles. 委員会はタワーを市に譲渡する際、委員会の承認なしにタワーの表面に影響を与えるいかなる行為もおこなわない、という誓約文を市に書かせた。この委員会と市との取り決めによって、委員会はその後もタワーの保存と修復を見守り続けた。一九七七年末から七八年初頭にかけて、「数百年に一度」レベルの暴風雨によりタワーが損傷を受けた際、市の芸術振興課は、地元ゲッティ・ミュージアムやロスアンジェルス・カウンティ美術館の協力を得て保存計画を策定した。しかし市の公共事業局が修復作業をおこなった際、担当者がこの計画に従わずに「粗野な修復」──取れかかっている飾りをこすり取り、地面に落とすなど──をおこなったため委員会は市を相手取り訴訟を起こした。結果、委員会はタワーを市ではなくカリフォルニア州に譲渡し、州はタワーを州立歴史公園に認定する一方、修復のための資金を市に提供する、そして市がタワーの修繕を進めるという取り決めが委員会、州、市の間で結ばれた。Goldstone and Goldstone, *The Los Angeles Watts Towers,* pp.99-103.

(54) "Public Tours of the Watts Towers of Simon Rodia," n.d., Watts Towers Arts Center, Los Angeles.

(55) WLCAC の活動については以下を参照。Tsuchiya, *Reinventing Citizenship,* pp.99-106.

(56) "Artists in Conversation," in *Sabato Rodia's Towers in Watts,* pp.311-312; "50 Years and I Still Can't Breathe: Remembering the 50th Anniversary of the 1965 Watts Rebellion and Now, February 22, 2015 - February 28, 2016," n.d., Watts Towers Arts Center, Los Angeles.

(57) Ibid.

(58) United States Department of Justice, Civil Rights Division, *Department of Justice Report Regarding the Criminal Investigation into the Shooting Death of Michael Brown by Ferguson, Missouri Police Office Darren Wilson*, U.S. Department of Justice, 2015, pp.14-15; United States Department of Justice, Civil Rights Division, *Investigation of the Ferguson Police Department*, U.S. Department of Justice, 2015, p.2, p.4, pp.9-15. 藤永康政「ファーガソンの騒乱——「監獄社会」と21世紀の人種主義」、「アメリカ史研究」編集委員会編「アメリカ史研究」第三十八号、日本アメリカ史学会、二〇一五年、九七—九八ページ。

(59) スコットの作品が訴えるように、ファーガソンの事件は氷山の一角にすぎない。ニューヨーク州検察官の調査によれば、黒人が尋問を受ける確率は白人の六倍にのぼる（しかし逮捕率は白人より低い）。こうしたレイシャル・プロファイリングは、黒人住民の間に警察、司法制度への不信を育むだけではない。ミシェル・アレクサンダーが明らかにしたように、アメリカ社会で一度でも犯罪者の烙印を押されれば、公的な場から締め出される（つまり、選挙権を剥奪され、雇用、教育、住宅、福祉の現場で差別され、陪審員制度から締め出される）。アレサクンダーが、レイシャル・プロファイリングを「ジムクロウ制度に極めて似た驚くほど徹底して隠蔽された、人種化された社会統制」と呼ぶゆえんである。Michelle Alexander, *The New Jim Crow: Mass Incarceration in the Age of Colorblindness*, New Press, 2012, p.2; Eduardo Bonilla-Silva, *Racism without Racists: Color-blind Racism and the Persistence of Racial Inequality in America*, 4th ed., Rowman & Littlefield, 2014, p.3, p.16. 村田勝幸『アフリカン・ディアスポラのニューヨーク——多様性が生み出す人種連帯のかたち』彩流社、二〇一二年、一八六—一八七ページ、大森一輝『アフリカ系アメリカ人という困難——奴隷解放後の黒人知識人と「人種」』彩流社、二〇一四年、九—一二ページ。こうしたレイシャル・プロファイリングの背景には、失業率の上昇、貧困の集中、教育・住宅面での格差の拡大、犯罪率の上昇があることはいうまでもない。歴史家ジョージ・リプシッツの言葉を借りれば、マイケル・ブラウンの命を突然奪った暴力は、「緩慢な暴力」のただなかで起きたのである。Jake Halpern, "The Cop," *The New Yorker*, August 10 & 17, 2015, p.51; George Lipsitz, "From Plessy to Ferguson," *Cultural Critique* 90 (Spring, 2015): p.123.

(60) 二〇一〇年センサスでは、ワッツ・タワー周辺（郵便番号九〇〇〇二地区）の人種構成は「ヒスパニックまたはラティーノ（すべての人種集団を含む）」が七三・四パーセント、「黒人またはアフリカ系アメリカ人」は二五・六パーセントである（http://factfinder.census.gov/faces/tableservices/jsf/pages/productview.xhtml?src=CF［アクセス二〇一六年九月二十三日］）。

第10章　カタストロフィーを超えて立つ武術家の表象
――天安門事件後の徐克《ツイ・ハーク》と映画『ワンス・アポン・ア・タイム・イン・チャイナ』シリーズ

村井寛志

はじめに

カタストロフィーという言葉を、天災・人災にかかわらず、ある社会内部の努力ではどうにもならないような、強大かつ外的な力がはたらくことでもたらされる破滅的な社会変動として捉えるならば、一九八〇年代から九〇年代前半の香港では、イギリスから中華人民共和国への主権の「返還」とは、まさにそのようなイメージで予感されるものだった。

イギリスのマーガレット・サッチャー首相の訪中から始まる中英交渉の結果、一九八四年に中英共同宣言が発表されるが、これにより、新界地域の租借期限が切れる九七年をもって、香港島と九龍半島南端の割譲部分を含めた「香港」全体に対する主権が、イギリスから中国に返還されることが明らかになった。この「九七年問題」は、そもそも共産主義中国から逃れてきた難民を多数抱える社会だった香港の住民に大きな不安感を与えた。そんな状況のなか、さらに八九年六月四日の（第二次）天安門事件で中国大陸の民主化運動が武力で弾圧され、数百から数千といわれる死者を出したことで、香港住民の不安は極点に達した。

実際には一九九七年七月一日の香港返還はきわめて平穏におこなわれ、少なくとも、すぐにそれとわかる形で香港社会を揺るがす大変動をもたらすということはなかった。その意味では、返還＝カタストロフィーという予感は不発に終わったといえる。とはいえ、八〇年代前半に明らかになる「香港返還」の決定や八九年に起こった天安門事件は、香港住民に巨大な衝撃を与えたという意味で、それ自体がカタストロフィー的な事件だったともいえる。

天安門事件はもちろん香港で起こったのではなく、香港に直接的な被害をもたらしたわけでもない。にもかかわらず、このとき中国政府への抗議運動に参加した香港市民は百万人にのぼったとされる。事件の犠牲者に対する追悼は、その後も香港人の集合的記憶となり、毎年六月四日には数万人の参加者を集める追悼集会が催されている(1)。これは、中国大陸で事件についての情報が厳しく統制され、事件についての記憶が封印されているのと対照的であり(2)、返還を前にした香港住民にとっての事件の衝撃の大きさを物語っている。

また、天安門事件は返還に不安を持つ人々の対外移民の増加傾向を加速させた。対外移民の数は一九八〇年代にはおおむね年間二万人前後で推移し、八七年頃からすでに増加傾向に転じていたが、天安門事件の前後では八九年の四万二千人から九〇年には六万二千人へと急増した。八四年から返還まで、実に香港人口の一割が海外に移住している(3)。

このように、天安門事件は香港住民に対してきわめて大きな衝撃を与えたものだったが、映画に関していえば、この事件に直接触れた作品は多くない。返還前の香港では、イギリスの植民地統治を批判する作品はもちろんのこと、「香港と隣接地区（主として中国大陸が想定される）の友好関係を破壊する恐れがある」映画までも検閲の対象となった。これは香港映画が極端に娯楽中心的なものとなった一因でもあり、このため、「香港ではは っきりした政治映画というジャンルは成立せず、映画における政治的表現は、さまざまな異なるジャンルの映画のなかにひそかに込めるしかなかった」[4]。そこでは、一見無関係な主題を扱いながら、政治的な寓意を込めるスタイルが発達した。例えば陳家楽と朱立は、一九八九年から九〇年代初頭の香港映画で、天安門事件を迂回的に描くやり方として、①ヴェトナムやフィリピン共産党の暴虐・独裁を語ることで、中国共産党についてほのめかす、②作中に天安門事件のテレビニュースが流れるシーンを加える、③文化大革命が生んだ歴史的な傷跡に仮託する、という三通りの方法があったとしている[5]。

直接天安門事件には関わらなくとも、「九七年問題」は香港映画のさまざまな作品に影を落とし、一九八〇年代以降の香港映画の多くの作品には、返還に関わるさまざまな寓意がちりばめられている。本章では、その具体例として、八〇年代から九〇年代の香港映画界にさまざまな革新をもたらした監督徐克《ツイ・ハーク》について、天安門事件が彼に与えた衝撃と、それを受けたうえで中国とどのように向かい合うべきかという課題に対する彼の模索を、『ワンス・アポン・ア・タイム・イン・チャイナ』シリーズの最初の三作品から解読を試みる。それによって、「九七年問題」に対する当時の香港映画界からの応答の一つのあり方を明らかにしたい。

1　天安門事件と徐克

徐克《ツイ・ハーク》（一九五一―）はヴェトナムの華僑家庭の出身で（原籍：広東省海豊）、一九六六年に香港に移住して中等教育を受け、六九年にアメリカに留学、テキサス大学オースティン校で映画の勉強をした後、七七年に香港に戻り、テレビ・プロデューサーを経て七九年に『蝶変』で映画監督としてデビューした。初期の作品はグロテスクさとペシミズムを前面に出した実験的なものだったが、四作目以降商業主義に転じ、八四年に自らの映画会社である電影工作室を設立すると、監督以外に制作も手掛け、ノワール、武侠、カンフーといったアクションものからオカルト、コメディーまで、多彩な分野で次々とヒット作を送り出した[6]。

一九八九年の天安門事件の際に徐が撮影していたのは、『アゲイン／明日への誓い』（原題《英雄本色Ⅲ夕陽之歌》、監督：徐克、一九八九年。以下、『アゲイン』と略記）である。この作品は、香港ノワールというジャンルを切り開いたヒット作『男たちの挽歌』（原題《英雄本色》）シリーズの三作目にあたる（前二作は監督：呉宇森《ジョン・ウー》、制作：徐克）。周潤発《チョウ・ユンファ》演じる主人公と、銃撃戦と流血の嵐が吹き荒れる作風は変わらないが、ヴェトナム戦争終結直前の七四年のサイゴンと香港を舞台にした、このシリーズから独立した作品とも見なせる内容である。ヴェトナム戦争末期、ヴェトナム華僑の叔父を香港に逃がすために戦火が迫るサイゴンに来た主人公マーク（周潤発）といとこの志民《マン》、そしてマフィアの女幹部・周英傑《キット》（梅艶芳《アニタ・ムイ》）を中心に物語が展開する。

作中、香港への避難をしぶる叔父と説得するマークとの間で次のようなやりとりがなされる。

叔父「戻ってどうするんだ。一九九七年には大陸が香港を回収する。そのときになったらまた戻ってくることになるんじゃないか。ヴェトナムはもう何年も戦争をしていて、いまだって同じでどうってことないんじゃないか」

マーク「叔父さん、まだ今年は一九七四年で、一九九七年までは二十何年もあるよ。まだずいぶん先のことだよ。どうせ一緒なんだったら、戻ってみませんか」

結局叔父は南ヴェトナムを出る際にサイゴンで営んでいた薬材店の看板を役人に壊される（移住先で苦労して築いたものを失う）などのつらい思いを強いられたあげく、香港・ヴェトナムを股にかけるマフィアに殺されてしまう。父の遺影を前にして志民は、「こんなに苦労して香港に連れてきたのはいったい何のためだったんだ。

あっちにいればまだ平穏に過ごせたのに、こっちに来たせいで……」と泣きながら後悔の念を吐露する。

前述の会話中に表れる一九九七年の香港返還についての言及は、迫りくる共産党統治からの避難としての、香港から海外への移民の是非という問いを重ね合わせることを意識したものだろう。一方で、逃げた先もまた安住の地でない、逃亡から逃亡へという構図は、自身がヴェトナムから香港へ戦火を逃れて移住したという徐の経歴を想起させる。

天安門事件との関係についていうと、先述の陳と朱による香港映画における天安門事件についての政治的隠喩の分類では、『アゲイン』は一番目の「ヴェトナムやフィリピン共産党の暴虐・独裁を語ることで、中国共産党についてほのめかす」の例として挙げられている。厳密にいえば『アゲイン』で学生のデモ隊に発砲するのはヴェトナム共産党ではなく南ヴェトナム軍の側であるが、作品の随所に挿入される、腐敗政権の打倒を叫ぶ学生のデモ隊に南ヴェトナム政府軍が発砲するシーンや、終盤での主人公たちを追い詰める戦車の登場などは、天安門事件を強く連想させるものである。[7]

一方、徐自身は、撮影中に天安門事件の知らせを聞いたことについて、次のように語っている。

「パート3」〔『アゲイン』：引用者注〕の製作の最後の段階にさしかかっているとき、天安門事件が起きた。非常にいやな体験だった。私たちは撮影をしながら、自分の感情をどうコントロールしていいかわからなかった。もちろん、脚本もセリフもこの事件よりもずっとまえに書かれたものだし、ベトナムでの撮影はすべてすんで、香港ではじめの戦闘シーンを撮っていたときだった。あと、二、三日で撮影完了という段階だったけど、映画の内容は、天安門事件の現実に、あまりに似かよっていた。ほとんど同じ状況がそこにあった。まるで悪夢のなかに生きているような気分だった。だが、幻想でなく現実だった。とても混乱し、出演者たちも落ちこんでしまった。私たちは腕に黒い喪章を巻いて撮影を続けた。[8]（傍線は引用者）

前記のインタビューで徐は、作中の天安門事件を連想させる個所はたまたま「似かよっていた」だけであるとして、事件の作品への影響を暗に否定しているように見える。真相はわからないが、弾圧事件発生以前から徐や電影工作室のスタッフたちは北京の民主化運動に関心を寄せていたことは確かで、いずれにせよ何らかの政治的寓意であったことは間違いないだろう。

事件二日後の六月六日、徐をはじめとする電影工作室のスタッフは、雑誌『九〇年代』のために座談会を開いている。そこでの徐の発言は、事件が彼に与えた影響を伝えている。徐は、事件以前から「北京の学生が民主化を要求していたので、みな精神面で参加しなくてはならないと感じた。なぜなら今回のことは特別な意義があるからだ」とし、そこで五月四日に香港のチャーター公園で開かれた支援集会に参加し、大きな感銘を受けたと語っている。

私がいちばん感動したのはみながこのように国のことに対し関心を持っていることだ。もともと多くの人が九七年〔香港返還：引用者注〕問題についてもう諦めてしまっていて、死を待つような感じの者までいて、何かを要求するような力があるようにも見えなかった。(9)

六月四日の事件発生後は、中国の政権に対して抱いていた幻想を失ったという友人のなげやりな態度に、「何ができるかなんて言うな。何かやらなければいけないんだ。北京ではたくさんの人が戦車の前に立ち、身をもって阻止しようとした。彼らの最終的な犠牲がすべての中国人を変えた。覚えておこう。今日からは何でも考えなくてはならないし、何でもしなくてはならない(10)」と答えたという。既述のように、天安門事件をきっかけに香港を離れる移民ブームが加速するのだが、徐において、むしろ事件の発生は、かえって中国の問題に香港人がいかに関わるべきかという問題意識をより鮮明に示すきっかけになったようだ。

しかし一方で、以下のようにも述べている。「暴虐な政権を打倒したいと思ってる人もいるけど、別の政権が出てきたとしても同じになるんじゃないだろうか。我々は上のほうの人間に世界の各方面のことを理解させなくてはならない」。徐克はさまざまな作品やインタビューの随所で、運命は変えることができないという価値観を語っている。彼にとっての問題は、大枠としての運命を受け入れたうえで、そのなかでどう振る舞うかということにあるのだろう。

天安門事件以後に徐克が撮った作品で、清末という時代を背景に、地域性を背負った主人公が中国の歴史の舞台のなかで活躍するさまを描いた『ワンス・アポン・ア・タイム・イン・チャイナ』シリーズは、香港人として中国にどう関わるかという問題意識をめぐる寓意が盛り込まれた作品になっている。次節以下で詳細を見ていきたい。

2 地域的英雄《ローカル・ヒーロー》と国民的英雄《ナショナル・ヒーロー》の間――『ワンス・アポン・ア・タイム・イン・チャイナ』

本節表題のシリーズ第一作（原題《黄飛鴻》、監督：徐克、一九九一年。以下、『ワンス1』と略記）では、主人公・黄飛鴻が十九世紀末の広東省仏山を舞台に、中国人労働者をだましてゴールドラッシュに沸くアメリカに送り込むアメリカ商人や、それと結んで悪事をはたらく地元ギャング、困窮からその手先となった武術家らを次々と倒していく。武術家でもある李連杰《ジェット・リー》を起用しながら、ワイヤー・ワークによるアクロバティックな格闘シーンなど、武侠映画の要素を多く取り入れた、軽快でスピード感がある作品である。興行的にも大ヒットし、以後一九九七年までにシリーズ六作品が撮られた。

主人公・黄飛鴻（一八五六―一九二五。生年については諸説あり）は広東省南海県仏山鎮（現・仏山市）出身で（図1）、清朝末期から民国時期の広州で、武術を教えながら漢方医として開業していた実在の人物である。黄の生涯に関しては確かな歴史史料がほとんど残されていないが、黄の死後、武館（道場）の師弟関係などのネットワークや、孫弟子にあたる朱愚齋による小説化を通じて理想の武術家としての像が形成されていった。その後、香港に渡った弟子や家族も関わる形で、一九四九年に最初の黄飛鴻映画として『黄飛鴻正伝』上下集が香港で制作された。以後九六年までの間に百を超える数の黄飛鴻をテーマとした映画が作られ、映画以外にもラジオ劇、テレビドラマなどさまざまな媒体の題材となった(11)。史実として黄自身が香港と関係があったわけではないが、絶えず変化し続ける彼のイメージは、さまざまな時期の香港文化や香港人の精神状態を表す、香港のアイコンであるという評価さえある(12)。

図1　広東省仏山市祖廟博物館内にある仏山黄飛鴻紀念館
（出典：筆者撮影、2016年9月）

古典的な黄飛鴻像は、町のヤクザや北方の武術家と闘い地域の社会秩序を守るリーダーというものであったのに対し、『ワンス1』が画期的だったのは、アクション面での演出に加え、黄の活躍が、西洋列強の侵略と国内的混乱に苦しむ清朝末期という、中国近代史の具体的な時期設定のなかで描かれていることだ。このことについて、徐は次のように語っている。

私たちは彼〔黄飛鴻：引用者注〕が清朝の時代の人物だということは知っているが、当時何年に何が起こったかも知らなかった。私は、彼をこうした時代背景と結び付けようと決めた。それは、こんなにも英雄的かつたくさんの英雄的なおこないをするキャラクターが、その当時の中国で進行していたことと何らの関わりも持っていなかったとは思えなかったからだ。

（略）

しかし私が抱えていた最も大きな障害の一つは、私が香港で勉強したということだ。ここ二十年間、我々は植民地の教育システムの下で勉強してきた。台湾と中国大陸の関係のため、学校では近代史について詳しく知ることを妨げられてきた。おそらくは次の世代の思想をコントロールしようとする植民地統治のやり方のせいなのだろう。（略）私は、機会があれば黄飛鴻を中国近代史のさまざまな事件と結び付けようと決めた。それがこの映画の英語タイトルを決めるときに *Once Upon a Time in China* としてはどうかと考えた理由である。*Once Upon a Time in China* が実は現在、あるいは未来のものでありうることを暗示しようとしたのだ。(13)

換言すれば、中国近代史という時代設定の強調は、香港人が植民地統治や冷戦構造によって中国近代史から遠ざけられてきたという認識のもとで、香港を国民的《ナショナル》／民族的な歴史に位置づけなおすことで脱植民地化を図るという問題意識によるものだった。

その意味で、『ワンス1』のオープニングは象徴的である。作品冒頭、皇帝の命令でヴェトナムに派遣される将軍・劉永福を見送る船上で広東式の獅子舞の演舞がおこなわれていたところ、爆竹に驚いた西洋艦船がこれに発砲し、驚いた舞い手が獅子頭を放り出してしまう。これを引き継いだ黄飛鴻は、見事に獅子舞を踊りきってみせる。

続く場面で、双眼鏡で港を眺めながら劉永福は述べる。「西洋の艦船がますます多く我が国の港に停泊している。香港は英国に割譲し、マカオはポルトガルに割譲し、ロシアが黒龍江を占領している。祖国すら守り通せないのに、私劉永福をヴェトナムに派遣し、よその土地でフランス軍と戦わせようとしている。ヴェトナムの人々は私が方の「わが郷土わが民［吾土吾民］」という扁額を見てどのように思うだろう」。そして自ら育てた水軍が解散させられた後は、彼らを民団（自警団）として組織して家と国を守ること［保家衛国］を黄飛鴻に託す。続く、テーマ曲「男児当自強」（男子たるもの強くなろうと励むべし）が流れるオープニングロールは、イギリス映画『炎のランナー』（原題 *Chariots of Fire*、監督：ヒュー・ハドソン、一九八一年）の冒頭を思わせる、砂浜を一群の男たちが疾走するシーンと、彼らが砂浜で集団で拳法の型を練習するシーンから構成される。

劉永福（一八三七―一九一七）は広東欽州の人で、太平天国期に広西で蜂起した天地会軍の首領だったが、太平天国滅亡後はヴェトナムに入って地方勢力としてフランスの侵入に抵抗、さらに日清戦争時、下関条約以後も台湾で日本に抵抗した人物であり、中国ナショナリズムの視点から英雄視されている人物である。『ワンス1』の冒頭のシーンは劉が清仏戦争後に広東に戻って広東南澳鎮総兵に任じられていた時期のものと思われるが（もっとも、だとしたら劉の転任先は台湾のはずだが）、歴史的事実はさておき、ここから読み取れるのは、抗仏・抗日の英雄である劉永福から黄飛鴻へ、黄から弟子たちへと、帝国主義から祖国／郷土を守る任務が継承されるという作品の前提である。ここでは黄飛鴻の物語が、単なるローカル・ヒーローによる勧善懲悪という次元を超えて、国民的／民族的英雄《ナショナル・ヒーロー》の物語へとつながっていることが暗示されている。

一方で、国家レベルのナショナリズムと対照的に、広東の地方文化が強調されている点も目を引く。冒頭の黄飛鴻が獅子頭を引き継ぐシーンで、この獅子舞は醒獅と呼ばれる広東の民俗文化であり（黄飛鴻映画では武術との関連が強調される）、それ以外にも、作中には伝統的なたたずまいを色濃く残す町並みや広東の伝統音楽である南音や粤劇など、初期の黄飛鴻映画から引き継がれた広東の民俗的風景を表す記号が多数ちりばめられている。『ワンス1』の世界観では、外国の侵略に対し朝廷／国家はほとんど頼りにならない状況で、主人公が守るべき〝国〟とは、実際には「吾土吾民」の言葉に示されるように、郷土であり身の回りの人々である。ナショナルな物語と接続しながらも、物語は仏山という地方都市でほぼ完結して描かれている。作中の「仏山」は、地理的には怪しげな点もあり、地名にあまり意味はない。単に広東の一都市を表す記号であり、香港の原風景として読み替えることも可能だろう。

冒頭のシーンで劉永福が黄飛鴻に後事を託すとき、劉は「不平等条約」が書かれてある扇子を黄に渡し、「私が戻ってきたときにはこれらの条約がすべて取り消されていることを願う」と語る。その扇子に書かれていたのは、具体的には一八六〇年に清―イギリス間の北京条約のなかの、とりわけ九龍半島南端のイギリスへの割譲を記した第六条の周辺の条文だった。この条約で割譲された九龍は、四二年の南京条約で割譲された香港島とあわせてイギリス領香港の中心部分となる。つまりこのシーンは、香港の起源を示すものとして解釈できる。

ちなみに、この扇子は後段で地元ギャング「沙河幇」の襲撃を受けた際に半焼してしまう。その際、「不」と書かれた部分が焼けて「平等条約」となるが、黄はこれに気づかず、劉からもらった扇子が焼けてしまったことでかえって不機嫌になってしまう。このくだりは、不平等条約による割譲という屈辱的な起源を持ちながら、その解消を喜べない香港人の心理に対する風刺となっているように見える。

この作品には、もう一つ全体を流れる基調として、清末という時代を背景にした中国文化と西洋文化の衝突というテーマが存在している。仏山の道を行く西洋人（兵士、宣教師）や写真、蒸気船などの新技術、洋食、洋装などの外来文化が全編に登場し、黄飛鴻ら登場人物が慣れない西洋文化に戸惑う様子がコミカルに描かれている。徐本人によれば、これには改革・開放政策へと舵を切って日の浅い同時代の中国大陸の人々の戸惑いを重ね合わせる意図があったというが(14)、そこにもまた、香港についての寓意を見ることも可能だろう。

図2　洋装で写真を撮ろうとする黄飛鴻たち
（出典：DVD『ワンス・アポン・ア・タイム・イン・チャイナ／天地黎明』ツイン）

黄飛鴻と西洋文化を媒介する役割を果たすのが、イギリス帰りでいつも写真を撮っている洋装の女性・十三姨《イ》（関之琳《ロザムンド・クワン》）である。十三姨と黄飛鴻は互いにひそかに恋愛感情を持っているが、実際は血縁関係がないものの形式的には親戚にあたるため（「姨」は母方の叔母）、黄は自らの感情を認めようとしない。この微妙な距離感がシリーズに華を添えているのだが、十三姨は〝中国的〟倫理に対し〝西洋的〟価値観をもたらす存在として描かれ、他の面でも、当初外来文化に否定的だった黄にその利点を説き、受容を促していく。

例えば、中盤のあるシーンでは、十三姨は黄に洋装を贈ろうとして寸法を測りながら、西洋の科学技術の利点などを説明し、黄に外国への興味を起こさせる。このとき、途中で黄は「不平等条約」が書かれた前述の扇を取り出して西洋の侵略を思い起こし、洋装を拒絶する。ところが、次のシーンではひそかに洋風のハット、サングラス、傘を身に着けて外出してみる。さらに、沙河幇に捉えられた十三姨を助けにいくシーンでは自転車に乗り、ラスト・シーンでは洋装で集合写真を撮ろうと試みてさえいる（結局失敗するのだが。図2）。黄に西洋文化を伝える十三姨、あるいはその影響で西洋的なものを取り入れる黄の姿に、西洋と中国を媒介する存在としての香港人の自己認識が見て取れるだろう。

『ワンス1』における香港の寓意として見逃せないのは、終盤の次のシーンだ。すべての悪が倒された後、清朝官僚（提督）が黄とともに外国船の停泊する港を見つめながらつぶやく。「いまや仏山もこんなに変わってしまって、ついていけない。金山か。この世界に本当に金の山があるのだろうか」。これに対し、黄が「この世界に本当に金の山があるのなら、どうしてこれらの外国船が我が国の港にやってくるのでしょうか。あるいは、我々はすでに〝金山〟の上にいるのかもしれれません」と答える。

〝(旧)金山〟はサンフランシスコの中国語表記で、十九世紀末のアメリカのゴールドラッシュ時に多くの中国人労働者が渡航したことに由来する。作中では、悪徳商人がアメリカでは黄金がいたるところで採れるとして中国人労働者をかどわかし、渡米させようとしている場面が描かれているが、物語的にはその嘘が暴かれて決着がついている。しかしここでの黄と提督の会話には、天安門事件以後の香港での海外移民ブームの寓意を見ることが可能だろう。あるインタビューで本作に託したメッセージを尋ねられた徐は、「いま香港では、残るか移民するかという問題があります。残る人はいったい何をすべきか、ということ」[15]と答えていて、海外への移民の是非が作品のテーマの一つだったことは明白だ。そしてこの作品ではひとまず、移民はネガティブなものとして結論づけられたかに見える。しかしながら、続くシリーズ第二作では、やや角度を変えた形でこの問題をめぐる葛藤が表現されており、次節ではこれについて見ていきたい。

3 去りゆく者たちへの愛惜――『ワンス・アポン・ア・タイム・イン・チャイナ天地大乱』

本節表題のシリーズ二作目(原題《黄飛鴻之二・男児当自強》、監督:徐克、一九九二年。以下、『ワンス2』と略記)では、舞台は仏山から広州に移る。ここで黄が闘う相手は西洋ではなく、義和団を想起させる、修行すれば刀や銃を寄せ付けなくなるという信仰で民衆を煽る排外的宗教団体〝白蓮教〟や、革命運動を弾圧しようとする清朝官僚である。冒頭は白蓮教の儀式とパフォーマンス、西洋の楽器や絵画、ペットの洋犬までも「妖物」として燃やす場面で始まるが、続いてそれとは対照的な、西洋伝来の新技術の象徴たる蒸気機関車で広州へ向かう黄飛鴻の姿が映され、オープニングロールへとつながる。

黄の一行が着いた頃、広州では下関条約の締結に反対するデモがおこなわれていて、時代が一九八五年に設定されていることがわかる。茶館では男たちがデモを見ながら話している。

「台湾ってどこだ？」
「どうして戦争が終わったらよその国に割譲しなけりゃいけないんだ？」
「台湾がどこにあるか知らないが、きっと海に近いんだろう。「湾」っていうぐらいだから」
「どのくらいの大きさかい？」
「俺も知らないよ」
「広州だけでも十分さ。俺たちには関係ない。茶でも飲みな」

続くシーンでは洋装の十三姨が奇異な目で見られ、「ニセ外人」と子どもたちから物を投げ付けられる。外部の世界に対する無関心が、排外的な行動と共存している様子が描かれている。

これに対し黄は、『ワンス1』で見られたような西洋文化への警戒心は見せず、むしろ西洋人ばかりの学会で堂々と中国医学（鍼）の効力を解説し（その際に「仏山から来た」として紹介される）、そこで通訳を買って出た革命家・孫文と知り合うことになる。ここでは西洋人は必ずしも悪役ではなく、むしろ治外法権を持つイギリス領事館は、白蓮教の襲撃を受けた外国語学校で学んでいた子どもたちや、清朝官憲から追われる革命家の逃げ込む避難所となる。

黄は孫文らの逃亡を助け、ラストは孫に十三姨を付き添わせて香港に逃すシーンで終わる。作中で孫文は、政府を批判し「民主制度とやらの実施を主張している」人物とされているが、孫の逃亡を助ける黄の行動は、香港を拠点とした、天安門事件で当局から追われていた民主化運動家の亡命を助ける「黄雀運動」を連想させる。また、孫に付き添う十三姨を見送る黄の寂しげな様子は、妻子だけ海外に移住させて自分は香港に留まる「太空人」(宇宙=「太空」と「太太」=妻が不在ということを掛けた言葉)と呼ばれる当時の流行語を想起させる。

このシーンではまた、黄が埠頭から船上の孫文に対し、官憲の追跡に斃れた孫の盟友・陸皓東に託された青天白日旗を投げて渡す。青天白日旗は陸がデザインした中国同盟会の旗で、のちに中国国民党の党旗となり、これをアレンジした青天白日満地紅旗は中華民国の国旗となっている。国共内戦後、国民党の敗残兵が難民として流入した香港では、彼らを収容した調景嶺の難民キャンプなどで、記念日などに青天白日満地紅旗がこぞって掲げられることで知られていた。しかし返還を前に台湾(中華民国)系の影響力の一掃が図られ、調景嶺集落も撤去が進みつつあった。去りゆく孫文に黄が青天白日旗を投げて渡すことは、国民党系のゆかりの人や場所が香港から駆逐されつつあった状況の寓意として読むことができる。映画の『ワンス』シリーズでは最後まで辛亥革命は起こらないのだ。

ここに描かれているのは、去らざるをえない者たちへの愛惜の念であり、移民という選択に対して疑問を投げかけた形になる『ワンス1』のエンディングとは対照的な終わり方となっている。ただし、注意しておくべきは、このとき、黄飛鴻自身は中国に留まり、見送る側にあるということだ。シリーズ第三作では、黄飛鴻は仏山や広州といった広東語圏を離れるのだが、その行く先は海外ではなく、むしろ国家(清朝/中華人民共和国)の中心・北京だった。

4 国家の中枢へ——『ワンス・アポン・ア・タイム・イン・チャイナ天地争覇』

本節表題のシリーズ第三作（原題《黄飛鴻之三・獅王争覇》、監督：徐克、一九九三年）は、清朝の宮殿・紫禁城（現在の故宮）で清朝の実権を握る西太后が、居並ぶ西洋人たちに中国武術を見せつけるため、実質的に政治を運営する李鴻章に対し、獅子舞大会の開催を指示するシーンから始まる。オープニングでは、前二作で用いられた砂浜で武術の稽古をする青年たちに代わり、故宮をバックに無数の獅子舞の壮大な演舞が繰り広げられる。本作で黄飛鴻は、国難を前に自らの名声しか考えない武術家たちの挑戦を退け、一方でロシアによる李鴻章暗殺計画を阻止する。一見、外国の陰謀から国家の要人を守る愛国的ヒーローという単純な図式にも見えるが、映画の終盤のいくつかのシーンからは、一九九〇年代前半の香港が突き付けられた問いに対する徐の一つの応答を読み解くことができる。

一つはクライマックスで黄らが獅子舞を演じながら格闘する傍らで、李鴻章暗殺の陰謀の一部を十三姨に撮影されてしまったロシア人外交官トマノフスキーと十三姨とのやりとりのシーンである。

トマノフスキー「二百年前、お前ら漢人は満洲人の統治に不満だったが、現在は慣れてしまった。二百年後には、同じように別の異民族の統治に慣れるさ」

十三姨「二百年後の漢人のことは私たち漢人が自分で決めるわ。あなたたちが代わりに心配してくれなくて結構よ」

満洲人の支配もロシア人の支配も変わらないというこの論理は、「漢人」を「香港人」に置き換えれば、香港返還は香港がイギリスの植民地から中国の植民地に変わるだけだという、当時よくなされた言い方にも通じる。それに対する十三姨の返答もまた、同様に「香港人の未来は香港人が決める」と読み替えられる。「港人治港」（香港人が香港を治める）は返還後に不安を抱く香港住民を安心させるべく中国政府が打ち出した方針の一つだが、これを受けながら、〝植民地から植民地へ〟ではない未来への志向が打ち出されているのだ。

このクライマックスの闘いのなかで、黄飛鴻はロシアの謀略を未然に阻止しながら、中国各地からの武術家が参加する獅子舞大会にも勝利して、勝者の証しの金の札を獲得する。黄はここで、「仏山・宝芝林・黄飛鴻」と書かれた旗を持った弟子を横に従えながら、李鴻章に獅子舞大会の無意味さを諫め、「武術の鍛錬をして身体を鍛えるのに最も重要なのは智と武を合わせることであり、広く民智を開かなければ、富国強兵などどうしてできましょうか」と直言し、勝者の証しである札を李鴻章に向けて投げ返して去っていく。

「民智を開く［開民智］」とは清朝末期の戊戌変法期の改革のなかでよく用いられた言葉であり、学校制度の導入やジャーナリズムの振興などによって民衆を啓蒙することに加え、「民智」の向上の結果広く人民の意見を集め、「民権」を実現していくという文脈で語られた。[16] ここで黄は、李鴻章を助け、清朝という体制を守ることに協力はしたが、その権威を積極的に受け入れているわけではなく、毅然とした態度でより開明的な政治を訴えている。（香港の隠喩としての）仏山の地域的アイデンティティーを背負い、政府の権威に屈することなく、中国の中心へと打って出るヒーロー像は、中国大陸の市場に向かっていく香港映画人の矜持を表しているようにも見える。

本作撮影中のインタビューで、徐は次のように語っている。

九七年問題が出てきてから、文化界全体に悲観的で消極的な論調が漂っていた。当初は私もびくびくして混乱していて、まるで末世のような精神状態だった。八〇年代中頃になって、変わる必要があると思ったんだ。末世は同時に創成期［創世］の始まりであるはずだ。創成期の精神で末世に向き合ったらいいんじゃないか。こう考えてから、創作が生き生きしたものになったし、作品にも力が出てきた。それ以来、私は楽観と悲観のコントラストに注目するようになった。以前は悲観的で暗い面に偏っていて、単調すぎた。最近で

はコントラストを理解し、積極的で前向きな要素の比重を増やして、映画をより多面的で躍動的なものにしている。(17)

ここでは徐が悲観一辺倒から抜け出した転機は一九八〇年代半ばとされ、それは彼がエンターテインメント路線に転じた時期と重なる。とはいえ、それ以降も『アゲイン』『ワンス1』『ワンス2』と、脱出、逃走という悲観的なモチーフが取り上げられ続けていたことはすでに見たとおりだ。『ワンス3』は、これとは真逆の、中央に乗り込んでいくという「積極的で前向きな［積極、自強］」面を最も前面に押し出した点で特徴があるといえるだろう。

おわりに

一九八九年の天安門事件は、香港住民に多大な衝撃を与え、返還への不安は香港映画にも暗い影を落としたが、それは異なる時代や場所を主題とした作品のなかで、寓意として間接的に表現されることが多かった。自身もヴェトナムから戦火を逃れて香港に移住した経歴を持つ徐克は、香港の返還を前に、脱走というモチーフを扱った作品を撮り続けてきた。天安門事件は、徐にとってはむしろかえって、香港人が中国に対してどのように積極的に関わるべきかという問題意識をより鮮明に示すきっかけになった。『ワンス・アポン・ア・タイム・イン・チャイナ』シリーズはそれらを具体的に体現し、香港のローカル・ヒーローだった黄飛鴻を中国近代史の歴史的背景と結び付け、国民的《ナショナル》な物語へと接続した。しかし一方で、そこには清朝末期という激動の時代に仮託された中国文化と西洋文化の間を揺れ動く香港人の姿や、海外移民の是非などの香港固有《ローカル》の問題が、寓意の形でちりばめられていた。第三作で打ち出された、地域《ローカル》アイデンティティーを保持しながら中国の中心に参入していく主人公・黄飛鴻の姿には、九七年問題に対する徐克の一つの応答を読むことできるのではないだろうか。

『ワンス』シリーズは一九九七年、六作目の『ワンス・アポン・ア・タイム・イン・チャイナ&アメリカ・天地風雲』（原題《黄飛鴻之西域雄獅》、監督：洪金寶《サモ・ハン・キンポー》、制作：徐克）が最後となり、一連の黄飛鴻映画ブームも一旦収束する。

　返還を前にして、中国にどのように向き合うべきかという当時の香港映画人の葛藤は、香港返還から二十年近くが経過した今日、隔世の感を覚えざるをえない。返還後、香港経済は中国大陸へ急速に依存を強め、返還前後にすでに地位を築いていた世代がこれをやむなしとするのに対し、近年香港では、若年層を中心に香港と中国の区別を強調する香港ナショナリズム［本土主義］が台頭している。(18)

　こうした時代に、カンフー映画の文脈では、香港と縁が深い仏山出身のもう一人の武術家・葉問《イップ・マン》が盛んに映画の題材となっているのが興味深い。異なる監督たちによって描かれる葉問のイメージは、外国人の武術家を倒す「中国人」のヒーローであったり、大陸から流れて香港に定着した「香港人」第一世代であったりと、分裂した様相を見せている。(19)これらは現在の香港社会自体の分裂を反映していると同時に、それぞれ『ワンス』の黄飛鴻の異なる行き先を示しているようにも見える。これについては、稿を改めて論じたい。

注

（1）陳韜文／李立峰「香港不能忘記六四之謎——伝媒、社会組織、民族国家和集体記憶」、呂大楽／呉俊雄／馬傑偉編『香港・生活・文化』所収、牛津大学出版社、二〇一一年、一五三—一九五ページ

（2）中国大陸での天安門事件に関する記憶の封印については、Louisa Lim, *The People's Republic of Amnesia:*

Tianammen Revisited, Oxford University Press, 2014 参照。

（3）Ronald Skeldon ed., *Emigration from Hong Kong : Tendencies and Impacts,* Chinese University Press, 1995, p.57, John M. Carroll, *A Concise History of Hong Kong,* Hong Kong University Press, 2007, p.196. ただし、外国市民権獲得後香港に戻った者も多い。

（4）陳家楽／朱立『無主之城——香港電影中的九七回顧与港人認同』天地図書有限公司、二〇〇八年、三一、八〇—九四ページ

（5）同書一〇三—一〇四ページ

（6）四方田犬彦『電影風雲』白水社、一九九三年、五八四—五九五ページ

（7）前掲『無主之城』一〇四ページ

（8）徐克／小野耕世「「脱出」が、ぼくの強迫観念さ——ツイ・ハーク、映画とコミックスを語る」「キネマ旬報」一九九〇年六月下旬号、キネマ旬報社、六八—七五ページ

（9）「「従心裡熱出来」——影藝界人士談中国民運」「九十年代」一九八九年六月十六日号、臻善有限公司、五四—五八ページ

（10）同論文

（11）彭偉文「スクリーンに生きる英雄——黄飛鴻映画をめぐって」、神奈川大学日本常民文化研究所非文字資料研究センター編『年報非文字資料研究』第七号、神奈川大学日本常民文化研究所非文字資料研究センター、二〇一一年、三四九—三七五ページ

（12）麥勁生「黄飛鴻 Icon 的本土再造——以劉家良和徐克的電影為中心」、文潔華主編『香港嘅広東文化』所収、商務印書館（香港）有限公司、二〇一四年、八一—九九ページ

（13）Ange Hwang, "The Irresistible: Hong Kong Movie Once Upon A Time in China Series - An Extensive Interview with Director / Producer Tsui Hark," *Asian Cinema,* Volume 10, Number 1, 1998, pp.10-24.

（14）阿部嘉昭／徐克「この映画で功夫の底にある〈気〉の迫力を出したかった——ツイ・ハーク・インタビュー」「キ

ネマ旬報」一九九二年一月十五日号、一一一―一一四ページ
（15）「香港電影通信」編集部編『決定版‼香港電影通信』プレノン・アッシュ、一九九八年、一二九ページ
（16）于海英「戊戌変法前における「民智を開く」ことを中心とした梁啓超の民権論」「東アジア研究」第十四号、山口大学大学院東アジア研究科、二〇一六年、六三―八二ページ
（17）羅卡「既是末世，又是創世的開始――專訪徐克」「明報月刊」一九九二年十月号、香港明報有限公司、一七―二四ページ
（18）香港人アイデンティティーをめぐる動向については、拙稿「〝デモの都〟香港とアイデンティティをめぐる隘路」（神奈川大学評論編集専門委員会編「神奈川大学評論」第七十五号、神奈川大学広報委員会、二〇一三年、一〇四―一一三ページ）、「返還後の「香港人」アイデンティティの展開――大陸との関係で揺れ動く住民感情」（倉田徹／吉川雅之編著『香港を知るための60章』〔エリア・スタディーズ〕所収、明石書店、二〇一六年、八三―八六ページ）参照。天安門事件追悼集会についても、二〇一六年には主要学生団体がボイコットして別に集会を開くなど、集合的記憶は転換を迎えている。
（19）羅卡「葉問 WHO AM I?――五本の「葉問映画」における神話の構築と香港人アイデンティティ」韓燕麗訳、「現代思想」二〇一三年十月臨時増刊号、青土社、二〇四―二一七ページ

第11章　三・一一後の記録・物語

——小森はるか＋瀬尾夏美インタビュー

聞き手：熊谷謙介

——本書のテーマは「ポスト・カタストロフィーの都市」で、「都市が破壊されたのちに、再生はどのようにしてもたらされるのか？　そもそも再生はありうるのか？」という問題意識のもとに、地域・時代を超えて論じています。その最終章として三・一一を論じることは必然だと思ったのですが、福島第一原子力発電所事故に象徴されるように収束にはほど遠く、三・一一後の都市について一つの意味を与えること、いわば三・一一にピリオドを打つことはまだ時期尚早であるように思いました。そこで、論文という形ではなく、アーティストとして東日本大震災以来、岩手県の陸前高田に住みながら作品を発表し、現在は仙台を拠点として活動している小森はるかさんと瀬尾夏美さん(1)に現在進行形の話をお聞きしたいと思います。

陸前高田という地名を聞いて私が最初に想起するのは、写真家の畠山直哉の作品です。人間のセンチメンタルな部分を捨象してきたような作品が特徴的だった彼は、東日本大震災で故郷・陸前高田に暮らす母を失います。その後の展覧会や『気仙川』（河出書房新社、二〇一二年）、『陸前高田』（河出書房新社、二〇一五年）などの作品では、震災後の陸前高田の風景だけでなく、私的に撮っていた震災前の故郷の風景や人々の写真、そして震災のさなか家族の無事を願う、ある意味私的で痛切な文章を組み合わせていきます。

一方で、小森さんは静岡出身、瀬尾さんは東京出身ということで、陸前高田や東北ともともとは縁がなかったわけです。震災の後、陸前高田に住みながら活動するという選択をした経緯について、まずはお聞きしたいと思いました。

「報告」から「表現」へ

瀬尾夏美　震災が起きたのは、大学院という新生活に向けて準備していた時期で、家にいることが多く、どうしてもインターネットで調べてしまうんですが、被災地の情報だけがただただ入ってくるだけでした。「未曾有の災害」「沿岸部壊滅」「死者多数」などの言葉が乱れ飛んでいる状況で、言葉の強さを感じるとともに、「未曾有」という言葉の不思議さを感じました。

そんななか、自分は絵を描く道に進もうと、大学院への進学を決めたところだったので、こんな状況で絵を描くことができるのか？　と考えてしまいました。絵を描く意識は強かったけど、そんなにすぐにイメージができてくるわけではないし、自分にとっての癒しになるような絵も描けない状況でした。自分にあるのは情報だけでイメージではなかったからで、このままだと自分で何も作れなくなるのではないかと思いました。

その一方で、役に立たなければいけないのではないか、何かできないかという気持ちは純粋にあったんです。いままで自分が表現するとき、「役に立つ」という基軸のようなものはなかったけれども、三・一一以後は「こんなときは何か役に立たなければ」という想いが生まれました。近所にいた小森と話していたら、テレビで簡単なボランティアをしていた中学生に、おばあちゃんが「すごい助かった」と言っていて、そんな簡単なことでいいんだと気づいたんです。そこで、二人で近いところの北茨城へボランティアに行ったのが最初でした。そこに三週間ほど滞在したのですが、「ここはもう自分たちでできるから、もっと大変な場所に行けば」と言われ、北へ北へと向かっていったのですが、仙台空港付近までたどり着くと、全部灰色の風景が広がっていました。

——いろいろと被災地を訪れたわけですね。

瀬尾　さらに沿岸を北上していくのですが、仙台市から別の行政区に移ったときに、すごく状況が変わったんです。仙台市はお金があるのできれいだけど、市の境を一歩過ぎたら、おばあちゃんが一人で瓦礫を片付けている……。災害というのは、行政区によってこんなにも変わるんだなと思いました。都市の権力をあからさまにするというか……。だからいろいろなところを見て回って、一つの物語に回収しないように、細かい違いを見ていかなければいけないと痛感しました。

そのなかでとりあえずできることとして、情報発信していくという役目を見つけたのです。そうすれば、かつての私たちのように東京でもやもやしている人も、すべきことを見つけることができるのではないか？　それでブログを始めたんです。

——いまの段階ではアートではなく情報発信というところですね。情報発信からアートに向かうきっかけは？

瀬尾　何かを伝える、何かを見るという役目を見つけたのは、二つの沿岸の街に行ったときです。岩手県宮古市のおばあちゃんに、「自分の部落はもっと北にある。でも自分は行くことができない。ふるさとが壊れたところは見ておかなければならない。だからカメラを持っているのであれば、代わりに撮ってきてくれないか」と言われたんです。

それまでマスメディアの報道については、カメラの暴力性が強調されて論じられてきたし、自分たちも「ああ、カメラって悪いんだ」(笑)というところばかりに目が行って被災地ではカメラを取り出さなかったのですが、実はそのほうが気は楽でした。武器を隠しているようなものだったからですが、おばあちゃんは「だけどあなたたちの仕事はこれなんでしょ」と言ってくれたんです。自分たちの技術には、「誰かの代わりに足を運んで見聞きすること」があるんだって気づかされました。

それから沿岸部についてはすべて見ようということで撮影してきたのですが、陸前高田(2)まで来たときに、ある女性を訪ねました。彼女が住んでいた家はぎりぎり津波が来なかったところでしたが、ご近所はみんな津波にやられていたという状況で、誰にも話せないことはいっぱいあったんだと思います。私たちが訪ねてきたということもあって、彼女なりに私たちへのサービス精神があったのか、どんどん語り始めたんです。三週間のうちに見聞きしたことや避難所のつらさ、自分だって大変だけど言えないことなど、それに、かつての街がどんなによかったかを猛烈に語りだしたんです。この人は見聞きして、抱えてしまったものが大きすぎて、でもたぶん重要すぎて、それをどこかに出したい、誰かに託したいという想いがあったのだと思います。それで私たちに少しでも託されたのであれば、私たちもそれを捉える回路を外に出しておく必要があると思いました。

こうして、宮古のおばあちゃんから誰かの眼の代わりになると言われたことと合わせて、誰かに話す、伝えるという仕事をもらったのだと思います。それが「報告」というタームになりました。東京に戻ったとき、とりあえず報告をする会をしようと思い、「東京の人たちに報告をする会」というようなそのまんまのタイトルで、報告会を一年くらい続けました。

——メッセンジャーみたいな立場ですね。そうした行為は「代弁する」こととは異なるものなのでしょうか。

瀬尾 「代弁する」のとは違うと思います。自分が見聞きしたものを、嘘をつかず、どれだけクリアーに話せるかを目指したものでした。だから報告会というのに、「こういうおじさんがいた」などという話をしたり、いまやっていることとあまり変わっていないような気がします。報告するというのは、事実を報告することと、自分が見聞きしたものを報告することの二つがあると思います。おそらく前者が求められていたのですが、被災地に通ううちに、自分たちが見聞きしていたことが事実の一部であることがわかり、どんどんと後者に移行していきました。例えば自分のクセみたいなのもわかってきて、これは見えているんだけど、これは見えていないということに気づいたりしました。また一年続けていると、自分たちの印象の受け方も変わっていって、メディアに影響されていることに気づいたり、一カ月に一度行くくらいだったら、別の人の文章や話のほうが詳しい内容を伝えている、ということもわかってきました。自分たちの身体のアンテナの精度もそれほど高くないということもわかってきたんです。

　これを決定的に感じたのは、二〇一一年十二月の京都大学での報告会で、文化人類学の先生から「君たちは報告と言うけど、これはいったい何なんだ、文化人類学的に裏もとれていないし、論旨も論調もない」と言われたんです。いま報告していることが自分たちが見聞きしたことでしかないことを自覚して、それを表現まで昇華させないと伝わらないと痛感しました。

――二人の活動が「報告」から「表現」へと向かう大きな転機になったわけですね。お二人は瀬尾さんが絵画と文章表現、小森さんが映像表現を中心にしているということで、メディアの違いも気になりました。写真は現実を「切り取る」ものだと思いますが、一方で動画はいわばカメラを回しっぱなしにもできるという点で、特性が違うようにも思います。小森さんはどのように撮影することを始めましたか？

小森はるか　陸前高田で、わたしたちがこれから別の集落を訪ねることを伝えると、「写真を撮ってきて」と言われることがあったんです。またそんな記念写真のすきまに、「元気ですよ〜」などというビデオメッセージのような映像を撮ることはしていました。ここからであればカメラは回せると思ったし、メッセージの後も「こんなもの食べていますよ」などと会話が続いていくにつれて、自然に、話していたり食べていたりする風景を撮り始めました。そこにだけすきまがあると思ったし、自分もそれが撮りたいなと思っていたところでした。映像を渡せる人がいるという安心感ももちろんありました。

かさ上げ工事と土のイメージ

——作品を陸前高田で上映する機会もあったそうですが、東京でおこなう場合との反応の違いはありましたか？

瀬尾　反応は全くといっていいほど違いました。親戚が映っていたり、見知った風景が映っているわけですし……。ただ上映会というよりは展覧会という形式でおこなったんです。絵や文章の奥に映像があるという形なので、完全に自分たちの作品というよりは、作品を陸前高田に「インストール」したという感じでした。

反応の一つは、「懐かしい」というものでした。私たちが見聞きして撮ってきたものは二〇一一年、一二年からの三年間のもので、展覧会をした一五年の春にはかさ上げ工事が進んでいました。すでにない風景がそこには映っているわけです。痕跡によって過去にアクセスできたということがあって、「懐かしい」という言葉が出たのだと思います。

あとは、絵に関していうと「こんなふうに見られるんだ」という反応がありました。自分には悲しいものにしか見えなかった風景を、色がついている風景として、こうやって見てもいいんだ、と思ったようです。あるおじいちゃんが言っていたのですが、被災した街を地震の翌日に見たときに「なんて美しいんだ」と思ったそうです。街があったときには見えなかった自然や街の広さ、街がもともと持っていたものを「美しい」と思っていたけど、ずっと口に出せないままだった。それで今回絵を見たときに、このことを思い出したのだそうです。こういう、記録性とは別の次元での対話というのも成り立つのかなと思いました。

言葉に関していうと、自分が思っていたかもしれないこと、誰か別の人の言葉なんだけど、自分の記憶のどこかにリンクするような言葉が、ここにあるような気がすると言ってくれた人もいました。記録というよりは、言葉になっていなかったこと、自分でも理解していなかったことが、形になって投影できた、という感想もありました。

写真1　『波のした、土のうえ』「置きわすれた声を聞きにいく」
ⓒ小森はるか＋瀬尾夏美

――映像についてはどうでしょうか。『波のした、土のうえ』（二〇一四年）では事前に風景を選択し、撮影しているという印象を受けたのですが、映像を撮りためて、集めたものをそぎ落とす形で編集していく手法もありますね。

小森　風景については、自分のなかで「ここに行かなきゃ」という意識はありました。実際、明日かさ上げ工事が始まるという話を聞いて、風景を撮りに行ったことがあったし、誰かの話を聞いて行ってみたこともありました。ただ私の場合、こういう完成形があって撮影しているということはなくて、どうなるかわからないけれどとりあえず撮影するという感じです。

――こういう質問をしたのは、作品を見て工事の映像に圧倒されたということがあって、かさ上げ工事のため、山の土が削られベルトコンベアーで運ばれるシーンが大変印象的でした。非常に特異な風景なのですが、陸前高田に暮らしている人にとっては日常の風景になっている。こうした風景も事前に撮っておきたいということはあったのでしょうか。

小森　実は工事現場を撮りたいとは思っていませんでした。被災した場所に行って、被害が大きかった場所を撮りたくないというのと同じで……。また、ベルトコンベアーがこんなふうに聳え立っているのを誇張するように撮りたいという気持ちもなくて、むしろそうでないものをあえて撮っていたように思います。

また、ベルトコンベアーについては、それをわかりやすくする位置から撮ってはいなかったと思うし、映像にある以上に、ああいう構造物がもう陸前高田にはできあがってしまったこともあって、そういうものとは別のものとして撮りたかった。でもこれは明らかに、おばちゃんたちが土地に手をかけてお花畑を作ろうとしているのとは別物だと感じています。人々の手のなかにある「復興」と、いわゆる外でいわれている「復興」とが異質なものとしてあると思えるので。

――確かにコンベアーのイメージは告発するようなものではないですし、むしろお花畑の土とコンベアーの土が対比されて、作品が構成されている印象を受けました。

「二重のまち」について

――瀬尾さんが書いた「二重のまち」(3)を読ませていただいたのですが、例えばかさ上げ工事について、かつての街の風景の記憶を守るために反対だと主張する立場もあれば、街の人がこれから生きていくには必要な行為だと擁護する立場もあります。このようにどちらかを、いわゆる二重の「まち」のどちらかを選ぶようなものが多いなかで、二〇三一年にまで時を進めることで、距離をとりながら「二重のまち」を見つめ、受け入れるという視点は貴重だと思いました。論文やジャーナリズムだとどうしても白黒つけがちになってしまいます。

瀬尾　マスメディアの仕事というのはどちらかの論調にまとめて、議論を活発にする役割があるのだと思います。だけど、現地に暮らしている人にはいろいろな思いがあるし、ときには間違っていることもある。肯定しているように見えても、「肯定しないとやっていけない」という心境からということもあります。私はそれは良くも悪くもないと思うし、ただ描写するだけなのだと思います。私の立場は、こういう状況があって、そこに暮らしがあるのを示すことだけで、感情的にはどうなの？と思うときはあっても、できればすべて肯定したいという気持ちです。

文章を読んで、また絵を見て、そこにいる人もいない人も、何かを考えることができればと思っているんです。現実は忙しいけれども、そこから一時脱出させてくれるようなポケットのようなイメージ。文章でも絵でも、日常より細かい筆致で描いたものは、大ざっぱな現実の空間をゆったりさせてくれると思うんです。一筆一筆のストロークなどじっくりと見られない空間に、描写によってポケットを空けることができる。そこにふと入る瞬間があればいいなと思っています。

――目に見えて「二重のまち」というのもあると思うんです。この本でも、例えば戦争で爆撃を受けて、廃墟から再出発する、更地に建物を再建していくという事例が出てくるのですが、土から入れ替えるということはほとんどない。そういう意味では三・一一後の沿岸部の復興計画は、それこそそ

写真2　『波のした、土のうえ』「まぶしさに目の慣れたころ」
ⓒ小森はるか＋瀬尾夏美

「未曾有の」ポスト・カタストロフィー的状況だと思います。建物だけでなく土地そのものを作るのですから。文章に出てくる、地下には昔住んでいた場所があって……というのは、本当に起こることだと思います。どれだけ掘り返せばいいかはわかりませんが……。

瀬尾　十二・五メートルかさ上げをするといわれています。

――十二・五メートルですか！

瀬尾　私は復興工事を見つめているときに、とても悲しい気持ちになりました。陸前高田が持っている風景はとても美しくて、大好きな風景でした。それは被災したから、何もないからというのもあると思います。それが半月ぐらいでできた土の山でぼこぼこになってしまって……。単純に「復興工事反対！」と言うことは違うと思うのですが、そこに暮らす人にとっては「美しくない」ことを悲しんでしまいます。被災した後の風景は、いろいろな痕跡が残っていたり、もともとの平らな土地に街ができたとわかるわけで、かつての街といまの街と、未来の街がつながっている状況を頭のどこかに思い浮かべていたように思います。そこに土がガーッと積まれて来て、時間が断たれたという印象を受けたんですね。昔に、未来にアクセスしたいのに、そこに土が流し込まれて見えなくなってしまうというか……それはすごく怖いことです。私たちがこれから生きるとなったときに、これまで生きてきた街とか死んでいった人たちを、きちんと引き継がないと生きられない。そこに土が来た。足元を揺るがすものだと思いました。

　私は土を見て、想像がにっちもさっちもいかない、それなら、時間をちょっと遠くに飛ばそうと思ったんです。そこで二十年後の未来というのを設定しました。二〇三一年だったら、彼らは過去との接続のしかたを編んでいるだろうと思ったからです。そしてそこに新しくできた街とも付き合い始めているだろうと。その彼らの姿を想像することで、いま、土で何も見えなくなっている時間、断たれている時間をつなぎ直しているのかと思って……。

風景と言葉

――『波のした、土のうえ』では陸前高田のさまざまな風景が映し出されますが、その多くは、被写体となる方と小森さん、瀬尾さんが一緒に歩いて見た風景になっています。映像にはそこで実際に話された会話が聞き取れるとともに、瀬尾さんによって作成され、出演者によって朗読された言葉がかぶさってきます。このように同じ場所に立って、風景から喚起された言葉を作品内におさめていくことの意味とは何でしょうか。

写真3　『波のした、土のうえ』「花を手渡し明日も集う」
ⓒ小森はるか＋瀬尾夏美

瀬尾　一緒に行ってみるというのはいちばんやりたかったことでした。私たちは被災した風景を歩きまくるということをしていたんですが、何となく、ここに花が手向けられているな、花壇が残っているということは集落がここにあったんだな、などとわかってきました。だけど個人的な思いについては、陸前高田に住んでいた人でないとわからないということがあるんですね。風景とか街並みから喚起される記憶の時系列みたいなものは、現場に一緒に行かないとわからないんです。この作品は、かさ上げ工事が始まる直前に撮った映像なので、これが最後のチャンスで、もう一度歩きたいだろうし、また語りたいことがあるだろうという思惑もあったわけです。そこで何人かの人に声をかけて、一緒に行きませんかと誘ったわけです。だから連れていくというより、連れていってもらうスタイルになりました。

——映像を撮る側としてはどのようなスタンスになるのでしょうか。話を聞きながら撮るという意味で、内部と外部の境にいるようなものでしょうか。

小森　やはりカメラマンという立場が第一ですが、距離のとり方もその場によって違っていて、話を聞いてうんうんとうなずきながら撮っているときもあるし、すごく遠くにいて、二人が歩いているところを撮っているときもあって、自由に抜け出せる形を作ってくれているんだなと思います。

——素朴な疑問として、二人で活動しているわけですが、一人で活動することとの違いはありますか？　そもそもアート・デュオとなったきっかけのようなものはあるのでしょうか。

瀬尾　まず展覧会に二人で呼ばれるなど、一緒に行動することが要請としてあったんです。ちょうど作品制作に切り替わる時期だったので、二人で作れるかもと考えました。視点が違う、でも同じ場所にいるというのが重要であって、「未曾有の災害」について意味を求めがちな状況で、二人であれば一つの意味に集約しないのでいいのではないか……、と後から思いました（笑）。

小森　自分たちはお互いに全然違うんですよね。考え方とか捉え方とか、最初は似てるねと言われるんだけど、性格も違うし人との接し方も違います。それが私にとって救われる部分にもなっています。瀬尾が見ているものに、また言葉にしてくれるところにも気づかされることが大きいです。

ただ、二人でやっているといっても、議論して、形を作っていくことはないです。それぞれの作業は自由で、組み合わされ結ばれることで作品ができていきます。タイトルにしても、私は瀬尾にゆだねる形にして、最後に足し算するという感じです。

――話を戻すと、『波のした、土のうえ』で印象的だったのは、陸前高田の風景、そこから喚起されて瀬尾さんが作った文章、そしてそれを朗読する陸前高田の人たちの声の重層的な効果だと思います。例えばよくあるドキュメンタリーでは、生の声を録れば、生の映像を撮れば「らしくなる」ような印象がありますが、現地の人たちと話をしながら聞き取ったものに、瀬尾さん自身の想像も加えながら作られた「詩的な」物語を、本人たちに返して調整しながら朗読してもらうというプロセスが貴重だと感じました。

一方で、本人たちが普段使っていない言葉を読むという行為は、ある種ギャップを感じさせるようにも思います。方言と標準語、日常言語と詩的言語を衝突させるというコンセプトはそれだけで興味深いのですが、このような方法をとった理由はありますか？

瀬尾　私が作った文章に、話してもらう人が抵抗を示すことはあったんだと思います。まず書くときに、一個の主張にしたくないというのがありました。一つの場所が持っている、かなり時間のぶれがある記憶、例えば犬に追いかけられた場所とか、父母が亡くなった場所だったとか、いまはかさ上げで風景が変わったということまで、同じ場所にある記憶はみんな、というか偏らずに書きたいなと思いました。風景ってそういうものだと思うんです。たくさんのいろんな時間の記憶が同時に存在する、歩くことで記憶が再生されていく、時系列はバラバラだったりする……、こういう状態のまま書きたいというのがありました。逆にいえば、それらをつないでいくのが風景だと思ったんです。風景の描写というのは、私の主観がもとになっています。

でも私が美しいと思ったことは、話してもらう人にとっては必ずしもそうではないので、できるかぎり自分の体を通して書いて、美しいというだけじゃない、もうちょっと細かい描写にしたり、草が光っているという描写にして、私の直情的なものを風景の描写に置き換えています。

また方言の問題もあって、自分は聞き取りは何とかできるのですが使えないんです。私が方言風に書くのがいかに嘘になるか……。別の言語で書くようなもので、だから私が使っている言語にしようと思いました。それはラッキーなことに日本標準語というプレーンとされている言語なので、それに置き換えることでおそらく、東京や関西の人も聞き取れるだろうと思ったんです。

私が聞き取ったニュアンスを標準語にすることはけっこう重要だと思っていて、翻訳というか、方言の温かみを無機的なものにすることが、私の体を通してやるべきことだと思ったんです。だから英語に翻訳してしまったほうがいいんじゃないかと思ったくらいで。こうして標準語に置き換えたものを、読む人には今度は自分たちの体を通して、もう一回方言に戻してほしいということがありました。自分のクセがある言葉に。それに関しては、二つ目のパートの男性がかなりチャレンジしてくれたんだと思います。これまでしてきた話し方でしか読むことはできないようでしたが、私の標準語から再生するので、読むたびにブレがあったみたいです。

――この瀬尾さんの文章の読み合わせは小森さんが立ち会ったんですよね。

小森　一つ目のパートの阿部裕美さんはラジオのパーソナリティーをやっていたし、新聞を標準語で読む機会も多くあって、むしろできすぎたくらいです。それとは別の読み方、どうやって自分の声を出すかを模索するのに時間をかけました。第二部の鈴木正春さんについては、しっくりこないのがよくわかるんですね。言葉の意味についてはは朗読をする前にすごく向き合ってくれていることがわかるから、そこまではしっくりきているんだけど、声にするときにしっくりこない。それで、文字どおりに読んでみたりとか、文字を書き換えて読んでみたりとか、いろいろ工夫しながら読んでくれて。

といいながら、彼自身が腑に落ちた瞬間というのもよくわかるんですね。それがじょうずに読めたということではなくて、ああ、こういうことかもというように出てきた言葉があって。できてる、できてないという葛藤が強く表れていました。陸前高田の人からは「正春さん、読むのがへただったね、緊張していたね」という反応もあるんですけど、正春さんらしいというか、本人の性格が読むときに表れるんだなあと思いました。

――確かに、この作品のなかでは他のドキュメンタリー的な作品ではなかなか聞けない声が聞けたと思いますし、阿部さんと正春さんの間でも声の特徴が違います。私見ですが、しっくりくるように話すのもどうなのか。外部の声をどう咀嚼するかという葛藤に満ちた声の魅力はまぎれもなくあると思います。

コミュニティーの内部と外部

――冒頭の問題に立ち返ると、もともと二人は陸前高田と縁があったわけではなく、報告会に見られるように、現地の人の声を伝えるメッセンジャー的な役目を帯びていたわけです。その後、実際に陸前高田に暮らすことになりました。ただそれならばコミュニティーの内部にいるかというと、そうでもない。いわば内部と外部との間にいるように思います。アーティストとして現地に住みながらも住民とも違う位置にあって、言葉を聞き取り、風景を切り取り、それを凝縮した形で都市や他の地域に伝える立場は変わらなかったように思います。そしていまは、陸前高田と東京の中間地点ともいえる仙台で活動しています。このような位置取りは自然にできあがっていったのでしょうか。

瀬尾　位置取りはいちばん大変な闘いのようなものでした。暮らし始めたときに、美しいなあと思って風景を描いても、それを地元の人には見せられないんです。彼らを知れば知るほど見せられなくなるんです。美しいという言葉は使えなくなるし、ここにある感情って寂しさですよねなんて、そんな単純じゃないよって言われるとわかってるので、言えないんです。こういうように、暮らして話していくことでどんどん言えなくなるので、これはヤバいと思って。それじゃあ自分の役割を全く果たせなくなるんじゃないか、と。私は個人的に「ツイッター」を書いていて、グレーゾーンというか、外の人に向けて語っているのもあるから、キツい言葉も何とか言うことができたんです。だから「ツイッター」は、内部にどっぷりとつかっている自分を中間領域に持っていく装置として使っていました。

私は写真館でバイトしていたんですけど、店主と私はとても親しかったんです。一緒に暮らすんじゃないかと思っていたその人に、「おまえは街の人間になるなよ」とはっきり言われたんですよね。「おまえが街の人間になったら、もう書けなくなるぞ、何も言えなくなるぞ」と言われたときに、その人との関係もはっきりするというか、外の人間でもあってほしいと思っているんだなとわかって……。私は個人的には、中間にきちんと立たないと、ここにいる権利というかここにいる意味がないと思ったんです。このことがはっきりしてからは、絵を発表することができるようになったし、「絵を描いている人です」と自己紹介できるようになりました。「文章を書いているから話を聞かせてください」とは直接言わないんだけど、「書くんだろうな」とにおわせて、共犯関係を作りながら会話ができるようになりました。

その後、写真館の店主は亡くなってしまいましたが、ロンドンで作品発表の機会ができて、そこから作家としてきちんとやらなければいけないなと思いました。『波のした、土のうえ』を作り終わった後、引っ越そうかという話になりました。街の引力というのはすごいですよね。このままいけば、「なんで早く街の人間にならんのや」という話になって、結婚すればという話になってきたり……。それでもフィールドワークを続けることもできなくはなかったけれども、ロンドンに行ったこともあって、陸前高田を見る目も、距離をとらないとダメだなと思いました。関係に距離をとるには物理的な距離も必要だと。陸前高田を見るときにも、被災地や東北、「田舎」という目線があるけど、どれくらい引けばいいかとなったときに、仙台であれば陸前高田にぎりぎり通えるという距離でした。仙台には拠点も作れるし、陸前高田とは旅人として付き合うことに決めました。

現代の民話としての証言

――仙台では社団法人ＮＯＯＫ（のおく）として、作品制作とともに地域と協働しながら記録活動をおこなっていると聞いています。アーカイブと表現活動のつながりとはどのようなものでしょうか。

瀬尾　アーカイブというのは大量にあるのですが、表現されたモノに落とすことが大事だと考えています。アーカイブについていまは「プレーンにする」というのが善とされているような気がしますが、そこにも主体の思惑とかクセみたいなのがあるのに、ないものとされるのはかなり問題だと思います。そこには時代的な要請もあるし、作者がどういう身体を持っているかもあって、作者がきちんと署名をしたうえでモノに落とすことが表現だと思うんです。そういった問題意識を持った人たちが集まったのがＮＯＯＫというグループです。

――確かに、こうした試みは地方公共団体のアーカイブ事業と齟齬を来すところもあって、証言を「純粋に」記録しなければいけないという前提が見え隠れするようなところがありますよね。地域に密着するアートというのはいま多く見られますが、そういうものとの違いも重要だと感じました。

またアーカイブ化する証言についても三・一一にとどまらない形を考えているのでしょうか。『遠い火——山の終戦』では戦争証言も取り上げています。と質問しながら、お二人はあらかじめ自分たちでゴールを決めないで作品を制作していくタイプのような気もしているのですが（笑）。

瀬尾　基本的には出会いの問題なんですけど、最近は、みやぎ民話の会と協働しながら、民話をどのように編集していくかを考えてきました。そのなかで、戦死した兄の話をしたいという男性に出会ったんです。彼はなんでこんなにも話したいんだろうと思ったんですが、自分が死んでしまったら、自分しか兄の存在を知らないから、誰も語らなくなってしまう、それがくやしいという想いからなんですね。確かに生きていたということを伝えたい、そして話を聞いた私の体に、もう一度お兄さんを生きさせる場所を作りたい、というのが彼の願いでした。

私は自分のありようとして、自分のなかにあるものを表現したいということはないんです。文章を書きたい、絵を描きたいというものはあるけど、「何を」というものはないんです。むしろ外にあるもの、書かれるべきものに出会いたいという気持ちです。

戦争の話を取り上げるというのは、経験者の寿命という問題もあります。話したいという人がたくさん出るのも自然なことです。でも単に話したい主張だけを話させるというのは危険なんですね。その人のなかで長い年月にわたって醸造されてきた言葉というのがあって、語られる経験というのがかなり絞られていく。そのなかで主張だけを取り上げると政治主張だけになってしまう恐れがあるし、それこそ「代弁者」になってしまうのが怖いんです。

そのなかで彼の思いを書こうと思ったら、彼に近い経験をした人々の証言をできるだけとっておきたいと思いました。彼は山奥で終戦を迎えましたが、彼が見た風景に近いものを、陸前高田でも他の地域でも見てきた人がいたにちがいない。それを考えると、彼が見たという風景をずらさないといけないと思うんです。

――確かに、戦争証言というのは大きな意味に収斂しやすいものですからね。

瀬尾　そうですね、確実に「個人の」エピソードでなければならないと思います。ただ、これは丸森（宮城県最南の町）の話で、陸前高田などとの地域差もあるのですが、同じところもたくさんあるんだと思いました。

取り上げたのは丸森の山のなかで迎えた終戦の話なんですが、陸前高田で終戦を迎えたおばあちゃんの話の舞台は、学徒動員で働かされていた石灰岩の採掘の山だったんです。本当に山のなかで、少しだけ切り開かれた場所で話を聞いたんです。この山のなかの風景と、丸森のおじいさんが仕事をしていた山の風景は、なかに入って歩いてしまえば、本当に同じ場所にしか見えない。それは視覚的な体験で、体感としてつながっているところがあるというか。似たような風景のなかで近い経験があるということが面白かったです。

――地域を超えて共通した話があるということで、民話ともつながりますね。違う県の話なんだけど、あれおんなじ？　というような。

瀬尾　私は物語というものが好きなのですが、おはなしがすごいなと思うのは、どっちが先かはわからないですけど、おはなしが伝わっていくときに、おはなしの芯となるものが伝承されて、それが個人の体に入ったときに、解釈がたぶん微妙にずれていくんだと思うんです。状況によっても時代によっても風景によっても変わる。でもおはなしの芯だけは伝わっていくんですよね。解凍されると形は変わるんですけど。

私が書くべきものも、おはなしの芯となる部分です。おはなしの芯ができていれば、それが阿部さんの体や正春さんの体に入っていくときに使われ、変わってはいくけど、芯は変わっていないみたいな。そういうものを作りたいなという気持ちはあります。

――物語について、言葉は咀嚼される部分があり、変容し多様化していく側面がありますが、ドキュメンタリーとしての映像は現実をそのまま捉えるということもあって、「表現」という意味では難しいところもあります。今回、小森さんは証言をプロダクトにする作業で、どういう点に気をつけましたか？

小森　ドキュメンタリーかフィクションかで、編集が変わることはないです。両方とも、映っている人がどうやって表現しているかが重要なので。個人的には、戦争の話を聞いてそれを編集するというのは難しかったです。その人が話し、主張しているだけの映像であっても、つなぐことによってそうならない可能性はあるんじゃないかと思いながらやっていて……。戦争に限らず、同じように、同じ立場の人間が、同じ時代に体験した記憶を語るというだけで表現につながるのではないか、そういうものが映像に映っているんじゃないかという気はしています。でも戦争体験というものは見る人もよく知っていることだし、話している人もテレビなどでいっぱい見ているし、自分自身の体験もあって似てくるということはあるから、いろんな人に聞く必要があると思います。似ているというのが、メディアによって、教育によって似てきたのか、本当に、個人の強烈な体験が似てくるのかわからないですけど……。

NOOKの活動はただ撮るだけでなくて、一人ひとりに接することから始まります。具体的には聴き手と語り手に個人としてついていって、その関係のなかから、これをどうやって撮ったらいいかと考えて、さらに編集の段階でも同じプロセスがあります。編集のワークショップについては、二〇一五年には時間をかけておこなって、みやぎ民話の会のみなさんと見るという時間を重ねていったことは大きかったと思います。そのうえでこちらがまた編集し直すという作業でした。

――現在（二〇一六年六月）、仙台のＳＡＲＰ（仙台アーティストランプレイス）で「増山たづ子と東北の記録者たち」展がおこなわれ、小森さんと瀬尾さんも参加されています。ダム建設によって水のなかに沈む村の姿を記録した増山たづ子さんの作品には、消えゆく土地の記憶をとどめようとする試みを見ることができます。増山たづ子さんをアーティストと見る人は少ないですが、記録とアート、民話と文学は、物語を紡ぐ土台と表層という関係があると思います。増山たづ子をはじめとした記録者たちの作品を見るなかで、自分たちと共有しているような感覚、あるいは異なる部分を感じることはありますか？

小森　増山さんは、むしろアーティストといわれる人がすべき仕事をしているのではないかなと思っています。増山さんは、個人的な思いから始めたことかもしれないけど、失われる村の風景を撮影するだけでなくて、できた写真を住民に渡していくことをずっとやってこられたわけだし、そうした写真でいっぱいの部屋で暮らしていくことをしていました。それを作家としての意識でやってきたわけではないといえるけど、それこそアートということに求められているというか……。むしろ本来、何かを受け渡していく存在として、アーティストはあるべきだと思います。東北でもこういうことはあると思っていて、いろいろな人たちがいろいろな方法で記録に携わっています。ケータイで気軽に撮るというのもあるけど、それをもっと意識的に表現していく人たちもいて……。

瀬尾　私の意見なんですが、増山さんがやっていることと私の立場はすごく違うと思っています。彼女は「村のお葬式」という言い方をしています。彼女にとって写真を撮る行為、そしてそれを村の人に渡す行為は弔いだと思うんですよね。彼女はやらなければならないというところでやっているし、日常生活はそれなしでは生きられないのだと思います。

私の立場は、その行為を一緒にやっていればいいわけではないというもので、一緒に弔うのではなく、弔っている姿を記述するというか……。それをきちんと見て、なぜその行為があるのかを問い、その行為自体が何を表現しているのか記述して、ここにいない人に向けて開いていく作業が、作家の作業なのだと思います。だから、メディウム、媒介者としてあることを、私はアーティストの仕事として捉えています。

もちろん弔いという行為をする当事者と表現者が一緒になっている場合もあって、増山さんもそういう立場だと思います。だけどそれをもう一度媒介するのが、アートの本質的な仕事、技術なのではないか。だから私は自己表現だけがアートであるという立場には懐疑的です。本当は、外の世界と内でおこなわれていることを同時に眼差して、両者の距離や関係性を伸縮させていくのが、アートの役割、まさしく技術《アート》なのだと思います。私はそんな技術を持ちたいので……。

――民話との関係でいうと、小森さんと瀬尾さんの作品では震災や戦争の記憶が語られるのですが、現代の民話を作り出しているともいえるし、民話が生まれるのを助け、その誕生の瞬間を見届けるというのか……。

瀬尾　自分で作るというよりは「助ける」というほうが近いかもしれませんね。言葉によって助けたり、状況を記述することによって助けたり……。

――確かに、内部だけでは言葉が見つけられなかったり、そもそも言葉にして伝える必要を感じなかったかもしれません。民話は、昔のものだからちゃんと保存しようというだけの話ではなく、現在やアートの問題にもつながるものだと、お二人の話を聞いて思いました。

「ふるさと」はある？

——最後に、陸前高田を経由して、二人にとって東京はどういう街に見えますか？　もちろんそこには都会／地方の関係が厳然としてあるわけですが、一方で東京では（日本全体にもある程度いえますが）かさ上げ工事こそないものの、突然建物が消えたかと思うと、新しいオフィスビルが建てられ、もともとそこに何があったのかを思い出せないような記憶喪失の街ともいえます。見えないカタストロフィーが日常的にある街というか……。

瀬尾　私の実家は足立区で、原風景と呼ぶべき風景が荒川とか、家の裏手にあった林の風景などがありますが、だけどそれを原風景と何となく呼んではいけないような強迫観念があって……。東京の人や関東近郊の人が「ふるさとがない」という言い方をすることがあるけど、私もなんです。でもそれは不思議なことですよね。仙台だって都会ですが、みんな「ふるさと」と言いますし。だけど東京や埼玉の人は、越谷あたりまでの人は言えないような……。「ふるさと」をもともと持ってはいけなかったというか、「ふるさと」として生まれ育ったところを捉えられなかったという、一個の大事なよりどころを持てなかったという意識があるんだなと、最近強く感じます。

でもあるんですよ。見てきた風景もあるし、友達もいる。でも、それを「ふるさと」と呼んではいけない。これはけっこう不思議で、陸前高田に行って仙台に来て、東京に戻ったら見えてくるのかと思っていたのですが、そんな単純なことではなくて、「ふるさと」として認識することが私にはまだ難しかったです。

特にいま、自分が仙台から東京を見たときに、東京は非常に中身がない街に見えます。それはいわゆる大文字の東京なんですけど、お金と人があるけれどやることがない、それこそ見るべきこと聞くべきことがあまりないように思います。場所に対して、特別な愛着を感じられないし、自分の根幹がゆだねられないのです。

もしかしてもうちょっと前の世代、親とか祖父母の世代であれば、東京にも原風景的な体験はあって、もう少し言葉にすることができたのかもしれないような気がします。原風景というと、「うさぎおいしかのやま」的な、あの歌はでたらめだという話もありますけど、そういうものじゃなければいけない、人間はそういうものに根付いていなければならないという想いもあって。それは、自分が自己表現ができないという感覚と非常にリンクしていると思います。私のなかで表したいものは常に空っぽだったということと、似てると思います。

小森　私が生まれたところは川根という静岡の山のほうなんですけど、実際に生活していたのは静岡市の街のなかでした。でも「静岡市で生活していました」とは言わないようにしているところがあって、川根のほうが自分の「ふるさと」というように思いたくて、そうしてきた気持ちがあります。たぶんそれは仙台と同じような理由で、中途半端に都市で自然もあって、美しいし懐かしいはずなんだけど、「ふるさと」とか「美しい」と思わないようにしてきたんです。

――それでは陸前高田に行ったおかげで、自分のホームタウンを見つめ直し、ノスタルジーを感じるようになったというストーリーではないようですね。

瀬尾　個人的には足立区に対して「さびしい」という感覚はありません。でも陸前高田の人たちのように、美しい風景のなかで暮らすことがどれだけ人間に影響を与えるかというのは、強く思いますね。いいなあ、うらやましいと思うし……。私は故郷と距離がとれていないのかもしれませんね。そういう意味で「ふるさと」と言えるのかもしれないです。

いま、旅について考えようと思っていて、何かを媒介すると考えたときに、旅人的な身体が重要だと思って……。旅人であるということは、帰るべき場所があるという想定があって、そうなると「ふるさと」を考えなければならないということはあるんです。旅することがふるさとを探しに行くというのではとんでもないですけど。「ふるさと」という言葉が負っているイメージというのを、もう一回はがしていかないといけないと思います。

――そうですね。一方で風景は感覚を作るというところがあって、「ふるさと」というより、原「風景」というのが客観的な言い方なのかもしれないですね。西洋だと精神分析的な意味があり別のことを指してしまいますが。日本だとよく使われがちな神話化されたイメージで、捏造された記憶である場合もありますが、陸前高田を見た場合、現前する風景はやはり大きいなあと思います。

瀬尾　陸前高田でも街のなかの開発は震災前からたくさんおこなわれていたし、それについておばあちゃんに聞くのと若者に聞くのでもイメージが全然違います。風景をみんな「なくしてしまった」というより「流してしまった」とよく言うんですけど、街場が全部なくなってしまって、それでもう一度いま土地開発がおこなわれて、山が削られている状況に対して非常にきついということはあるんだと思います。何を失っているのか、というのは問いとしてあって、なくなったものは確かにあるんですが、何をなくして何を懐かしんでいるのかは、本当はかなり注意しなければいけないと感じています。

――確かに、「風景をみんな失ってしまったという世代の人たちもいるだろうけど」と言う人もいるかもしれませんよね。極端に言えば、失ったものはイメージにすぎないという言い方もあるし、実際に失われた風景は大きいともいえるし……。

瀬尾　私が風景について「美しい」と言っている、その「美しい」という言葉が何のことなのかと、自分でも思います。単純に被災した後の風景が「美しい」というのがあったのですが、それは風景を巨視的に捉えることで、すごく昔の人から受け渡されてきて、何度も津波があって、それでも街を作ってきた、それがいまにつながっているから、過去も未来もきっと「美しい」と想像できるから、この言葉を使ってみているのですが、はたして本当にそうなのかなって。工事など、いま目の当たりにしていることも……。

――巨視的に見れば、何千年もの歴史のなかで、今回のこともまた一つの過程であって、工事現場なども一つの風景にはなりますよね。

瀬尾　とはいえ絶対的に美しくないだろうということがおこなわれているのも事実だと思うし、それもいつか美しくなるんだという論法は、ちょっと違うんだという予感がしますよね。そのうえに生活は生まれるけれども……。

――都市論では、変化する様態に美を見いだすという立場もあって、ラディカルな見方からすれば工事もまた美である、工事されてまた違う土地になるという考え方もありますが、どこまで巨視的になるべきなのか、という問いはあると思います。暮らす現地の人にもさまざまな意見があり、便利さを求める人もいれば、直近の記憶を大事にする人もいるでしょう。

瀬尾　何かの解答みたいな作品を作るのではなく、自分たちがどう見たのかを、きちんとマイルストーンを置いていく作業として、作品を発表することが重要だと思います。一度表現していれば、記録されたり、他の人に記憶されることもあります。私がいま「美しい」としきりに言っていることを、そこに置いていくしかないかと。あとで「美しくなかった」というのも、ずるいということもあるし、嘘をついてしまうような……。作ったものとどう付き合うかが重要な気がしています。

――研究者が論文で示すのは答えであって、しかもそれが永遠の真理である必要があるわけで、そういうところでしか伝えられないものもあれば、そうでないものも多いですよね。今回インタビューをお願いした理由にもつながりますが、震災後の状況を一つの意味に結び付ける立場ではなく、こういう現在進行形のポジションの方からアプローチするのがよかったのだと、改めて実感しました。今回はありがとうございました。

注

(1) 小森はるか＋瀬尾夏美。映像作家の小森はるかと画家で作家の瀬尾夏美によるアートユニット。二〇一一年三月末、二人でレンタカーを借りてボランティア活動へ出発。そこで出会った人の言葉をきっかけに、津波が襲った地域をすべて見て回ろうと決断し、ビデオや写真、言葉、スケッチなどを用いた記録活動を始める。同時に「ツイッター」やブログで現地の状況発信を開始。その後約一年間は、月に一度沿岸部に通いながら、関東や関西の各地で報告会を多数企画。一二年四月、岩手県陸前高田市に拠点を移す。地元の商店（小森はそば屋、瀬尾は写真館）で働きながら、風景と人々のことばの記録をテーマに制作を始める。また、陸前高田を中心として、市民と協同するワークショップや対話の場を月に一度のペースで開催している。一四年から「Art Action UK Residency Program」(Husk Gallery、ロンドン）や「記録と想起・イメージの家を歩く」（せんだいメディアテーク、仙台）など、レジデンスや展覧会にも多く参加。一五年四月、仙台に拠点を移し、東北で活動する仲間とともに、記録を受け渡すための表現を実践的につくっていく組織ＮＯＯＫ（のおく）を立ち上げる。主な作品・展覧会に『あいだのことば』（二〇一一―一二年)、

『砂粒をひろう―Kさんの話していたこととさみしさについて』（二〇一二年）、『波のした、土のうえ』（二〇一四年―）、『あたらしい地面／地底のうたを聴く』（二〇一五年）、『遠い火―山の終戦』（二〇一六年）があり、巡回展を全国各地で開催している。

（2）インタビューを通じて二人は「陸前高田」ではなく「高田」と呼んでいたが、ここでは表記を「陸前高田」に統一した。もともと「高田町」があったが、鉄道駅ができる際、高田という地名が全国にあるため、旧国名である「陸前」が付けられたという。一九六〇年前後（昭和三十年代）の合併の結果、「陸前高田」が市名としても使われたということである。畠山直哉「バイオグラフィカル・ランドスケイプ」『陸前高田――2011-2014』河出書房新社、二〇一五年、一四七ページ

（3）瀬尾夏美「二重のまち」（https://www.facebook.com/notes/natsumi-seo/%E4%BA%8C%E9%87%8D%E3%81%AE%E3%81%BE%E3%81%A1/1039931952715625）［アクセス二〇一六年九月三十日］で読むことができる。

鳥越輝昭（とりごえ・てるあき）
神奈川大学外国語学部教授
専攻は比較文学、比較文化史
著書に『表象のヴェネツィア』（春風社）、『ヴェネツィア詩文繚乱』（三和書籍）、『ヴェネツィアの光と影』（大修館書店）、訳書にフランクリン・L・バウマー『近現代ヨーロッパの思想』（大修館書店）など

土屋和代（つちや・かずよ）
東京大学大学院総合文化研究科准教授
専攻はアメリカ史、人種・エスニシティ研究、日米交流史
著書に *Reinventing Citizenship*（University of Minnesota Press）、共著に『〈68年〉の性』（青弓社）、『流動する〈黒人〉コミュニティ』『越境する一九六〇年代』（ともに彩流社）など

村井寛志（むらい・ひろし）
神奈川大学外国語学部教授
専攻は中国近現代史、香港研究、越境的大衆文化史
共著に『植民地近代性の国際比較』（御茶の水書房）、論文に「ポストコロニアルの空手とブルース・リー」（「現代思想」2013年10月臨時増刊号）、「“デモの都”香港とアイデンティティをめぐる隘路」「神奈川大学評論」第75号）など

［著者略歴］
深沢 徹（ふかざわ・とおる）
神奈川大学外国語学部教授
専攻は平安・院政期の文学
著書に『中世神話の煉丹術』（人文書院）、『自己言及テキストの系譜学』『『愚管抄』の〈ウソ〉と〈マコト〉』（ともに森話社）、『都市空間の文学』（新典社）、『往きて、還る。』、編著に『兵法秘術一巻書』（ともに現代思潮新社）など

小澤京子（おざわ・きょうこ）
和洋女子大学人文学群准教授
専攻は都市・建築論、イメージ分析、ファッション論
著書に『都市の解剖学』（ありな書房）、共著に『相対性コム デ ギャルソン論』（フィルムアート社）、論文に「《ゴダールの〈建築空間》の攪乱〉」（「ユリイカ」2015年1月号）など

泉 美知子（いずみ・みちこ）
國學院大學ほか非常勤講師
専攻はフランス文学・美術
著書に『文化遺産としての中世』（三元社）、共訳カタログ『『貴婦人と一角獣』展』（NHK プロモーション）、論文に「近代的修復時代の幕開け」（「國學院大學紀要」第53号）など

山口ヨシ子（やまぐち・よしこ）
神奈川大学外国語学部教授
専攻はアメリカ文学
著書に『ワーキングガールのアメリカ』『ダイムノヴェルのアメリカ』『女詐欺師たちのアメリカ』（いずれも彩流社）、共著に『〈68年〉の性』『〈悪女〉と〈良女〉の身体表象』（ともに青弓社）など

小松原由理（こまつばら・ゆり）
神奈川大学外国語学部准教授
専攻はドイツ芸術・文化、前衛芸術思想
著書に『イメージの哲学者ラウール・ハウスマン』（神奈川大学出版会）、編著に『〈68年〉の性』（青弓社）、共著に『ジェンダー・ポリティクスを読む』（御茶の水書房）、『ドイツ文化史への招待』（大阪大学出版会）など

日高昭二（ひだか・しょうじ）
神奈川大学名誉教授
専攻は日本近代文学
著書に『占領空間のなかの文学』『菊池寛を読む』、編著に『大坂の陣 近代文学名作選』『近代つくりかえ忠臣蔵』（いずれも岩波書店）、『表象としての日本』（御茶の水書房）など

［編者］
神奈川大学人文学研究所（かながわだいがくじんぶんがくけんきゅうしょ）

［編著者略歴］
熊谷謙介（くまがい・けんすけ）
神奈川大学外国語学部准教授
専攻はフランス文学・文化、表象文化論
著書に *La Fête selon Mallarmé. République, catholicisme et simulacre*（L'Harmattan）、共著に『〈68年〉の性』『〈悪女〉と〈良女〉の身体表象』（ともに青弓社）、共訳書に『古典ＢＬ小説集』（平凡社）など

神奈川大学人文学研究叢書39

破壊《はかい》のあとの都市空間《としくうかん》　ポスト・カタストロフィーの記憶

発行　2017年3月18日　第1刷
定価　3400円＋税
編者　神奈川大学人文学研究所©
編著者　熊谷謙介
発行者　矢野恵二
発行所　株式会社青弓社
〒101-0061 東京都千代田区三崎町3-3-4
電話 03-3265-8548（代）
http://www.seikyusha.co.jp
印刷所　三松堂
製本所　三松堂

ISBN978-4-7872-3412-4　C0036